Marktmacht 50plus

Hans-Georg Pompe

Marktmacht 50plus

Wie Sie Best Ager als Kunden gewinnen und begeistern

3. Auflage

Hans-Georg Pompe
POMPE MARKETING
Bruchsal, Deutschland

ISBN 978-3-658-00902-1   ISBN 978-3-658-00903-8 (eBook)
DOI 10.1007/978-3-658-00903-8

Die Deutsche Nationalbibliothek verzeichnet diese Publikation in der Deutschen Nationalbibliografie; detaillierte bibliografische Daten sind im Internet über http://dnb.d-nb.de abrufbar.

Springer Gabler
© Springer Fachmedien Wiesbaden 2007, 2011, 2013
Dieses Werk einschließlich aller seiner Teile ist urheberrechtlich geschützt. Jede Verwertung, die nicht ausdrücklich vom Urheberrechtsgesetz zugelassen ist, bedarf der vorherigen Zustimmung des Verlags. Das gilt insbesondere für Vervielfältigungen, Bearbeitungen, Übersetzungen, Mikroverfilmungen und die Einspeicherung und Verarbeitung in elektronischen Systemen.

Die Wiedergabe von Gebrauchsnamen, Handelsnamen, Warenbezeichnungen usw. in diesem Werk berechtigt auch ohne besondere Kennzeichnung nicht zu der Annahme, dass solche Namen im Sinne der Warenzeichen- und Markenschutz-Gesetzgebung als frei zu betrachten wären und daher von jedermann benutzt werden dürften.

Lektorat: Manuela Eckstein

Gedruckt auf säurefreiem und chlorfrei gebleichtem Papier.

Springer Gabler ist eine Marke von Springer DE. Springer DE ist Teil der Fachverlagsgruppe Springer Science+Business Media
www.springer-gabler.de

Geleitwort
von Prof. Dr. Manfred Bruhn

Der demografische Wandel in den europäischen Ländern schreitet voran. Während die Lebenserwartung der Menschen stetig ansteigt, sinkt die Geburtenrate kontinuierlich. Dies hat zur Folge, dass es immer mehr ältere Menschen gibt – die Generation 50plus gewinnt deutlich an Gewicht. Die so genannte Bevölkerungspyramide, mit ihrer breiten Basis an jungen Menschen, gibt es in dieser Form nicht mehr. Neben sozialen Herausforderungen für die Kommunen, den Staat und das Gesundheitswesen stellt diese Entwicklung auch viele Unternehmen vor neue Herausforderungen.

Vor diesem Hintergrund darf bezweifelt werden, ob die so genannte „werberelevante Zielgruppe" der 14- bis 49-Jährigen, die von vielen Werbetreibenden und Unternehmen definiert wird, noch ihre Berechtigung besitzt. Denn nicht nur die zahlenmäßige Bedeutung, sondern auch die finanzielle Kaufkraft der Generation 50plus ist immens. All dies spricht dafür, dieser Altersgruppe in Zukunft eine erhöhte Beachtung zuzuschreiben. Bisher gibt es jedoch wenige Managementansätze und Publikationen, die sich mit diesem Thema intensiv befassen.

Das Buch „Marktmacht 50plus – Wie Sie Best Ager als Kunden gewinnen und begeistern" bildet hier eine erfreuliche Ausnahme. Bereits in der zweiten Auflage befasst sich Hans-Georg Pompe damit, was diese lukrative Zielgruppe der „Best Ager" auszeichnet, welches Potenzial hinter dieser Zielgruppe steckt und wie eine optimale Ansprache zu nachhaltigem Unternehmenserfolg führt.

Hierbei gibt er einen interessanten Einblick in die Besonderheiten so genannter „Best Ager", zeigt eindrücklich das häufig unterschätzte Potenzial und verdeutlicht die Anforderungen an das Marketing bei der Bearbeitung dieses Marktsegments. Als besonders wichtige Erfolgsfaktoren werden vor allem eine freundliche Beratung, Kundennähe, persönliche Wertschätzung und herausragender, unverwechselbarer Service identifiziert. Gerade im Dienstleistungssektor spielen diese Faktoren bei der Kundenbearbeitung eine wichtige Rolle.

Dies veranlasst Hans-Georg Pompe, das klassische Konzept der 4 P (Product, Price, Place, Promotion) – wie es auch andere Autoren vornehmen – um vier weitere P („People", „Processes", „Physical Evidence" und „Participating Customer") zu erweitern, welche gerade im Dienstleistungssektor von besonderer Bedeutung sind. Zu jedem dieser 8 P zeigt er die besonderen Anforderungen in dieser Zielgruppe auf und gibt konkrete Handlungsempfehlungen hinsichtlich der Umsetzung und Implementierung.

Anhand von „Best Practices", aber auch „Bad Practices" zeigt der Autor eindrücklich, wie eine Erfolg versprechende Ansprache der „Best Ager" funktionieren kann, aber auch, welches die größten Fehler sind, die häufig aus einer „klischeehaften" Ansprache einer „Rentnergeneration" entstehen. Dank anschaulicher Praxisbeispiele namhafter Unternehmen aus verschiedenen Sektoren des Dienstleistungsbereichs, wie Finanzdienstleistungen, Reiseveranstaltern, klassischer Medien, Werbeagenturen etc. ist jederzeit der Praxisbezug gewahrt.

Das Buch dient als praktischer Leitfaden für Geschäftsführer, Entscheidungsträger und Marketingmanager von Dienstleistungsunternehmen unterschiedlicher Branchen. Es gibt wertvolle Tipps zur Hand, welche konkreten Massnahmen und Strategien zu einer erfolgreichen Bearbeitung dieser anspruchsvollen Zielgruppe führen können. Es ist davon auszugehen, dass dieses Buch einen breiten Anklang in der Marketingpraxis finden wird, da es sich die Unternehmen in Zukunft aufgrund der aktuellen Bevölkerungsentwicklung kaum noch erlauben können, diese attraktive Zielgruppe zu ignorieren bzw. nur sekundär zu beachten.

Prof. Dr. Manfred Bruhn

Prof. Dr. Manfred Bruhn ist Ordinarius für Betriebswirtschaftslehre, insbesondere Marketing und Unternehmensführung, am Wirtschaftswissenschaftlichen Zentrum der Universität Basel und Honorarprofessor an der Technischen Universität München. Er ist Präsident der Schweizer Gesellschaft für Betriebswirtschaft (SGB), Herausgeber der Schweizerischen Zeitschrift für betriebswirtschaftliche Forschung und Praxis „Die Unternehmung", Leiter des Masterprogramms (MAS) „Marketing und Betriebswirtschaft" in Deutschland und in der Schweiz, Mitglied in verschiedenen nationalen und internationalen Gremien sowie Partner, Marketingexperte, Seniorberater und wissenschaftlicher Beirat von POMPE MARKETING – www.pompe-marketing.com. Manfred Bruhn hat zahlreiche Publikationen zu den Schwerpunkten Strategische Unternehmensführung, Dienstleistungsmanagement, Relationship Marketing, Kommunikationspolitik, Markenpolitik, Qualitätsmanagement und Nonprofit-Marketing verfasst.

Vorwort

Die Macht des Alters wird das 21. Jahrhundert regieren – es scheint uns aber nicht wirklich zu interessieren. Wie sonst ist der allseits mehr denn je regierende Jugendwahn, die Jugendverliebtheit vieler Unternehmen zu erklären? Das „Nicht-wahrhaben-wollen", dass der demografische Wandel uns längst schon in voller Wucht beherrscht.

Im Jahr 2035 wird Deutschland die älteste Bevölkerung der Welt haben. Es klingt wie eine Binsenweisheit, aber es kann nicht klar genug betont werden: Menschen 50plus – sie werden immer mehr. Sie sind gesünder und leistungsfähiger denn je und häufig vermögend. Und sie haben andere Bedürfnisse und Lebensinteressen als jüngere Konsumenten. Es handelt sich hierbei um höchst attraktive, bislang weitgehend vernachlässigte Zielgruppen mit ökonomischer Potenz und Kauflust, vorausgesetzt, man kann sie begeistern und faszinieren.

Für viele Unternehmen bieten heute oft nur noch die Zielgruppen der über 50-Jährigen und begeisterte, loyale Kunden eine Chance auf nennenswerte Umsatzzuwächse. Das Ziel könnte lauten: Werden Sie die branchenspezifische Nummer 1 für begeisterte Kunden 50plus! Denn das Geniale ist: Wer die Bedürfnisse dieser Gruppe erkennt und nachhaltig befriedigt, macht im Endeffekt alle Konsumenten glücklich. Was für ältere Menschen essenziell ist, kann für jüngere Menschen Komfort im Alltag mit hohem Nutzwert bedeuten.

Mit austauschbaren Produkten und klassischen Marketingkonzepten lassen sich 50plus-Kunden allerdings nicht langfristig binden. Neue Ideen sind gefragt. Wer den Mut aufbringt, bewusst einen anderen Weg als die Konkurrenz zu gehen, wird eine reelle Chance haben, nicht nur bei „älteren Kunden" zur unangefochtenen Nummer 1 zu werden, sondern beträchtliche Umsatzsteigerung zu generieren. Die Zielgruppen 50plus sind ein lukrativer Wachstumsmarkt mit einer Kaufkraft von über 720 Milliarden Euro jährlich und einer ausgeprägten Kauflust. Das macht sie für Unternehmen besonders attraktiv. Doch vielfach werden diese Kunden als „Senioren" klischeehaft angesprochen oder in ihren Bedürfnissen ignoriert – und der erhoffte Umsatz bleibt aus.

„Marktmacht 50plus" zeigt mit anschaulichen Best- und Bad-Practice-Beispielen Stärken und Schwächen in der Service- und Dienstleistungskultur Deutschlands auf und setzt in den mitgelieferten Lösungsansätzen nicht auf Symptombehandlung, sondern auf Ursachentherapie. Das Ziel ist es, von der Defensive auf die Offensive umzuschalten. Führungskräfte müssen dafür sorgen, dass ihre Mitarbeiter spielerisch, offensiv, diszipliniert, leistungswillig und zielorientiert viele kleine Oasen der Freundlichkeit, der Begeisterung, des Lächelns im Kundenkontakt mit den 50plus-Kunden schaffen.

„Marktmacht 50plus" richtet sich an die Verantwortlichen von dienstleistungsorientierten Unternehmen aus unterschiedlichen Branchen und Organisationen: an Unternehmer und Top-Manager wie Vorstände, Geschäftsführer, Inhaber ebenso wie an Entscheidungsträger oder Projektverantwortliche aus Management, Marketing, Vertrieb, Verkauf, Beratung, Personalentwicklung, Forschung & Produktentwicklung, Werbung, Unternehmenskommunikation, Unternehmensentwicklung und Qualitätssicherung.

Dieses Buch soll Sie ermutigen, sich des Zukunftsmarkts 50plus intensiver anzunehmen. Es ist ein Plädoyer für eine intergenerative Lebendigkeit, für vernachlässigte oder falsch verstandene Zielgruppen in Zeiten von demografischem Wandel und Konsumflaute. Um es direkt zu sagen: „Best Ager" oder Menschen 50plus (auch nicht die über 60) sind keine Senioren im landläufigen Sinne – keine alten Greise, keine Hochbetagten, die sich nur für Gebissreiniger, Hörgeräte, Sehhilfen und Treppenlifte interessieren, mit Gehwagen oder Walking-Stöcken bewegen und zum Senioren-Tanztee gehen. Sie sind höchst differenziert zu betrachten. „Das Alter" oder „die Älteren" als soziologische Kategorie gibt es eigentlich so nicht. Diese Altersgruppe ist viel zu heterogen, als dass man sie mit einem Schlagwort oder Begriff charakterisieren oder fassen könnte. Das ist auch gut so.

Alter ist kein Tabuthema mehr. Erst recht nicht für das moderne Zeitgeist-Marketing. Wenn sich Kreative, Marketingleiter, Vertriebsleute, Unternehmer selbst nicht wohl fühlen mit dem eigenem Älterwerden, wird es schwierig, eine intensive Beziehung zu 50plus-Kunden aufzubauen – geschweige denn, pfiffige und intelligente Werbung und Produkte zu kreieren. Hinter die Klischees zu blicken, das ist *die* Herausforderung zur Öffnung der differenzierten lukrativen Megamärkte 50plus – in allen Branchen.

Hans-Georg Pompe

Inhaltsverzeichnis

Geleitwort von Prof. Dr. Manfred Bruhn   5

Vorwort   7

1 Was ist Alter?   13

2 Die Herausforderungen des 50plus-Marktes   15
    2.1 Die wirtschaftlichen Rahmenbedingungen   17
    2.2 Das veränderte Kunden- und Konsumverhalten   20
    2.3 Herausragender Service und zeitgerechte Dienstleistungen werden wichtiger   25
    2.4 Wie gut ist Ihr Unternehmen aufgestellt?   29

3 Mehr als 720 Milliarden Euro warten auf besseren Service und nützliche Produkte   31
    3.1 Wer wird von der Kaufkraft 50plus profitieren?   33
    3.2 Potenzielle Boom-Branchen   34
        3.2.1 Anspruchsvolle Kunden 50plus – die Herausforderung für Finanzdienstleister   54
        3.2.2 Wohnen als Lifestyle-Produkt   59
        3.2.3 Catering und Event, Ernährung und Genuss   69

4 Die Zielgruppen 50plus   73
    4.1 Kaufkraft 50plus   73
    4.2 Kaufmotive 50plus   78
    4.3 Psychografie 50plus   81
    4.4 Wer ist Ihr 50plus-Kunde?   85
        4.4.1 Neue Lebenssituationen und Themenwelten von Best Agern   86
        4.4.2 Segmentierungsmodelle zur Zielgruppe 50plus   87
        4.4.3 Check-up: Kundentypologie 50plus   92

5 Marketing 50plus für die Zielgruppe der Zukunft … 95

- 5.1 Kernsegmente der Generation 50plus: Master Consumer, Maintainer, Simplifier … 98
- 5.2 Persönlichkeit und Selbstbild 50plus … 100
- 5.3 Schönheitsvergleich zwischen den Generationen … 102
- 5.4 Werbung 50plus … 106
- 5.5 Segmentierung von Mikro-Zielgruppen 50plus … 112
  - 5.5.1 Käuferverhalten 50plus … 113
  - 5.5.2 Neue Marktmacht: Frauen 50plus … 114
- 5.6 Vom Cluster zu Mind-Sets … 116

6 Warum die klassischen 4 P im Marketing-Mix für Best Ager zwar wichtig, aber nicht entscheidend sind … 121

- 6.1 Produkte und Dienstleistungen … 124
  - 6.1.1 Vom Kernnutzen zum potenziellen Idealprodukt … 125
  - 6.1.2 High-Tech vs. High-Touch … 129
  - 6.1.3 Produktgestaltung: Sinn und Unsinn von zielgruppengerechten Produkten, Universal-Design und Ageless-Design … 129
  - 6.1.4 Produkte zur Selbstverwirklichung … 130
  - 6.1.5 Produktmanagement: Die Bedeutung von Marke und Branding für 50plus-Kunden … 136

- 6.2 Price – Die Bedeutung des Preises für 50plus … 138
  - 6.2.1 Transparente Preisstrukturen für hohe Performance … 138
  - 6.2.2 Smart-Shopper vs. Luxury-Shopper … 138
  - 6.2.3 Preisstrategien für 50plus-Kunden … 139

- 6.3 Place – Vertriebskanäle zur Kundengewinnung 50plus … 142
  - 6.3.1 Internet-Nutzung 50plus – Online-Shopping 50plus … 144
  - 6.3.2 Stadtmarketing und 50plus … 148
  - 6.3.3 Einzelhandel und Handel im demografischen Wandel … 149
  - 6.3.4 Shopping ist Entertainment und Erlebniseinkauf … 151
  - 6.3.5 One-to-one-Marketing als USP … 152
  - 6.3.6 „Added-value-Strategie": Produkte emotionalisieren … 153
  - 6.3.7 Multi-Channel-Marketing und Direktmarketing … 153

6.4 Promotion — 155
    6.4.1 Ziele von Promotion und Kommunikation mit 50plus — 155
    6.4.2 Visualisierung und 50plus — 155
    6.4.3 Strategien zur Umsetzung — 156
    6.4.4 Nos und Gos in Kommunikation, PR und Werbung mit 50plus — 157
    6.4.5 Verknüpfung von externem, internem und interaktivem Marketing — 162
    6.4.6 Marketing von innen nach außen: Pull-Marketing 50plus — 164
    6.4.7 Intergeneratives Marketing zur Kundengewinnung, -verbundenheit und -begeisterung — 166

7 Vier operative Stellschrauben für erfolgreiches 50plus-Marketing – die Klaviatur des Dienstleistungsmarketings — 169

7.1 People – Mitarbeiter als „Kundenversteher" — 170
    7.1.1 Management und Mitarbeiterführung: Wertschöpfung durch Wertschätzung — 170
    7.1.2 Positionierung und Inszenierung bei 50plus — 174
    7.1.3 Optimierungsansätze für die Schnittstelle Personalentwicklung und Marketing — 176
    7.1.4 Ohne Mitarbeiterbindung keine Kundenbindung — 177

7.2 Processes – gelebtes Empfehlungsmarketing — 188
    7.2.1 Das GAP-Modell zur Überprüfung Ihrer Dienstleistungsqualität für 50plus — 189
    7.2.2 Das entscheidende „Wie" — 192
    7.2.3 Gelebtes Empfehlungsmarketing — 195

7.3 Physical evidence – Inszenieren Sie Wohlfühl-Atmosphäre für 50plus — 199

7.4 Participating customers – Zelebrieren Sie Beziehungsmarketing 50plus — 201

8 Fazit und Ausblick 211

8.1 Zukunftsszenarien und Perspektiven 50plus 211
8.2 Chancen und Risiken der Marktmacht 50plus 215
8.3 Wirtschaftsfaktor 50plus 216
8.4 Wie die Generationen 50plus und 20plus voneinander profitieren können 218

Herzlichen Dank 222

Literaturverzeichnis 223

Der Autor 224

Wenn man es richtig versteht, alt zu werden,
so geschieht es keineswegs so, wie die meisten glauben.
Es ist durchaus kein Schrumpfen, sondern ein Wachsen.
Das Alter schenkt eine Klarheit, deren die Jugend völlig unfähig ist,
und eine Heiterkeit, die der Leidenschaft bei weitem vorzuziehen ist.

Marcel Jouhandeau
(1888–1979), eigentlicher Name Marcel Provence,
französischer Schriftsteller

1 Was ist Alter?

In vielen Kulturen der Welt sind die Älteren als *die* Entscheidungsinstanz anerkannt und sehr geschätzt. Alter ist ein extrem relativer Begriff. 90-Jährige können sich noch richtig jung fühlen und jung sein, während junge Menschen mit 20, 30, 40 oder 50, die pessimistisch oder konservativ in ihrem Denken sind und in der Retrospektive leben, schon sehr alt sein, sich alt geben oder alt aussehen können. Es gibt 50-Jährige, die bereits völlig neben ihrem Leben stehen und 80-Jährige, die vor Lebensfreude nur so strotzen. Manche sagen resignativ: „Mit 50 geht es halt nicht mehr aufwärts." Weit gefehlt! Die Autorin und Psychologin *Betty Friedan*, die mit 72 Jahren ihr Buch *Mythos Alter* verfasst hat, macht alternden Menschen Hoffnung. Sie hat herausgefunden, dass der Irrglaube vom programmierten Verfall auf Forschungen beruht, die vor einem halben Jahrhundert an alten Männern in geschlossenen Heimen gemacht wurden. Jüngere Forschungen zeigten ein ganz anderes Bild vom Altern, der Leistungsverfall im Alter werde überschätzt: „Nichts ist programmiert, es kommt darauf an, was wir tun oder lassen – und was die Gesellschaft uns tun lässt." (*Betty Friedan, Mythos Alter, 1996*). Im Original heißt ihr Buch *The Fountain of Age*, was man mit „Altbrunnen" übersetzen könnte. Während die „Altersangst" uns daran hindere, die Realität eines vollen Lebensdrittels zu sehen („Wir klammern uns an die Jugend und verleugnen das Alter") bedeute Altern in Wirklichkeit ein ständiges Wachstum. Vorausgesetzt, man lerne das Alter nicht mehr zu verleugnen, sondern es zu akzeptieren als eine Zeit mit neuen Chancen. „Das Alter als Abenteuer" lautet auch ein Kapitel in ihrem Buch.

Doch bevor dieses Abenteuer beginnen könne, müsse da vor allem eine Offenheit sein, ein Gefühl, dass etwas Neues geschehen und entstehen kann. Der Impuls, sich weiterzuentwickeln und Teile von sich kennen zu lernen, die vorher nie in Erscheinung getreten sind. Das ist der Aspekt, den sie beim Älterwerden so spannend findet. Dies kann verschieden erlebt werden. Die einen beginnen auf neue Art zu reisen, die anderen lernen still zu meditieren, und für wieder andere liegt das Abenteuer darin, „dass sie endlich eine Seite von sich ernst nehmen, vor der sie bisher Angst hatten oder derer sie sich schämten." Das größte aller Abenteuer, das kann man bei *Betty Friedan* lernen, ist das tiefere Verstehen des bisher Gelebten, ein wahrer „Altbrunnen": „Alle Teile werden zusammengetragen, um sie bewusst miteinander zu verknüpfen. Man nimmt das bisherige Leben an, alten Groll gegen sich selbst und andere lässt man fahren. Wenn man dafür offen ist, dann ist der Zeitpunkt gekommen, Türen zu öffnen, die bisher verschlossen waren." Ein wunderbares Bild von Alter und vom spannenden Prozess, älter zu werden, wie ich finde.

Prof. Dr. Horst Opaschowski, ehemaliger Leiter des B.A.T. Freizeit-Forschungsinstituts in Hamburg, betonte in einem Interview: „Altsein wird zunehmend aus dem subjektiven Bewusstsein verdrängt. In einer Gesellschaft, in der Jugendlichkeit als Ideal gefeiert wird, haben Altes und Altmodisches kaum noch einen angemessenen Platz." Der Traum der ewigen Jugend ist so alt wie die Menschheit selbst. Aber vielleicht gewinnen wir schon in naher Zukunft ein anderes Verhältnis, eine andere Einstellung zum „Älter werden" und zum „Alter". Hin zu einem vermeintlichen Idealbild für so manchen, in Richtung des alterslos wirkenden und dennoch reifen(den) Menschen. In den USA scheint „forever young" ein Lebensmotto auch beim Nachwuchs zu sein. Bei einer dort durchgeführten Umfrage antworteten die meisten auf die Frage, wann das Altsein beginne, mit „nicht vor 79" (*Quelle: Carter Henderson: Blick in die USA, Handbuch Seniorenmarketing, 1999*).

*Wer heute auf die neuen Senioren setzt,
besitzt morgen die Macht- und Wachstumsfelder der Zukunft!*

Horst Opaschowski
B.A.T. Freizeit-Forschungsinstitut, Hamburg

2 Die Herausforderungen des 50plus-Marktes

Die Bevölkerung in Deutschland nimmt seit 2003 stetig ab. Laut dem Statistischen Bundesamt (StBA) wird die Bevölkerungszahl von 82 Mio. Menschen im Jahr 2008 bis auf 65 Mio. Menschen im Jahr 2060 drastisch weiter schrumpfen. Verantwortlich hierfür ist eine sinkende Geburtenrate, bedingt durch die heutige Individualisierung und Emanzipation. Selbst ein Anstieg der Zuwanderungsquote auf 100.000 Personen pro Jahr kann diesen Bevölkerungsrückgang nicht aufhalten.

Zusätzlich steigt die durchschnittliche Lebenserwartung aufgrund verbesserter Umweltbedingungen und des medizinischen Fortschritts an. Neu-

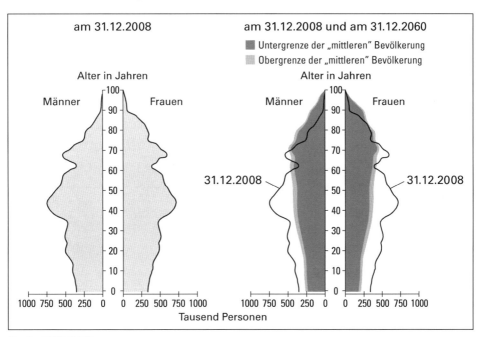

Quelle: StBA 2009

Abb. 1: Bevölkerungsentwicklung bis 2060

geborene im Jahr 2060 leben sieben bis acht Jahre länger als heute Geborene. Dies ergibt eine durchschnittliche Lebenserwartung für Männer von 85 Jahren und für Frauen von 89 Jahren. Daraus ergibt sich, dass immer mehr ältere Menschen einer immer geringeren Anzahl jüngerer Menschen gegenüberstehen. Demzufolge gleicht die ursprüngliche Bevölkerungspyramide immer mehr einem Pilz (vgl. Abbildung 1).

Über 30 Millionen Menschen in Deutschland sind über 50 Jahre. In der Europäischen Union nimmt die Altersgruppe zwischen 50 und 64 in den nächsten zehn Jahren um 25 Prozent zu, während die Gruppe zwischen 20 und 29 um 20 Prozent schrumpft. Nicht nur deutsche Unternehmen sollten sich also schnellstmöglich mit den Zielgruppen 50plus, dem gewinnträchtigsten Markt aller Zeiten, intensiver auseinandersetzen. Im Jahr 2005 waren weltweit 672 Millionen Menschen über 60 Jahre. Bis 2050 wird es weltweit etwa 2 Milliarden Menschen 60plus geben.

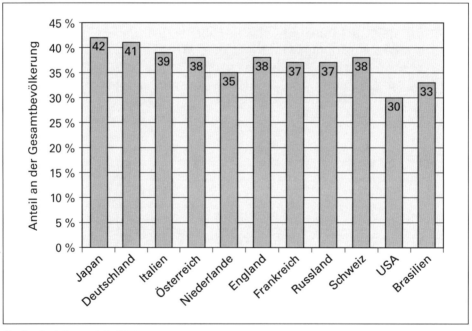

Quelle: destatis, eustatis 2010

Abb. 2: Menschen über 50 – in Europa und weltweit im Vergleich. Der demografische Wandel ist schon lange Realität: Weltweit sind 500 Millionen Menschen über 65 Jahre. 2030 wird die Milliardengrenze überschritten. Und 2035 wird Deutschland die älteste Bevölkerung der Welt haben.

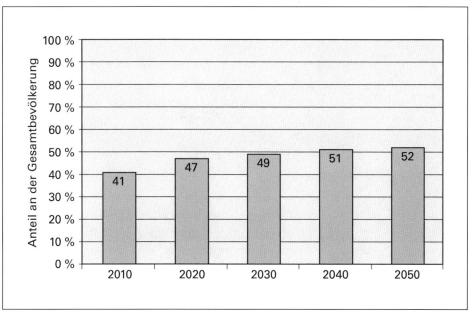

Quelle: www.destatis.de

Abb. 3: Anteil der über 50-Jährigen an der Gesamtbevölkerung in Deutschland in der Zeit von 2010–2050 (Prognose)

Dieser Wachstumsmarkt verfügt laut einer aktuellen GfK-Studie über eine Kaufkraft von mehr als 720 Milliarden Euro jährlich in Deutschland und über ein Nettovermögen von circa 3 Billionen Euro.

2.1 Die wirtschaftlichen Rahmenbedingungen

60 Prozent der deutschen Betriebe haben keine über 50-jährigen Mitarbeiter mehr. Das bedeutet im Umkehrschluss, dass tatsächlich nur noch knapp 40 Prozent der Unternehmen Mitarbeiter beschäftigen, die älter als 50 Jahre sind. Bis zum Jahr 2035 erwarten wir einen schrumpfenden Arbeitsmarkt. In zehn Jahren wird es etwa 8 Millionen Erwerbstätige weniger geben, die Konsumgüter und Dienstleistungen produzieren. Spätestens dann werden über 50-jährige Mitarbeiter wieder nachgefragt, begehrt, geschätzt sein. Die ersten Unternehmen reagieren inzwischen auf den kommenden Engpass „erfahrene Mitarbeiter".

Die Firma *Bosch* beispielsweise bittet ältere Wissensträger, ihre Kompetenz in einer Datenbank zu hinterlegen. Sollte einer der aktiven Projektmanager ein Problem haben, kann er dort nachsehen, ob es einen erfahrenen Spezialisten gibt, der sich auskennt. Falls ja, wird dieser gebeten, kurzfristig einzuspringen. Die *Lufthansa* setzt verstärkt auf Training für Mitarbeiter über 45 mit einem „Added Experience Program". Und auch die *Redi-Group*, ein Zulieferer der Automobilindustrie, setzt auf Mitarbeiter über 50. *Redi*-Chef Dieter Reitmeyer sagt: „Unternehmen wissen ja gar nicht, was ihnen da für ein enormer Erfahrungsschatz verloren geht. ... Mitarbeiter 50plus sind mit ihrer Lebenserfahrung, Sozialkompetenz, Arbeitsdisziplin, Loyalität und ihrem ausgeprägten Qualitätsbewusstsein unsere Besten und wie Edelsteine für ein Unternehmen." (Quelle: Wirtschaftswoche, Nr. 28, 10.7.2006)

In Amerika gilt das geflügelte Wort: *„There is gold in grey."* Diese Aussage zielt nicht nur auf die Kaufkraft der oftmals vermögenden Älteren, sondern auch auf ihr Know-how und ihre jahrzehntelange Erfahrung ab.

Leere Wiegen – volle Pflegeheime: die demografischen Gegebenheiten

Verdeutlichen wir uns in aller Kürze die Situation des demografischen Wandels: Kamen vor hundert Jahren auf einen über 75-Jährigen noch 79 jüngere Personen, so sind es heute nur noch 13 – das entspricht nur noch 15 Prozent davon. Im Jahr 2040 wird das Verhältnis aufgrund von realistischen Prognosen bei 1:6,2 und im Jahr 2050 bei 1:5,5 liegen. Die Demografie und die Strukturen der Welt verändern sich dramatisch.

Jedes zweite Mädchen, das nach 2000 geboren wurde, wird im Jahr 2100 seinen 100. Geburtstag erleben. Die Demografie, ein stark verändertes Kundenverhalten und die Marktmacht 50plus verändern die Wirtschaft heute schon radikal. Die Zukunft beginnt hier und jetzt, und zwar in den Köpfen der Chefs, der Entscheider, der Führungskräfte, der Werbetreibenden, der Marketingverantwortlichen, der Personalchefs, der Inhaber von Unternehmen. Menschen 50plus sind *die* Marktmacht und *die* politische Macht der Zukunft, an denen keiner, der wirklich gute Geschäfte machen und begeisterte Kunden haben möchte, vorbei kommt. Eine Marktmacht sind die Älteren schon längst – sie wissen es nur noch nicht. Sie haben Macht – dank Volumenzunahme, Erfahrung, Geld, Kaufkraft, Kauflust, Zeit und nicht zuletzt dank höherer Lebenserwartung.

Die Alterung der Gesellschaft ist ein politisches, ökonomisches und individuelles Thema ersten Ranges. Die Überalterung vieler Länder wird das

Gesicht der Erde und die Gewichte zwischen den Ländern fundamental verändern. So hängen das Konsumverhalten, die Gesundheitssysteme und die Arbeitskraft einer Gesellschaft eng mit ihrer Alterstruktur zusammen. Die Altersentwicklung hat bereits heute gravierenden Einfluss auf folgende Bereiche:

- Lebensstile und -formen
- Arbeitsmarkt
- Wohnungsbau
- Städteplanung
- Konsum
- Kultur
- Freizeit
- Sozialsysteme
- öffentlicher Personennahverkehr

Die Bevölkerung nimmt ab, aber die Mobilitätsansprüche nehmen mit zunehmendem Alter zu. Der Individualverkehr wird bis zum Jahr 2020 um 20 Prozent wachsen. Und die Ansprüche der Menschen über 50 an die Mobilität schreien geradezu nach neuen, intelligenten Konzepten. Die gestiegene Lebenserwartung hat Auswirkungen auf das Konsumverhalten,

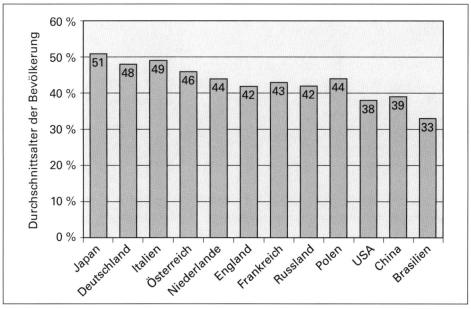

Quelle: UN – Stat. Bundesamt, 2010

Abb. 4: Durchschnittsalter der Weltbevölkerung in Jahren – bis zum Jahr 2025

Sexualverhalten, Investitionsverhalten: Menschen 50plus ziehen noch um, beginnen ein Studium, bauen noch Häuser, renovieren, beginnen riskante neue Prozesse und Abenteuer, verändern ihre Lebensmodelle, kaufen Versicherungen etc.

Peter Littmann schreibt im *„Handelsblatt"* vom 16.10.2009: „… aus dem Blickwinkel der Märkte klingt das alles nach Traumzielgruppe 50plus. Doch auf dem Radarschirm vieler Marketingleute findet „über 49" nicht statt. Schon mal versucht, ein Produkt für reife Jahrgänge zu kaufen? Das Unterfangen ist vergeblich, bestenfalls findet sich Futtermittel für betagte Haustiere. Altern tut bei uns nur Wein und Camembert. Geht der suchende mit seinem Ansinnen online, landet er im Gerontologen-Paradies: Da gibt es Umhängeservietten für Schlabberer, Strumpfanziehhelfer für Lendenlahme, Garneinfädler für Halbblinde und Spielkartenhalter für Rheumakranke. Leute über 60 werden vom Handel entweder ignoriert oder als Tattergreise verbucht. Es gibt jede Menge Mythen über ältere Konsumenten. Die ändern angeblich weder ihre Präferenzen noch ihre Marken und haben keine Zeit mehr für weitere Produktzyklen. Wer 55 ist, kauft also kein neues Auto, weil er demnächst nur noch im Rollstuhl herumfährt. In meiner Umgebung wimmelt es nur so von neuen Autos, weil manch ein Silberfuchs nach kinderfreundlichen Karossen und langweiligen Geschäftswagen gerade den Späßchen-Faktor auf vier Rädern entdeckt. Wir sind alle alt genug, um uns an eine Welt ohne Geldautomaten, E-Mails und Fernbedienung zu erinnern – verhalten wir uns deswegen so, wie unsere Eltern im gleichen Alter? Unsere Frauen tragen keine Kittelschürzen und wir keinen Doppelripp! … Baby-Boomer lieben es zu konsumieren, finden es aber nervig, wenn ihnen einer was verkaufen will. Alt ist nicht gleich doof, und oft ist die Botschaft simpel – große Tasten am Gerät sind toll für alte Leute. Wirklich?"

2.2   Das veränderte Kunden- und Konsumverhalten

Produkte, Dienstleistungen und Unternehmen werden immer austauschbarer, ähnlicher, verkommen immer mehr zum Mittelmaß, bieten (unter-) durchschnittlichen Service. Viele Märkte sind gesättigt und ausgereizt. Und einige UnternehmerInnen unseres Landes sind teilweise einfallslos und vielleicht auch noch zu „satt".

Was Menschen gemeinsam haben, wird wichtig: ihre Träume, ihre sozialen Umfelder, ihre Werte – nicht das biologische Alter. Menschen 50plus leben ihre Lebensgefühle in sich ständig verändernden Lebenswelten intensiver aus als jemals zuvor. Stark veränderte psychologische Kaufmotive und höhere Ansprüche insbesondere der 50plus-Kunden erfordern adäquate Unternehmenskonzepte und effektive Marketingstrategien. Wenn Sie aus der Herausforderung des demografischen Wandels zusätzliche Wachstumschancen für Ihr Unternehmen generieren möchten, sollten Sie die folgenden Fragen für sich kritisch beleuchten, mit Ihrem Führungsteam diskutieren und letztlich konkret beantworten:

Check-up: Der Megamarkt 50plus und die Chancen für Ihr Unternehmen

- Sind Kunden 50plus für Ihr Unternehmen relevant und warum?

- Welche Chancen bietet der demografische Wandel, der Megamarkt 50plus, für Ihr Unternehmen?

- Welche Mikro-Zielgruppen wollen Sie künftig (in 5, 10, 15 Jahren) mit Ihren Produkten und Dienstleistungen ansprechen?

- Wer ist eigentlich Ihr typischer Kunde?

- Wer sollte es idealer Weise sein?

- Wofür, für welchen konkreten Nutzen, bezahlt der Kunde Sie?

- Kennen Sie Ihre Zielgruppen 50plus? Wie leben sie, wie fühlen sie sich, was wollen sie, was brauchen sie, wie „ticken" sie?

- Was sind die psychografischen und psychologischen Besonderheiten Ihrer Zielgruppe 50plus?

- Wie verändern sich deren Einstellungen, Werte, Wünsche, Lebensstile im Hinblick auf Ihre Produkte und Dienstleistungen?

- Wie können Sie die lukrativen Zielgruppen „Best Ager" und anspruchsvolle Premium-Kunden besser verstehen, gewinnen, begeistern und langfristig binden?

- Auf welchen Ansätzen beruht Ihre Zielgruppensegmentierung?

- Wie können Sie Ihren Kundendialog, Ihre Mitarbeiter, Serviceangebote, Dienstleistungen, Produkte, Ladengestaltung, Ihren Marktauftritt etc. ganz gezielt und effizient auf die veränderten Bedürfnisse, Erwartungen und Lebenswelten der Zielgruppen 50plus vorbereiten und im Alltag nachhaltig und ökonomisch umsetzen?

- Gibt es in Ihrem Unternehmen ein Marketing- oder Vertriebskonzept, das sich speziell mit der Zielgruppe Best Ager beschäftigt? Falls noch nicht, wann ist es in Planung?

- Mit welchen gezielten Werbe-, Vertriebs- und Marketingstrategien können Sie die Zielgruppen zwischen 50 und 70 künftig ansprechen und faszinieren?

- Und wie wollen Sie Ihre Erkenntnisse operativ umsetzen?

- Welche Innovationen und Veränderungen müssen Sie sofort realisieren, um den Zielgruppen 50plus gerecht zu werden? Wo sehen Sie Nachholbedarf und „offene Baustellen" in der Zielgruppenansprache 50plus?

- Welche Desinvestitionen oder Investitionen sind damit verbunden – Standortwahl, strategische Allianzen, Erwerb von affinen Unternehmen, Verkauf von Unternehmensteilen oder Produktmarken, neue Produkte etc.?

- Was treibt einige Ihrer Kunden 50plus zu Ihren Wettbewerbern – was machen Ihre Konkurrenten besser als Sie?

- Wer ist noch nicht Ihr Kunde? Warum nicht?

- Wie wollen Sie Ihre Noch-Nicht-Kunden 50plus künftig gewinnen?

- Wie sollen Beratung und Verkauf im Bereich der Best Ager künftig gestaltet werden?

- Wie werden Sie Ihr Vertriebsteam für die neuen Herausforderungen dieser anspruchsvollen Klientel 50plus sensibilisieren und trainieren?

- Wie wirkt sich der demografische Wandel auf die Produktportfolio-Struktur (Angebote für Best Ager, aktuell und in Zukunft) in Ihrem Unternehmen aus?

- Wie wirkt sich der demografische Wandel auf die Personalentwicklung in Ihrem Unternehmen aus?

Wir stehen heute vor drei entscheidenden ökonomischen, gesellschaftlichen und politischen Herausforderungen, den drei großen W: Werte – Wandel – Wettbewerb.

Werte

Unsere Gesellschaft lebt in einer Zeit von Krisen, Misstrauen, Neid, Missgunst, fehlendem bzw. nachlassendem Vertrauen

- zu Politikern, von denen man sich nicht mehr wirklich vertreten fühlt, die nur noch ihre eigenen Vorteile im Visier zu haben scheinen, und
- in die Wirtschaft und deren Global Player, die nur noch „Shareholder Value" und Expansion zu kennen scheinen. Massenentlassungen führen zu Kurssprüngen an den Börsen. Nichts scheint nach der Finanzkrise so zu sein wie vorher.

Der Mensch zählt nicht mehr viel – ist nur noch Mittel zum Zweck. Vieles spielt sich nur noch in der Darstellung nach außen ab – in den Medien und in der Werbung.

Die Wertehaltungen in der Bevölkerung haben sich stark verändert und sind nicht mehr nur vom Alter, sondern auch von veränderten Lebenswelten abhängig. Und diese Wertehaltungen haben enormen Einfluss auf Kaufentscheidungen, auf die Motivation und auf die Begeisterungsfähigkeit oder Frustration von Menschen, von Verkäufern, von Mitarbeitern im Kundenkontakt. Zu spüren bekommen diese Grundstimmungen in erster Linie die Konsumenten am „Point-of-Sale". Konsumerfahrene Menschen 50plus reagieren dabei erfahrungsgemäß weitaus sensibler – gewissermaßen wie ein Seismograf für alle anderen Zielgruppen.

Wandel

Demografie und unberechenbares menschliches Verhalten verändern die Wirtschaft, die Politik, die Medien und unsere Gesellschaft radikal. Es gibt immer mehr Singles. Kontaktarmut, Beziehungsstörungen und psychische Erkrankungen nehmen insbesondere auch bei Menschen mit steigendem Alter dramatisch zu. Das Leben wird immer hektischer, schnelllebiger, intransparenter. Man sagt nicht umsonst, dass die Zeit immer schneller vergehe, je älter man werde. Auf Menschen strömen immer mehr Werbebotschaften, Reize, Mails, SMS, Termine, Anforderungen aus Familie, Beruf, Freundeskreis ein. Wir leben in einer „Beschleunigungsfalle" und wollen insbesondere als Konsument 50plus die mannigfaltigen Angebote, den Overkill an Werbung und die Reizüberflutung nicht mehr verarbeiten. Persönliche Kontakte und individualisierte, an den brennenden Problemen orientierte Beratung werden zur Rarität. Gerade in Zeiten von Anonymisierung und Standardisierung ist die Sehnsucht nach Herzlichkeit, Leidenschaft, Begeisterung, echter Anteilnahme und echter Wertschätzung im zwischenmenschlichen Kontext größer denn je. Menschen 50plus wollen keine Produkte, sondern Lösungen, persönliche Zuwendung und spürbaren Nutzen.

Die Herausforderung für Marketing, Werbung und Vertrieb in einer modernen Welt der lockeren Bindungen und der Zeitknappheit liegt im Kundenbeziehungsmanagement, um nicht in der Beliebigkeit zu verschwinden. Das simple Motto lautet: den Kunden ernst nehmen und das Leben für ihn leichter und lebenswerter machen.

Wettbewerb

In Deutschland gibt es über 60 000 Marken. Produkte und Dienstleistungen sind austauschbarer als jemals zuvor. Nur mit einem klar erkennbaren Alleinstellungsmerkmal und mit einer unverwechselbaren Einzigartigkeit können sich Unternehmen mit ihren Produkten und Dienstleistungen auf dem Markt etablieren, positionieren und profilieren. Ein Marktvorsprung ist bei der zunehmenden Globalisierung der Märkte und im Kontext eines massiven Billiganbieter-Trends nur noch mit innovativen, kundengerechten, unverwechselbaren Angeboten in Verbindung mit Top-Service zu erzielen. Über Erfolg oder Misserfolg, Sieger und Verlierer wird entscheiden, wer es schneller und intelligenter versteht, künftige Kundenwünsche der älter werdenden Menschen und Konsumenten zu antizipieren und seine Dienstleistungen und Produkte entsprechend zu modifizieren, zu emotionalisieren.

2.3 Herausragender Service und zeitgerechte Dienstleistungen werden wichtiger

75 Prozent aller Menschen arbeiten derzeit im Dienstleistungssektor. Tendenz stark steigend. Schon in wenigen Jahren werden es über 80 Prozent sein. Ähnliche Entwicklungen beobachten wir weltweit. Darüber hinaus werden auch in Unternehmen, die dem industriellen Sektor zuzuordnen sind, eine Fülle von Dienstleistungen produziert, die die Nutzung eines Produkts erleichtern oder der Kundenbindung dienen. Dementsprechend stellt Dienstleistungsmarketing tatsächlich eine wichtige Herausforderung für alle Unternehmen dar.

Warum brauchen wir zeitgerechte Dienstleistungen?

Dienstleistungsmarketing lässt sich definieren als die marktorientierte Unternehmensführung unter Berücksichtigung der charakteristischen Merkmale einer Dienstleistung, zu denen vor allem Intangibilität (Nichtgreifbarkeit) und Integrativität (Kundenbeteiligung) zählen. Intangibilität besagt, dass Dienstleistungen physisch nicht präsent sind, also vom Kunden vor dem Kauf nicht in Augenschein genommen werden können. Daher ist der Anteil der Qualitätsaspekte groß, die der Kunde erst während des Konsums erfahren kann und auf deren Vorhandensein er grundsätzlich vertrauen muss.

Als Folge dieses großen Anteils an Erfahrungs- und Glaubensmerkmalen empfindet ein Dienstleistungskunde ein hohes Kaufrisiko. Ein 50plus-Kunde ist hier wohl noch vorsichtiger und wählerischer als ein jüngerer Konsument. Dienstleistung wird immer persönlich erbracht. Dies hat zur Konsequenz, dass Dienstleistungen in erster Linie aufgrund von Mund-zu-Mund-Empfehlungen, nach Glaubwürdigkeit, Seriosität, nach dem Erscheinungsbild, nach materiellen Äußerlichkeiten, nach dem Preis und je nach Geschick und Freundlichkeit des Personals beurteilt werden. Kunden sind erst dann zufrieden, wenn sie bekommen, was, wann und wie sie es wollen.

Der Kunde darf zwischen den erwarteten und wahrgenommenen Leistungen keine Diskrepanz spüren. *Gertrud Höhler* beschreibt Dienstleistung wie folgt: „Dienstleistung ist nichts anderes als Beziehungsmanagement unter dem Motto der höchsten im Unternehmen verfügbaren Leistung in der größtmöglichen Komplexität." Mehr zur Bedeutung und operativen Umsetzung von Spitzen-Dienstleistungen erfahren Sie in den Kapiteln 7 und 8.

Um die Revolution im Servicebereich zu überleben, müssen sich alle Dienstleister wappnen. Sie müssen die Qualität ihrer Angebote analysieren, größtenteils verbessern, vernachlässigte Teile der Wertschöpfungskette sensibler berücksichtigen, und sie dürfen den Kontakt zum Kunden trotz Technikeinsatz nicht aus den Augen verlieren. Dann haben sie die Chance, eine echte gewinnträchtige Nische zu besetzen. Wer bei dem hohen Tempo der Veränderungen nicht mithalten kann, verliert seinen Wettbewerbsvorteil und sukzessive Marktanteile. Es gilt mehr denn je, auf folgende Bereiche Rücksicht zu nehmen: Kundenverhalten, Antizipation von Kundenbedürfnissen, erlebbarer Dienst am Kunden.

Der Dienstleistungsmarkt in Deutschland und in Europa ist ein stark expandierender, aber wenig professionell auf die wirklichen Kundenbedürfnisse ausgerichteter Markt mit großen Wachstumschancen – wenn der Kunde von der Dienstleistung begeistert ist und mit Begeisterung dem Unternehmen oder der Marke verbunden bleibt. Doch genau hier liegen die großen Schwächen vieler Dienstleister. Insbesondere Menschen im besten Alter fühlen sich weder von den Werbetreibenden richtig angesprochen, noch sind sie von Dienstleistungen, dem Preis-Leistungs-Verhältnis oder dem Erlebnisgehalt und Nutzen, der ihnen einstweilen geboten wird, überzeugt.

Und vermutlich haben Sie etliche Fälle dieser Art schon am eigenen Leib verspürt: Immer wieder ärgert man sich über schlechten Service, fehlende Sensibilität für Sie als (50plus-)Kunde im Hotel, beim Einkaufen, im Restaurant, bei Behörden, im Fitnesscenter, beim Autokauf, in der Bank, beim Friseur, beim Mobilfunkanbieter, im Krankenhaus, in der Arztpraxis … Sehr selten begegnet einem in Deutschland exzellente und authentische Dienstleistung, die von Herzen kommt und die Lust auf mehr macht. Die Ursache hierfür ist nicht immer im fehlenden Personal zu suchen, sondern liegt häufig in der Art der Kommunikation, am Interesse für die wahren Bedürfnisse des Kunden, an der persönlichen Ansprache, an mangelnder Atmosphäre. Und all das, obwohl Unternehmen ihre Mitarbeiter schulen, viel Geld für Werbung ausgeben und vermeintlich gute und innovative Produkte anbieten. Qualität als Basis einer Dienstleistung wird vom Kunden schlicht und einfach vorausgesetzt. Doch eine gute Basisleistung reicht nicht mehr, um sich auf dem Markt durchzusetzen.

Nicht nur der 50plus-Kunde – aber der besonders intensiv – erwartet kleine, persönliche Überraschungen. Überraschungen wecken Emotionen. Und Emotionen bleiben im Kundenbewusstsein, sie verankern sich im Gedächtnis und bleiben präsent. Wir müssen ins Herz der Kunden treffen, ihre Gefühle ansprechen, sie mit exzellentem Service begeistern, ihnen Zeit und Wertschätzung schenken und Arbeit abnehmen.

Nicht nur das *Was* (das Produkt und der Preis), vor allem das *Wie* in der Beziehung und Kommunikation zum Kunden wird künftig über den Markterfolg entscheiden. Das Klima im Kundendialog und das Wohlfühlambiente am „Point-of-Sale", sensibilisierte Mitarbeiter mit einem Händchen für die tiefen Bedürfniswelten der zunehmend älteren Kunden ist das Geheimrezept. Kaufentscheidungen werden heute häufig spontan aus dem Bauch heraus am Verkaufspunkt getroffen und sind maßgeblich abhängig von der Beziehungsebene, von Sympathie und Antipathie zum Berater, Verkäufer, Kundenkontaktpersonal.

Für Unternehmen gilt es, die Brücke zwischen Kundenbegeisterung und exzellentem Service einerseits und der Zielgruppe 50plus andererseits herzustellen, damit zukünftig die Kundenwünsche besser antizipiert, die Kundenerwartungen übertroffen und Mitarbeiter nicht nur zufrieden gestellt, sondern für das Unternehmen begeistert werden können. Wenn Dienstleistungsunternehmen marktorientiert handeln wollen, dann wird es schon bald nicht mehr ausreichen, das bekannte klassische Marketing-Instrumentarium einzusetzen. Vor allem Marketingaufgaben wie die kundengerechte Gestaltung von Geschäftsräumen und Prozessen sowie die Beeinflussung des Kunden- und Mitarbeiterverhaltens werden an Bedeutung gewinnen. Dementsprechend ist der herkömmliche Marketing-Mix durch ein dienstleistungsspezifisches Instrumentarium zu ergänzen.

Der professionelle Einsatz dieser Instrumente ist nicht nur für kommerzielle Dienstleistungsunternehmen von Bedeutung, sondern auch für Non-Profit-Organisationen aus Kultur, Gesundheitswesen oder Verwaltung. Denn wachsende Kundenansprüche und zunehmender Wettbewerb verlangen auch von ihnen ein wesentlich stärker service- und kundenorientiertes Verhalten. Gleiches gilt mehr und mehr auch für Industrieunternehmen, bei denen die Relevanz der Dienstleistungen und des Service als Erfolgsfaktor ständig wächst.

Daher ist es dringend erforderlich, die *klassischen 4 P* (price, product, promotion, place) im modernen Marketing um ein Instrumentenbündel zu ergänzen, das man als die *4 Service P* bezeichnen kann:

- **people** (Personalmanagement, Mitarbeitermotivation),
- **processes** (Prozessmanagement, das Wie der Kommunikation, Information, Transparenz der Abläufe),
- **physical evidence** (Umfeldmanagement, Ambiente zum Wohlfühlen) und
- **participating customers** (Kundenbeziehungsmanagement, Antizipation der Kundenbedürfnisse und der psychologischen Motive).

Mit anderen Worten: Über das klassische externe Marketing hinaus gewinnt das *interne und interaktive Marketing* die alles entscheidende Bedeutung für die erfolgreiche Zukunft von Unternehmen, insbesondere im Dienstleistungssektor und ganz besonders im Kundenbeziehungsmanagement mit Kunden 50plus. Im Zielsystem der Unternehmen stehen mehr denn je

- das Management von Kundenbeziehungen,
- der Dialog mit dem Kunden (Kundenbindung),
- die Mitarbeitermotivation,
- die Identifizierung der Mitarbeiter mit dem Unternehmen (Mitarbeiterbindung),

um die ökonomischen Ziele zu erreichen. Ziel ist es, aus „normalen" Kunden begeisterte, glückliche, überzeugte, loyale Kunden zu machen, die das Unternehmen oder das Produkt für sich entdeckt und langfristig zu ihrem Favoriten gemacht haben und die darüber hinaus ihre Zufriedenheit oder sogar Begeisterung ihren besten Freunden und Bekannten als „Geheimtipp" zum Ausdruck bringen. Im Vordergrund steht, dass Unternehmen ihre Ergebnis-, Umsatz- und Marktziele erreichen, ihre Wettbewerbsfähigkeit steigern, die Effizienz und Wirtschaftlichkeit ihrer Unternehmen erhöhen, die Motivation ihrer Mitarbeiter steigern und Kundennutzen als erlebbaren Wert schaffen.

2.4 Wie gut ist Ihr Unternehmen aufgestellt?

Haben Sie Lust auf einen Flug mit dem Hubschrauber? Gut, dann begeben wir uns gemeinsam auf eine metaphorische Reise. Sie besteigen einen Helikopter. Sie fliegen mit dem nötigen Abstand, mit der kritischen Sicht von oben über Ihr Unternehmen. Es macht Sinn, sein Unternehmen und seine Produkte/Dienstleistungen in regelmäßigen Abständen von oben, von außen zu betrachten – alleine oder gemeinsam mit einem neutralen „Sparringspartner", einem externen Unternehmensberater oder Coach. Sie betrachten nun Ihr Unternehmen aus der Sicht und durch die kritische Brille eines exemplarischen 50plus-Kunden. Schließlich ist es der Kunde, der den USP, das Alleinstellungsmerkmal und die Einzigartigkeit bestimmt, und nicht das Unternehmen selbst. Wir nennen unseren Vorteil beispielsweise Qualität – der Kunde nimmt es anders wahr. Wir rühmen uns mit unserem Service – der Kunde weiß gar nicht, wovon die Rede ist. Besinnen Sie sich darauf, was Ihr typischer (50plus-) Kunde überhaupt will, und welche Problemlösungen Sie definitiv einen Tick besser, herausragender, attraktiver, andersartiger, mutiger, verrückter, anmachender als der Wettbewerber anbieten? Beantworten Sie sich jetzt die folgenden existenziellen Fragen möglichst kurz und präzise mit wenigen Worten – aus antizipierter Sicht Ihres potenziellen 50plus-Kunden, eines realen Kunden, in den Sie sich jetzt einfühlen:

Die „Existenzfrage" zu Ihrer Einzigartigkeit

Hand aufs Herz: Was würde Ihrem „typischen 50plus-Kunden" fehlen, wenn es Ihr Angebot/Produkt/Unternehmen nicht oder nicht mehr gäbe?

Was ist Ihr Alleinstellungsmerkmal/Ihre Einzigartigkeit (USP) aus 50plus-Kundensicht?

Ihr persönlicher Check-up:
USP – Alleinstellungsmerkmal

Erfüllt Ihr oben beschriebener USP die folgenden vier Voraussetzungen? (Bitte selbstkritisch und offen beantworten.)

1. Ist es ein für den 50plus-Kunden wirklich entscheidender, wichtiger Leistungsparameter im Vergleich zum Hauptwettbewerber?
   ☐ Ja   ☐ Nein

2. Nimmt der 50plus-Kunde diesen USP real überhaupt bewusst wahr, und ist Ihr USP glaubwürdig?
   ☐ Ja   ☐ Nein

3. Ist Ihr USP dauerhaft zur Positionierung und Profilierung gegenüber der Konkurrenz einsetzbar?
   ☐ Ja   ☐ Nein

4. Ist Ihr USP kurzfristig in den nächsten drei bis fünf Jahren wirklich nicht imitierbar?
   ☐ Ja   ☐ Nein

Wir kommen zu diesem wichtigen Aspekt des USP – zu den Punkten Glaubwürdigkeit, Marktakzeptanz, Profilierung, Positionierung und Differenzierung aus Sicht eines 50plus-Konsumenten – in späteren Kapiteln noch ausführlich zu sprechen.

> „Wer heute älter wird, sucht nach sinnvollen Tätigkeiten und fordert als Verbraucher Respekt für die eigenen Bedürfnisse."
>
> Dr. Kristina Schröder,
> Bundesministerin für Familie, Senioren, Frauen und Jugend

3 Mehr als 720 Milliarden Euro warten auf besseren Service und nützliche Produkte

Fast 40 Prozent der deutschen Bevölkerung sind über 50, und damit stellen sie einen signifikanten Wirtschaftsfaktor in vielen Märkten dar – Gesundheitsprodukte, Reisen, Körperpflege, Kleidung, Finanzen und viele mehr. Es sind anspruchsvolle, unternehmungslustige Konsumenten, die wissen, was sie wollen: Sie setzen sich neue Ziele, stehen mitten im Leben, verwirklichen sich selbst, lieben Luxus, Freizeit und Vergnügen. Wir sehen 50-Jährige, die eine Karriere beginnen oder sich neu orientieren, 60-Jährige, die Sport treiben wie mit 40, und attraktive 70-Jährige auf Partnersuche oder im Hörsaal der Universitäten. Sie haben oftmals einen aufgestauten Nachholbedarf und ein neues Selbstbewusstsein, probieren gerne Neues aus. Die Zielgruppe 50plus legt gesteigerten Wert auf authentische Ansprache, persönliche Wertschätzung, ein gutes Klima, einen überzeugenden ersten Eindruck und fachliche Kompetenz. Qualität, Design, Lifestyle, Service fordern sie ohnehin als Selbstverständlichkeit. *Die Qualität ist ihnen wichtiger als der Preis.*

Vor allem Hersteller von Produkten rund um das Thema *Gesundheit* werden von dieser neuen Marktmacht profitieren. Ein Anstieg der Lebenserwartung korrespondiert mit besserer Gesundheit, mit fast grenzenlosen medizinischen Therapiemöglichkeiten. Nicht umsonst setzen Elektronikriesen wie Philips und Siemens ganz auf Medizintechnik als Zukunftsfeld. Auch die Pflegebranche wird ein großer Gewinner der Demografie sein. Die Pflegebedürftigkeit in Deutschland wird trotz sinkenden Pflegerisikos von 2 Millionen Pflegebedürftigen heute auf 3 Millionen im Jahr 2020 ansteigen – das entspricht einer Steigerung von 50 Prozent innerhalb von neun Jahren. Bis zum Jahr 2050 wird sogar mit über 5 Millionen Pflegebedürftigen gerechnet – das entspricht einem Zuwachs von 150 Prozent. Darauf gilt es für viele Branchen zu reagieren – mit haushaltsnahen Produkten und Dienstleistungen für Menschen, die Hilfe im täglichen Leben brauchen, bevor sie Tagespflege, ambulante oder stationäre Pflege benötigen.

Die Wirtschaft und die Industrie haben die Thematik der alternden Welt nicht nur unter den Aspekten der Gehhilfen, Rollstühle, Pflegebetten, Treppenlifte, Nasenhaarschneider etc. zu diskutieren, sondern müssen den Blick viel stärker als bisher auf die kompetenten Älteren richten und sich fragen, wie man deren Kompetenzen und Ressourcen erhalten und steigern und ihre Lebensräume und Lebenswelten erweitern kann. Wie man deren Selbstständigkeit, Selbstbestimmtheit und Unabhängigkeit bis ins hohe Alter hinein sichern kann. Auch wenn man bei den meisten Menschen 60plus von einem hohen Grad an Fitness und Gesundheit ausgehen kann, so kommt es hier und da schon zu kleineren Einschränkungen, die das Leben im Alltag erschweren.

Wie schwer kann es beispielsweise sein, den Schraubverschluss einer Flasche zu öffnen, den Deckel des Gurkenglases anzuheben, eine verschweißte Kaffeepackung zu öffnen oder eine Weinflasche zu entkorken, um nur einige Beispiele zu nennen. Es gibt eine ganze Reihe von Hilfsmitteln und vielleicht auch neuen Produktideen, die diese Alltagsverrichtungen erleichtern könnten. Kundenorientierte Ideen und Einfallsreichtum in der industriellen Fertigung und Gestaltung solcher Alltagsprodukte sind hier gefragt. Gar nicht daran zu denken, wenn Sie aufgrund einer rheumatischen Erkrankung oder wegen Gelenkproblemen, die ja zu einer Volkserkrankung geworden sind und weiter zunehmen werden, zum Beispiel Schaltknöpfe am Herd oder an der Stereoanlage, Armaturen an Wasserhähnen, Handytasten, Computertastatur nicht mehr bedienen können, weil die Tasten und Knöpfe zu klein und zu unhandlich sind. Alle Geräte werden immer kleingliedriger und somit schicker im Design. Denken Sie nur an Handys, Navigationssysteme im Auto, iPods bis hin zu den Gebrauchsanleitungen, die aufgrund der Schriftgröße und des Umfangs von älteren Menschen kaum noch zu bewältigen sind und einen regelrechten Horror vor einer Anwendung auslösen.

Es wird höchste Zeit, dass sich Industrie und Wirtschaft auf die veränderten Bedürfnisse dieser Menschen mit kleineren Einschränkungen nicht nur einstellen, sondern nutzerfreundlichere Produkte herstellen, die nicht gleich den Anschein von „Seniorenprodukten" haben. Die Pharmaindustrie und Nahrungsmittelkonzerne wie beispielsweise *Nestlé* und *Unilever*, die sich dem Trend zu gesunder Ernährung mit Zusatznutzen verschrieben haben, werden von der alternden Gesellschaft deutlich profitieren. Welche Chancen die wachsende Käuferschicht der Älteren bietet, haben auch die Möbelhersteller begriffen. Denn für die deutsche Möbelindustrie ist die so genannte „demografische Katastrophe" ein Glücksfall. Menschen über 70 geben laut einer Untersuchung des Statistischen Bundesamtes fast 50 Prozent ihres Einkommens für Wohnen aus, junge Erwachsene nur 30 Prozent.

3.1 Wer wird von der Kaufkraft 50plus profitieren?

Alle Wirtschaftsbereiche werden sich auf den demografischen Wandel einstellen müssen. Und vor allem darauf, dass sich bisherige klassische Zielgruppen, Zielmärkte, Produktfelder, Vertriebsschienen dramatisch verändern werden. Die einzelnen Altersgruppen weisen unterschiedliche Zuwachsraten auf. So wird die Gruppe der 13- bis 20-Jährigen bis zum Jahr 2020 nicht wachsen, sondern sogar um 25 Prozent zurückgehen. Eine Entwicklung, die die Hersteller von Mopeds, Fußballschuhen, Jeanskleidung und Musik-CDs dazu veranlassen könnte, auch andere Zielgruppen anzusprechen. Die Altersgruppen der 20- bis 30-Jährigen werden im gleichen Zeitraum um 9 Prozent abnehmen. Davon sind vor allem die Möbelhersteller, Reiseveranstalter, Lebensversicherer sowie die Produzenten von Tennis- und Skiausrüstungen betroffen, deren Erzeugnisse hauptsächlich auf diese Altersgruppe zugeschnitten sind. Die Anzahl der heute 30- bis 40-Jährigen wird drastisch abnehmen – bis zu 28 Prozent im Jahr 2020. Diese Generation ist im Allgemeinen fest im Berufsleben etabliert und bildet im Moment noch einen großen Markt für Eigenheime, Autos und Kleidung. Die Gruppe der 40- bis 60-Jährigen wird hingegen bis zum Jahr 2020 um mindestens 6 Prozent zunehmen. Sie bildet einen wichtigen Zielmarkt für die Gastronomie, die Reiseveranstalter, Hersteller teurer Kleidung sowie Unternehmen, die in anderen Bereichen der Freizeitindustrie tätig sind. Die größte Zuwachsrate überhaupt, nämlich 20 Prozent, wird die Altersgruppe 60plus zu verzeichnen haben. Damit steigt der Bedarf nach Altersruhesitzen und -heimen, Wohnmobilen, ruhigeren Formen der Freizeitgestaltung, wie zum Beispiel Golf und Angeln, portionierten Fertigmahlzeiten sowie medizinischen Artikeln (z. B. Medikamente, Brillen, Gehstöcke, Hörgeräte) und Dienstleistungen (z. B. Genesungseinrichtungen nach Klinikaufenthalt).

Wer sich nicht schon jetzt von den rapide schrumpfenden Gruppen der 14- bis 30-Jährigen verabschiedet und frühzeitig auf die wachsenden Gruppen der 40-, 50- und 60plus-Zielgruppen konzentriert, wird es schwer haben, mittelfristig noch zu existieren. Für Branchen und Unternehmen, die sich vorwiegend im internationalen Markt bewegen, werden die Auswirkungen sicherlich weniger dramatisch sein als für Unternehmen, die sich auf deutschem oder europäischem Terrain bewegen und dort ihre Geschäfte machen wollen. Und das insbesondere vor dem Hintergrund rückläufiger jüngerer Käuferschichten sowie vielfach stagnierender, gesättigter Märkte.

Diese neuen Zielgruppen eröffnen Wachstumsmöglichkeiten, die in den angestammten Segmenten nur noch schwer erreicht werden können. Im Sinne des „First-Mover-Advantage" oder der Innovatorenrolle kann es sich für Unternehmen lohnen, in ein neues Segment so früh wie möglich einzudringen.

3.2 Potenzielle Boom-Branchen

Es gibt Branchen, die den demografischen Wandel ganz offensichtlich zu ihrem Vorteil nutzen können. Für dienstleistungsorientierte Unternehmen insbesondere aus folgenden Branchen werden sich aufgrund des „Megatrends Alter" überaus lukrative Wachstumschancen ergeben:

Potenzielle Boom-Branchen	Wer profitiert konkret?
Dienstleistung & Service	Freizeitvergnügen, Events, Heimservice, Personalcoaching, Home-Entertainment
Konsum- und Luxusgüter	Automobilindustrie, Mobilität, Genießer-Produkte wie Champagner, edle Weine, Feinkost
Lifestyle	Mode, Wohnen und Einrichtung
Geld- und Finanzdienstleistungen	Vermögensmanagement, Geldanlage, Altersvorsorge, Vermögensübertragung
Immobilien & Wohnen	Servicewohnen, Renovierung, Bauträger, Facility-Management
Nahrung & Genuss	Erlebnisgastronomie, Restaurants, Cafés, Bio-Angebote, Öko-Produkte, Functional Food, Convenience-Produkte
Gesundheit & Prävention	Privatkliniken, Hotelkliniken, Gesundheitsportale, Entschleunigungs-Angebote und -Dienstleistungen
Seniorenwirtschaft (70plus)	neue Wohnformen wie z.B. intergeneratives Wohnen, vernetzte Gesundheitszentren mit Pflegeangeboten von Premium- bis Discountqualität
Pharma & Kosmetik	Anti-Ageing-Produkte, Geronto-Produkte, Alternativmedizin, Haarfärbemittel, Hand- und Gesichtscremes
Fitness & Wellness & Beauty	Fitness-Zentren, Anti-Ageing, Wellness-Massagen, fernöstliche Entspannung (Tai-Chi, Chi-Gong)
Werbung & Kommunikation	Pro-Age-Modelagenturen, Event- und PR-Agenturen

Tourismus	Reiseveranstalter, Kreuzfahrten, Hotellerie, Lebensträume
Mobilität/Verkehr	Elektro-Fahrräder, attraktive Angebote des öffentlichen Nahverkehrs, Anbindung an Städte und Einkaufszentren
Übergang vom Berufsleben in (Un-) Ruhestand	Lehrangebote, Seniorenstudium, Volkshochschulangebote, Ehrenamt, Senior-Experten-Service (SES), Freiwilligen-Agenturen
Einzelhandel	integrierte Einkaufs-Erlebniszentren und Erlebniswelten für alle Sinne
Handel & Logistik	Versandhandel, Direktvertrieb via Internet, Umzugsmanagement
Kultur & Bildung mit sozialen Kontakten	Theater, Musicals, Kinos, lebenslanges Lernen
Städte & Politik	Städtemarketing
Technologie	Medizintechnologie, Kommunikationsmedien wie z. B. Mobiltelefon, Computer, Laptop, iPhone, iPad etc.
Beratung & Coaching	KMU-Unternehmer, Erben, Fundraising, Einzelkämpfer 50plus, Personalberatung und Headhunting 50plus
Medien	interaktives Fernsehen
Politik	Parteien und die Wähler-Macht 50plus

Der demografische Wandel hinterlässt Spuren – auch in Branchen, an die man nicht auf Anhieb denkt. So leiden die Hersteller von Motorrädern seit Jahren unter rückläufigen Absatzzahlen, gleichzeitig steigt das Durchschnittsalter ihrer Fahrer. Selbiges nämlich ist von 26 Jahren 1986 auf 32 Jahre Mitte der 90er angestiegen und liegt heute bereits bei achtbaren 39 Jahren. Das bedeutet zum einen, dass sich immer weniger Junge für die motorisierten Zweiräder interessieren, weswegen man sich beim Essener Industrie Verband Motorrad jetzt mit einer Kampagne gezielt an Jüngere richtet. Und zum anderen, dass diejenigen, die früh für das Motorrad begeistert werden können, ihre Leidenschaft nicht selten mit ins Alter nehmen. Auf letzteres Phänomen reagiert man seit längerem erfolgreich bei *Harley-Davidson*: Die Verantwortlichen haben zum Beispiel Maschinen mit Sitzheizungen ins Programm aufgenommen und setzen auf den Mythos und die Sogwirkung der Marke.

Spiele für Menschen ab 50

Der Ravensburger Spieleverlag stellt mit „Spiel & Vergnügen" eine Reihe mit Gesellschaftsspielen speziell für aktive Menschen ab 50 Jahren vor. Sie spielen – und das nicht nur mit Enkeln: Menschen ab 50 mögen diese Art der Freizeitbeschäftigung und sie schätzen auch neue Spiele. Das ist eine Erkenntnis, die Ravensburger bei Marktforschungen rund um die „Zielgruppe der Zukunft" gewonnen hat. Die wichtigste Motivation der Best Ager für Spiele sind Geselligkeit und Kommunikation, wobei aber auch Spaß, Logik, Lernen, Kreativität, Geschick, Spannung, Interaktion wichtige Motivatoren für Spiele sind.

> **Spiel- und Mehrgenerationen-Plätze für Menschen ab 60**
> **„Hannovers 1. Senioren-Spielplatz!"**
>
> Der „Park der Generationen" im Eichenpark Langenhagen bei Hannover richtet sich an ältere Menschen ab 60: Sie können sich an den Geräten fit halten – zum Nulltarif! Der Eintritt ist frei. Die Idee zu einer „Mucki-Bude" im Freien für die Großeltern-Generation hatte Horst Megel (72) aus Langenhagen. Zwei Jahre hat er geplant, Mitstreiter gesucht, Stadt und Sponsoren überzeugt. Seine Idee: „In Langenhagen gibt es rund 14 000 Über-60-Jährige – die sollen fit und aktiv werden, Spaß haben, einander kennen lernen!"
>
> Auf 16 000 Quadratmetern stehen u.a. acht Fitnessgeräte aus Edelstahl („Playfit", TÜV-geprüft, vier Jahre Garantie, mit Massage-Noppen gegen Arthritis), Schachbretter, es gibt eine Boule-Bahn und einen Bolzplatz. Kosten: 430 000 Euro! Dazu werden öffentliche Chi-Gong-Stunden (dienstags ab 10 Uhr) angeboten, Sport-Spiele mit Fächern, Bällen.
>
> Vorbild für das Langenhagener Open-Air-Fitness-Center ist China. Dort stehen Seniorenspielplätze in Wohnanlagen, Fußgängerzonen, Parks. „Playfit"-Chefin Renate Zeumer (50): „Die Geräte fordern auch Bewegungsmuffel zum Turnen auf!" **Studien belegen: Die Kombination aus geistiger und körperlicher Aktivität verzögert Demenz. Außerdem verbessert das Training an den gelenkschonenden Geräten die Balance älterer Menschen, schützt sie vor Stürzen.** Bei Initiator Megel haben sich schon jetzt andere Städte gemeldet, wollen das Konzept des Senioren-Spielplatzes abkupfern. (*Quelle: Bild-Zeitung, 3.4.09*) – Fazit: Idee gut – Umsetzung und Namensgebung verbesserungswürdig.
>
> Vor dem Hintergrund des demografischen Wandels ist es kaum zu rechtfertigen, dass öffentliche Grünflächen zwar für Kinderspielplätze zur Verfügung gestellt werden, aber Angebote für ältere Menschen fast gänzlich fehlen. Aufgrund der steigenden Bedeutung von Freizeitangeboten für Senioren ist daraufhin das Konzept eines speziell auf ältere

Menschen zugeschnittenen Freizeitangebots in Deutschland entworfen worden. Das Konzept sieht so genannte Trimm-Dich-Pfade vor, die in öffentlich zugänglichen Anlagen oder Parks entstehen sollen. In erster Linie sollen diese Plätze älteren Menschen die Gelegenheit bieten, sich körperlich zu betätigen und ihre Feinmotorik zu trainieren. Neben dem sportlichen Aspekt kommt ein gesellschaftlicher Faktor hinzu. Die Plätze sind zwar auf die Bedürfnisse von älteren Menschen und Senioren zugeschnitten. Dies bedeutet aber keinesfalls, dass ein Zusammentreffen der Generationen nicht erwünscht ist. Im Gegenteil: Die Plätze sollen auch als Begegnungsorte für Jung und Alt fungieren und damit verschiedene Generationen über Spiel, Spaß und körperliche Ertüchtigung zueinander führen. Ausgestattet sind die Plätze mit verschiedenen Outdoorgeräten, die häufig aus Edelstahl sind. Im Vergleich zu Kinderspielplätzen ist neu, dass die Geräte für Menschen jeden Alters konzipiert sind und doch gleichzeitig einen positiven gesundheitlichen Effekt haben. So gibt es beispielsweise Schulter-, Rücken- oder Beintrainer, die speziell auf die einzelnen Körperpartien abgestimmt sind und nichts mit Gewichte überladenen Geräten in Fitnessstudios gemeinsam haben. Zudem sind sie in ganz normaler Alltagskleidung nutzbar und ausgesprochen unkompliziert in der Handhabung. An den Sportgeräten sind Übungsanleitungen mit Text und Bild integriert, um die Sicherheit zu erhöhen und das Bedienen möglichst einfach zu halten. So können ältere Menschen die Geräte bequem und sinnvoll nutzen.

Darüber hinaus sind einige der Plätze mit zusätzlichen Freizeitangeboten wie Boccia, Schach, Minigolf oder einer Außenkegelbahn ausgestattet. Diese Angebote sollen das Ziel unterstützen, die Plätze auch über die Nutzung der Geräte hinaus als Treffpunkt interessant zu machen, an dem man sich an schönen Tagen mit der Familie, Freunden und Bekannten treffen kann. Das Konzept der „Seniorenspielplätze" ist viel versprechend. Einerseits ist der Bedarf bei älteren Menschen für mehr Möglichkeiten zur körperlichen Betätigung unzweifelhaft gegeben und andererseits bieten die Spielplätze eine exzellente Möglichkeit, Begegnungsorte für Jung und Alt zu schaffen. Sollten sich die Gemeinden oder private Spender entschließen können die nötigen Finanzmittel bereit zu stellen, könnte die Idee in Deutschland sogar ein echter Erfolg werden – in vielen Städten gibt es sie inzwischen. Ob man diese Plätze allerdings etwas geringschätzig „Seniorenspielplatz" nennen sollte möchte ich hier in Frage stellen – wer bitte schön geht mit 52 auf einen Seniorenspielplatz?

50plus-Boombranche	Fakten | Prognose	Produkt | Nutzen für 50plus
Automobil	**Fakten:** Kunden 50plus ■ kaufen über **45 % aller Neuwagen**, das sind deutlich mehr als es ihrem Bevölkerungsanteil entspricht ■ kaufen über **80 % aller Neuwagen der Top-Automarken** ■ kaufen nicht ihr erstes Auto, sondern vielleicht schon das **zehnte oder zwölfte Auto in ihrem Leben** – sind also äußerst erfahrene und immer wieder neu zu begeisternde Kunden; sie bleiben immer weniger ihrer bisherigen Marke treu und probieren gerne Neues aus ■ Der durchschnittliche Neuwagenkäufer wird immer älter! **Durchschnittsalter deutscher Neuwagenkäufer:** ■ Audi: 50,9 Jahre ■ Bentley: 55,7 Jahre ■ BMW: 52,0 Jahre ■ DaimlerChrysler: 56,1 Jahre ■ Jaguar: 56,5 Jahre ■ Lexus: 55,0 Jahre ■ Porsche: 57 Jahre ■ VW: 50,7 Jahre ■ Durchschnittsalter gesamt: 50,8 Jahre (Quelle: Car Universität Duisburg-Essen, Zeitraum 01-07/2010 (Raufeld/Waszelewski), aus: Kölner Stadtanzeiger vom 12.2.2011) **Prognose:** ■ Im Jahr 2015 werden mehr als ein Drittel aller Autokunden 60plus sein.	**Produkt:** Individuelle Modelle von Mittel- und Oberklasse, z. B. ■ Cabrios ■ Roadster ■ Oldtimer-Modelle **Konkreter Nutzen:** ■ Schönes Lebensgefühl verbunden mit hohem Fahrspaß ■ Genuss der persönlichen Freiheit und Unabhängigkeit ■ Komfort spüren ■ Sich abgrenzen von Normalbevölkerung → Differenzierung ■ Sicherheitsgefühl ■ Persönliches Image & Prestige ■ Bewusste Belohnung für harte Arbeit ■ Geborgenheit & Sicherheit ■ Entfaltung der eigenen Persönlichkeit ■ Wertgewinn und Nutzen als Gegenwert zur Geldausgabe ■ Nostalgie-Bedürfnisse („die gute alte Zeit") werden z. B. befriedigt mit Oldtimer-Auto oder Harley-Davidson-Motorrad

50plus-Boombranche	Fakten | Prognose	Produkt | Nutzen für 50plus
Reiseveranstalter von Kreuzfahrten	**Fakten:** ■ Menschen 50 plus buchen über 80 % aller Kreuzfahrten z. B. bei *Royal Caribbean Cruiser*, der italienischen Nobelreederei *Silverseas Cruises*, *Deilmann*, *Cunaro*, *Costa*, *Marevita* etc. ■ Durchschnittsalter von Kreuzfahrt-Reisenden liegt derzeit bei ca. 58 Jahren **Prognose:** ■ Großes Potenzial für die Zukunft haben sog. **First-Class-Reisende 50plus** – sie werden bei 50plus stark zunehmen. Sie haben die höchsten Pro-Kopf-Ausgaben, lieben Galadinners, Nachtleben und Luxushotels. ■ Die sog. **Gruppenreisenden 50plus**, die mengenmäßig größte und ebenfalls zunehmende Gruppe, die eher Gemeinschaft sucht, werden eher bei Pauschal- und Busreisen eine Rolle spielen. ■ **Rückläufige Tendenz:** Durchschnittsreisende mit niedrigerem Einkommen und Pro-Kopf-Ausgaben und sog. „Freigeister", die Abenteuer suchen, bei der Unterkunft sparen, aber großzügig bei Nebenausgaben sind.	**Produkt:** ■ Luxusreisen mit Kreuzfahrtschiffen und Rundum-Sorglos-Paket ■ Idealer Weise mit medizinischem Begleitservice Arzt, Pflege- und Betreuungspersonal (bei Dialyse, Diabetes, Herzproblemen etc.) ■ Mit Personalcoach für eigene Fitness ■ Reisen für Großeltern mit Enkel ■ Single-Reisen mit Komfortpaket **Konkreter Nutzen:** ■ Entspanntes Lebensgefühl ■ Luxus und Lebensfreude genießen ■ Hohe Komfortzone erleben ■ Unaufdringliche Serviceperfektion ■ Sich belohnen und etwas gönnen ■ Neue Kontakte mit seinesgleichen ■ Neues entdecken, raus aus dem Trott ■ Leichtigkeit des Seins ■ Wohlfühl-Ambiente ■ Vielfältigkeit der Angebote: individuell, weitläufig, stressfrei, gutes Essen

50plus-Boombranche	Fakten | Prognose	Produkt | Nutzen für 50plus
Gesundheit	**Fakten:** ■ Für Gesundheitsprodukte geben Menschen 50plus in Deutschland **6 Milliarden Euro** pro Jahr aus – das sind etwa die Hälfte der Gesamtausgaben für Gesundheit in Höhe von ca. 12 Milliarden Euro ■ Menschen werden immer älter, holen sich ambulante Dienstleistungen ins Haus, dann und wann sie es wollen ■ Politisch werden ambulante Betreuung und Pflege forciert, da preiswerter und besser für Lebensqualität. Schon heute sind osteuropäische Leihkräfte nicht nur in der Pflege ein Thema mit hoher gesellschaftlicher Brisanz ■ Zwei-Klassen-Medizin wird Realität **Prognose:** ■ Branchen werden im Sinne des Kunden miteinander synergetisch vernetzt und verbunden, z. B. Kliniken mit Hotels oder mit ambulanten Einrichtungen und Rehabilitationseinrichtungen sowie Seniorenzentren ■ Prävention und alternative Heilmethoden sind angesagt ■ Urlaub, Wellness, Fitness und Gesundheitsangebote wachsen stark zusammen z. B. Entspannung im Heu, Fastenwandern, Meeralgen-Therapie, Wellness-Törns, Wellness für Männer 50plus, Wellness-Bauernhof etc. ■ Gesundheits-Tourismus ist boomender Markt der Zukunft – von Ost nach West, von West nach Ost/Süd, von Süd nach Nord im internationalen Drehrad – z. B. Billig-Zahnarzt in Tschechien ■ Zahnarztpraxen werden sich immer mehr mit folgenden Themen beschäftigen: – Zahnimplantate für Schönheit und Ästhetik – Mundhygiene (z. B. Mundgeruch als Tabuthema Nr. 1) – Lifestyle-Angebote mit flexiblen Öffnungszeiten für Best Ager mit wenig Zeit und hoher Kaufkraft	**Produkte und Dienstleistungen:** ■ Homecare-Bereich, Heimservice und mobile Dienstleistungen rund um ambulante Pflegeleistungen ■ Gesundheit ■ Hauswirtschaft ■ Ernährung ■ Wellness-Massagen ■ betreutes Wohnen zu Hause könnte das Zukunftsangebot für Menschen werden, die zu Hause bleiben wollen und dennoch Betreuung, Gespräche und Kontakt zu Menschen suchen ■ Spezialisierte Privatkliniken mit Serviceleistungen auf Hotelniveau wie z. B. Rhön-Klinikum, Sana-Kliniken etc. **Konkreter Nutzen:** ■ Steigerung oder Bewahrung der persönlichen Lebensqualität ■ Wohlfühlcharakter und Komfort ■ Sicherheitsgefühl ■ Service frei Haus ■ Bewahrung längstmöglicher Selbstbestimmung und Unabhängigkeit ■ Persönliche Wertschätzung ■ Individuelle Ansprache ■ Hoher Leistungsstandard ■ Erste-Klasse-Gefühl (VIP) ■ Modulare Wahlmöglichkeiten und Optionen

50plus-Boombranche	Fakten | Prognose	Produkt | Nutzen für 50plus
Erlebnis-Tourismus, Reisen mit Mehrwertpaketen	**Fakten:** Reisen und 50plus: ■ 18 Milliarden Euro pro Jahr geben 50plus-Kunden in Deutschland für Reisen aus, das sind über 40 Prozent der Gesamtumsätze in der Reisebranche ■ Für 90 % der 50- bis 60-Jährigen steht Reisen an erster Stelle ■ 55 % aller Winterurlauber und 40 % aller Sommerurlauber bei TUI sind 50plus-Kunden ■ 65 % von 50plus waren in den zurückliegenden zwölf Monaten auf Urlaubsreise **Prognose:** Mega-Trend zu Erlebnis-, Kultur-, Bildungs-, Sport-, Fitness/Wellness-, Abenteuer-, Städte-, Deutschland-, Fern-Reisen und Sprachurlaube ■ mit Scout oder Personalcoach vor Ort ■ bevorzugt Kurzreisen ■ bevorzugt Angebote für Singles-, Partnersuchende, Alleinreisende ■ Informationen werden überwiegend über das Internet eingeholt ■ Buchung verstärkt wieder über das Reisebüro mit persönlichen Insider-Tipps ■ integrierte Zusatzdienstleistungen wie z. B. Mietwagen oder Eintritt zu Sehenswürdigkeiten sind gefragt – immer weniger die standardisierten 0815-Pauschalreisen	**Produkt:** Erlebnis-, Kultur-, Bildungs-, Sport-, Fitness/Wellness-, Abenteuer-, Städte-, Deutschland-, Fern-Reisen und Sprachurlaube **Konkreter Nutzen:** ■ Luxus & Lebensfreude genießen ■ Hohe Komfortzone erleben ■ Entfaltung der Persönlichkeit ■ Sich verwöhnen und sich gönnen ■ Neue Kontakte mit seinesgleichen knüpfen ■ Neues vs. Vertrautes (wieder-) entdecken ■ Das Angenehme mit dem Bildungshunger kombinieren ■ Viel in kürzester Zeit erleben ■ Land und Leute kennen lernen ■ Sich weiterbilden ■ Sinn erfahren z. B. Heilfasten, Work-Life-Balance, andere Kulturen kennen lernen

Potenzielle Boom-Branchen

50plus-Boombranche	Fakten | Prognose	Produkt | Nutzen für 50plus
Pharma – Anti-Ageing-Kosmetik und Beauty	**Fakten:** ■ Ausgeprägtes Gesundheitsbewusstsein ■ 40 % der Frauen 60plus würden sich laut einer Forsa-Umfrage einer Schönheitsoperation unterziehen ■ Profiteure der Demografie: Gesundheitssektor mit neuen Medikamenten als Wachstumsmarkt – allein in den USA sind über 800 neue Medikamente in der Entwicklungs-Pipeline ■ Popularität fernöstlicher, homöopathischer, psychosomatischer Heilmethoden und Entspannungstechniken	**Produkte und Dienstleistungen:** ■ Naturheilmittel/Homöopathie ■ Selbstmedikation ■ Ernährungszusätze ■ Anti-Ageing-Dienstleistungen ■ Mittel gegen Altersbeschwerden ■ Pro-Age-Produkte ■ Zahnimplantate ■ Gerontologische Produkte ■ Hör- und Sehhilfen
Alternativmedizin und Sinnfragen des Lebens	**Prognose:** ■ Neue Märkte werden mehr genutzt aufgrund zunehmender Erkrankungen wie z. B. Diabetes, Herz-Kreislauf, Krebs, Dialyse, Haut, Nerven, Adipositas versus Schlankheitswahn, psychische Erkrankungen aufgrund von Depressionen und Vereinsamung, Burnout-Syndrome und Tinnitus aufgrund chronischer Überforderung im Beruf und Privatleben usw. ■ Auch ältere Menschen sind immer häufiger übergewichtig. In Österreich z. B. sind über 65 % der Menschen 50plus übergewichtig. ■ Communities als Ersatz für Religionen werden zunehmen	**Konkreter Nutzen:** ■ Schönheit und Ästhetik ■ Traum der ewigen Jugend: vermeintlich länger jung ■ Steigerung oder Bewahrung der persönlichen Lebensqualität und Gesundheit ■ Stabilisierung der Work-Life-Balance ■ Wunschvorstellung von „jung, sexy, attraktiv" ■ Leistungsfähig und vital ■ Gesteigertes Wohlbefinden ■ Sexuell aktiv und potent ■ Wohlfühlcharakter und Komfort ■ Persönliche Wertschätzung ■ Erste-Klasse-Gefühl (VIP) ■ Kommunikationsplattform für Kontakte ■ Entfaltung der Persönlichkeit ■ Hilfe auf dem Weg nach dem Sinn des Lebens

50plus-Boombranche	Fakten | Prognose	Produkt | Nutzen für 50plus
Luxus- und Konsumgüter	**Fakten:** ■ Luxus- und Konsumgüter werden zunehmend zum Ausdruck von Individualität, Selbstverwirklichung und Persönlichkeit gekauft. 50plus sind potenzielle Premium-käufer und „luxury shopper" ■ Mode mit Wertigkeit ist gefragt ■ Gehobene Fachgeschäfte werden bevorzugt **Prognose:** ■ Kunde will umsorgt, verwöhnt, gesehen, begehrt werden und zahlt dafür gerne ■ Das Premium-Segment wird stark nachgefragt werden – mit viel Gegenwert fürs Geld, schönem Design, Ästhetik, benutzerfreundlich ■ Individuelle, ausgefallene Servicekonzepte sind gefragt	**Produkt:** ■ z. B. Weinläden wie Jacques *Weindepot*, Champagner-Hersteller wie *Veuve Cliquot* oder *Bollinger* ■ Accessoires, Uhren und Schmuck mit besonderem Charakter ■ ökologischer Weinbau liegt voll im Trend, insbesondere bei umweltbewussten Best Agern **Konkreter Nutzen:** ■ Sich belohnen, verwöhnen, gönnen ■ Ausdruck eines Lebensgefühls ■ Persönliche Lebensqualität ■ Wohlfühlcharakter & Komfort ■ Herausragender Service ■ Individuelle, persönliche Ansprache ■ Sich abgrenzen von Normalbevölkerung → Differenzierungssehnsüchte ■ Prestige und Image

50plus-Boombranche	Fakten | Prognose	Produkt | Nutzen für 50plus
Lifestyle- und Körperpflege-Produkte	**Fakten:** ■ Lifestyle- und Körperpflegeprodukte werden zunehmend zum Ausdruck eines besonderen Lebensgefühls und der Persönlichkeit gekauft ■ 50plus sind potenzielle Premiumkäufer mit hoher Treue und Weiterempfehlungspotenzial **Prognose:** ■ Zielgruppe Männer 50plus mit neuem Körperbewusstsein, Eitelkeiten und Offenheit für z. B. Hautpflege- und Haarausfall-Produkte gewinnt an Bedeutung ■ Frauen 50plus als Entscheider und Impulsgeber für ihre Männer, Kinder, Freundinnen und Bekanntenkreis 50plus sowie für deren Eltern und Schwiegereltern sind eine besonders wichtige Zielgruppe, der man sich intensiver widmen sollte ■ Aufgrund zunehmender Allergien spielen natürliche Produkte eine immer größere Rolle ■ Abgrenzung zu rein medizinischen Produkten verwischt immer mehr ■ Beauty-Konzepte rund um die Schönheit für die Harmonie von Körper, Geist und Seele in Form von „Day-Spa-Angeboten" wie z. B. von der DOUGLAS Unternehmensgruppe oder wie von gehobenen Hotels werden insbesondere bei Kunden 50plus eine erfolgreiche Zukunft haben, sofern das Preis-Leistungsverhältnis akzeptabel ist ■ Schaffung attraktiver Erlebnis- und Lebenswelten rund um die Produkte ■ Friseur und Gesichtspflege, Hautberatung, Podologie mit Pediküre und Maniküre werden verstärkt nachgefragt ■ Eröffnung eigener Shops in der Wertschöpfungskette Lifestyle und Körperpflege könnten Sinn machen und großes Zukunftspotenzial haben – ideal in Kombination mit Beratung/Coaching	**Produkt:** Hersteller, Vertrieb und Handel von Körperpflege- und Anti-Ageing-Produkten **Konkreter Nutzen:** ■ Sich belohnen, verwöhnen, gönnen ■ Harmonie von Körper, Geist und Seele ■ „Wahre Schönheit kommt von innen"-Gefühl ■ Gefühl vom Traum der ewigen Jugend ■ Pro-Age statt Anti-Age ■ Ausdruck eines besonderen Lebensgefühls ■ Lebensqualität pur: in Schönheit und Würde altern ... ■ Wohlfühlcharakter und Komfort ■ Individuelle, persönliche Ansprache ■ Kunde will umsorgt, verwöhnt, gesehen, begehrt werden ■ Sich differenzieren, eigenen Stil betonen ■ Prestige und Image

50plus-Boombranche	Fakten | Prognose	Produkt | Nutzen für 50plus
Besondere Veranstalter und Event-Anbieter ■ Kultur ■ Sport ■ Musik ■ Entertainment ■ Gastronomie (auch in Nischen) z. B. Konzertveranstalter, Musical-Theater, kleine Bühnen, Arenen für Großereignisse in Musik, Kunst, Sport, Entertainment, Erlebnisgastronomie, Clubs etc.	**Fakten:** ■ Menschen 50plus geben für für die Freizeitgestaltung, Ausgehen, Kultur, Sport und für alles Schöngeistige einen Großteil ihres Geldes aus – wenn das Angebot anders als üblich, ihren Interessen adäquat und in der Darreichung/Präsentation attraktiv ist ■ Zahl der Menschen zwischen 50 bis 54 Jahren, die gerne Popkonzerte besuchen, stieg von 6 % in 1996 auf 20 % in 2010 **Prognose:** In besonderem historischem traditionsreichen Umfeld und Ambiente verbunden mit besonderem Erlebnis-Charakter – oftmals auch in Verbindung mit unbewusster oder zielgerichteter Kontakt- oder Partnersuche – werden folgende Angebote von Menschen 50plus zukünftig besonders nachgefragt: ■ Musik von Swing über Pop bis zur Klassik, z. B. kommentierte Darbietungen mit hohem Nutz- und Unterhaltungswert ■ Musik von früher – Musik, die man kennt und liebt, mit der man schöne Erinnerungen verbindet und wieder auffrischen kann ■ Lokal eingefärbtes Kleinkunst-Kabarett mit Mitmach-Modulen und hohem Lachfaktor, Geist und Charme ■ Gemeinsame Konzertbesuche mit vorheriger Einführung ins Programm und Backstage-Kontakten	**Produkt:** ■ Musical und Theater ■ Open-Air-Veranstaltungen ■ Tanzen, chillen, reden und mehr ■ Ü50-Parties – analog Ü30-Generationenparties ■ Club-Events mit handverlesenem Publikum ■ Musik und Fitness/Wellness ■ Musik und spirituelle Angebote ■ Musik und Mystisches plus Märchenhaftes ■ Musik und Kulinarik: generationsübergreifende Abenteuer für alle Sinne mit Darbietungen junger Nachwuchskünstler (z. B. Matiné-Brunch) ■ Musik und Fortbildung ■ Backstage-Angebote von Kulturveranstaltern werden begehrt ■ Themenorientierte Degustationen mit Wein, Musik und Kunst **Konkreter Nutzen:** ■ Intergenerative Kontakt- und Kommunikationsplattform ■ Live-Erlebnisse mit Musik, Show und Entertainment ■ Leben in vollen Zügen genießen ■ Sehnsucht, Träume, Emotionen ■ Sich belohnen, verwöhnen, gönnen ■ Freiheit und Unabhängigkeit genießen ■ Komfort spüren ■ Raus aus dem Alltagstrott ■ Nostalgie-Bedürfnisse und Retro-Trend („Musik und Acts aus der guten alten Zeit")

50plus-Boombranche	Fakten	Prognose	Produkt	Nutzen für 50plus
Einrichtungshäuser rund ums Wohnen ■ Möbelhersteller, Möbelvertrieb und Möbelhandel wie z. B. *Hülsta, Poggenpohl, Alno, Rolf Benz* etc. ■ Tischlereien, Schreinereien, Möbeldesigner, Innenarchitekten, Lichtdesigner, Architekten, Renovierungsexperten ■ Einrichtungshäuser wie z. B. *Domicil, Pfister, Interni* etc.	**Fakten:** Von Kauflust 50plus profitieren Möbelhersteller und -vertrieb besonders: ■ 40 % ihres Einkommens geben Menschen 50plus fürs Wohnen aus ■ 7 Milliarden Euro pro Jahr geben 50plus-Kunden für Möbel aus ■ Designermarken ignorieren die Sonderwünsche von Kunden 50plus häufig ■ Billig-Möbelanbieter können 50plus-Kunden meist weder qualitativ noch im Detail befriedigen ■ Es fehlt an kreativen, bezahlbaren und pfiffigen Einrichtungs- und Beratungsangeboten für anspruchsvolle Menschen im besten Alter **Prognose:** ■ Möbel in funktionalem Universal-Top-Design: Küchen mit entsprechenden Arbeitshöhen, verständlicher Technik, leicht bedienbaren Armaturen und Knöpfen, attraktivem Aussehen etc. werden mehr nachgefragt ■ Möbel als Ausdruck der Persönlichkeit und als Unikat ■ Möbel als Lifestyle-Produkt ■ Möbel als Wellness-Produkt mit gesundheitlichem Zusatznutzen für unterschiedliche Lebensphasen ■ Möbel mit Mehrfachfunktionen ■ Möbel „Only-made-for-me" (Unikat) ■ Möbel mit modularen Optionen	**Produkt:** ■ Möbel aller Art für innen und außen ■ Büromöbel für gesundes, komfortables Sitzen und Stehen – auch für Bandscheiben geschädigte Menschen 50plus **Konkreter Nutzen:** ■ Lösungen statt nur Produkte ■ Altersgerechte Möbel in funktionalem Ageless-Top-Design ■ Rückenschonende Einrichtung ■ Luxus und Lebensfreude genießen ■ Hoher Komfort im täglichen Wohnerlebnis ■ Wohlfühlcharakter und Komfort ■ Persönliche Wertschätzung ■ Top-Service und Beratung vor und nach dem Kauf ■ Individuelle, persönliche Ansprache ■ 50plus-Kunde will umsorgt, verwöhnt, gesehen, begehrt werden und zahlt dafür gerne ein wenig mehr ■ Bewahrung längstmöglicher Selbstbestimmung und Unabhängigkeit im eigenen Wohnumfeld ■ Spürbarer Mehrwert und gesundheitlicher Zusatznutzen für unterschiedliche Lebensphasen

50plus-Boombranche	Fakten	Prognose	Produkt	Nutzen für 50plus
Partnerschafts- und Heiratsinstitute **Soziale Netzwerke**	**Fakten:** ■ Extrem hohen Zulauf von Alleinstehenden 50plus haben die Kontaktseiten der Medien, Chat-Foren und Partnervermittlungsagenturen im Premium-, aber auch im Breitensegment – regional, national, weltweit (z. B. Parship, Elite-Partner) ■ Internet-Portale für Menschen 50plus sprießen wie Pilze aus dem Boden und finden regen Zuspruch; neue Communities entstehen und kommen in Zeiten von Kontaktarmut und Trennungen gut an (z. B. www.feierabend.de, 55plus-Magazin) **Prognose:** ■ Sehnsucht nach Zweisamkeit wird bei zunehmender Singularisierung der Gesellschaft gravierend wachsen ■ Immer mehr Menschen 50plus suchen Partnerschaft ■ Ungezwungene Kennenlern-Events in Wohnzimmer-Ambiente oder Club-Atmosphäre für z. B. spezielle Premium-Zielgruppen wie kultivierte Unternehmer und Akademiker und VIPs ■ Dabei Menschen 50plus treffen, die ähnliche Interessen haben wie sie selbst ■ Communities zum gemeinsamen Kochen, gemeinsamen Reisen, gemeinsamen Freizeitvergnügen etc. boomen	**Produkt:** ■ Social Media (Twitter, Facebook, Wer kennt wen, Xing) ■ Internet-Chat-Seiten ■ Begleitservices ■ Eheanbahnungsinstitute ■ Partnervermittlungen ■ Kontaktparty-Veranstalter **Konkreter Nutzen:** ■ Leben in vollen Zügen genießen ■ Sehnsüchte, Träume, Emotionen bewusst befriedigen ■ Neue Kontakte und Partner suchen, pflegen, aufbauen ■ Sich belohnen, verwöhnen, gönnen ■ Neue Freiheit und Unabhängigkeit bewusst genießen ■ Raus aus dem Alltagstrott ■ Persönliche Beziehung/Wertschätzung ■ Individuelle Ansprache ■ Hilfe auf Weg zu mir selbst ■ Stabilisierung der Work-Life-Balance ■ Traum der ewigen Jugend und Begehrlichkeit lange erleben ■ Liebe schenken und empfangen ■ Absolute Diskretion ■ Wunschpartner finden ■ Nichts mehr dem Zufall überlassen ■ Exklusiven Kreis geeigneter Partner kennen lernen

Potenzielle Boom-Branchen

50plus-Boombranche	Fakten	Prognose	Produkt	Nutzen für 50plus
Wohnformen der „weichen Übergänge" für den 3. Lebensabschnitt	**Fakten:** - Durchschnittsalter in der stationären Pflege liegt heute bei 84 Jahren - Durchschnittsalter im betreuten Wohnen liegt heute bei 79 Jahren - Tendenz der Durchschnittsalter wird in allen Segmenten gravierend steigen – die Menschen werden immer später, immer hochaltriger und in einem immer morbideren Zustand gepflegt und betreut - Zunehmende Vergreisung, Singularisierung und Vereinsamung - Zunehmende Demenz-Erkrankungen - Wachsendes Pflegerisiko - Steigende Lebenserwartung aufgrund medizinischer Kompetenz **Prognose:** - Die „Reichtum-Armuts-Schere" wird drastisch auseinander gehen, daher werden mehr Premium-Produkte und Angebote im Niedrigpreis-Segment benötigt – die Mitte wird es schwer haben - Neue Wohn- und Lebensformen werden von 50plus gewünscht - Trend zur Pflege daheim wird gravierende negative Auswirkungen auf stationäre bzw. auf konzeptionell schwach aufgestellte Unternehmen haben	**Produkt:** Senioren-Residenzen, Altenheime, Stifte, Pflegeeinrichtungen, Betreutes Wohnen, Senioren-WG etc. – zu unterscheiden nach Leistungsangebot und Preis: - Premium-Anbieter im 4–5-Sterne-Bereich - Discount-Anbieter im 1–3-Sterne-Bereich **Konkreter Nutzen:** - Zeitgemäß wohnen und leben - Leben aktiv gestalten - Problemlösung und Nutzen - Persönliche Zuwendung - Als Individuum mit gehobenen Ansprüchen angesprochen werden - Pflege-Absicherung - Biographische Kontinuität: das Leben und Wohnen bleibt privat, überschaubar, persönlich, edel und fein - Nicht an den Rand, sondern mitten im spannenden Leben bleiben – räumlich und symbolisch - Entpflichtung vom Alltag - Vermittlung von Glaubwürdigkeit, Seriosität, Langfristigkeit, Kompetenz & Empathie in der persönlichen Ansprache - Gefühl „unter seinesgleichen zu sein" – unter Menschen mit Lebensart, Stil und Erfahrung - Option zwischen Privatsphäre und gemeinsamen Aktivitäten in einem überschaubaren Rahmen - Quartier in der Stadt (mit 1000 Schritten alles erreichbar)

50plus-Boombranche	Fakten | Prognose	Produkt | Nutzen für 50plus
	■ Innovative, pfiffige Mehr-Generationen-Verbundkonzepte wie z. B. „Gesundheitszentrum mit Hotelservice" gegen Vereinsamung mit Erlebnis-Charakter, mit Fitnesskomponenten, mit Lifestyle-Orientierung, mit Sicherheits-High-Tech, mit individuell abrufbarem Service und mit Pflegeversprechen werden boomen ■ Die bisherigen statischen Wohn- und Pflegeangebote werden an Bedeutung verlieren – zugunsten der Branchen Gesundheit, Immobilien, Lifestyle, Hotellerie, Heimservice und Wellness/Fitness. ■ Mega-Markt der Zukunft für Investoren, Betreiber, Bauträger und Dienstleistungen unterschiedlicher Ausprägungen	■ Persönliche Integrität gegenüber Freunden, Familie und ehemaligen Geschäftspartnern bleibt erhalten ■ Zeitgemäß leben und wohnen ■ Vertrauensaufbau über Werte, Konzepte (Wellness, Kulinarik, Musik & Pflege), Ästhetik, Service etc. ■ Räumliche Nähe zu Kindern und Freunden ■ Prestige- und Image-Bedürfnis

Die Dienstleistungs- und Produktinteressen insbesondere der so genannten „Master Consumer" im Alter von 50 bis 60 Jahren liegen im Vergleich zur Gesamtbevölkerung in folgenden Segmenten signifikant höher:

- **Finanzen**, z. B. bei Anlageprodukten der Banken und Versicherungen zur Absicherung der Lebensqualität, Vermögensoptimierung und Altersvorsorge
- **Freizeit**, z. B. bei Reisen, Bekleidung, Musik, Theater, Golf
- **Medien**, z. B. bei Internetnutzung, Fernsehen und Printmedien
- **Lifestyle**, z. B. bei Kulinarik, Wohnen, Möbel, Tischkultur, Schmuck
- **Gesundheit und Wohlbefinden**, z. B. bei Ernährungsfragen, Wellness-Produkten, Anti-Ageing, Naturkosmetik, Fitnessangeboten

Im Segment *Gesundheit und Wohlbefinden* bewegen sich Menschen 50plus in spannenden inneren und äußeren Herausforderungen der Zivilisation, die sich die Gesundheitswirtschaft, aber auch die Lifestyle-Anbieter nachhaltiger zunutze machen könnten. Unter dem Mediendiktat von einem „Traum der ewigen Jugend" subsumieren sich zahlreiche Anforderungen, die sich jeder Mensch natürlich mehr oder weniger selbst als Maxime auferlegt: Man möchte attraktiv sein, eine tolle Figur haben und machen.

Das Selbstwertgefühl in Zusammenhang mit einem Idealgewicht, die körperliche Agilität und Beweglichkeit sind mit zunehmendem Alter zentrale Themen. Man sucht nach seinem psychosomatischen Gleichgewicht zwischen Körper und Seele, nach einem gesunden Lebensstil, nach einer harmonischen „Work-Life-Balance" und nach Anti-Stress-Lösungen. Prävention für eine lange Leistungsfähigkeit ist heutzutage ein Muss, nicht nur für Menschen 50plus, um drohenden Zivilisationskrankheiten wie Diabetes, Herz-/Kreislauferkrankungen und drohenden Verschleißerscheinungen des Bewegungsapparates vorzubeugen oder sie so lange wie möglich hinauszuzögern.

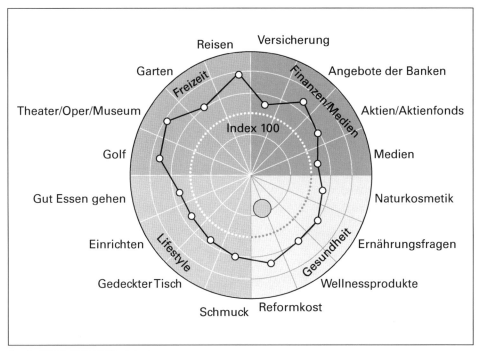

Quelle: TdWI 2002/2003, II. Index

Abb. 5: Produktinteressen der Master Consumer im Vergleich zur Gesamtbevölkerung

Viele Unternehmen sehen die *Ageing Society* als neuen Megatrend, als die Herausforderung dieses Jahrhunderts. Hersteller von Babynahrung wie *Claus Hipp* erkennen, dass ihre Gläschen-Mahlzeiten auch Älteren schmecken. Die Firma *Milupa* wendet ihr Know-how über Leichtverdauliches für ältere Zielgruppen an, zum Beispiel unter dem Markennamen „Forsana" eine kohlehydratarme Diät für Übergewichtige, eine spezielle Schonkost für Leberkranke und leichtverdauliche, mit Mineralien und Spurenelementen angereicherte Gerichte für alte Menschen. *Wrigley* brachte für die Träger von Zahnprothesen einen garantiert nicht klebenden Kaugummi namens „Freedent" auf den Markt. *Helena Rubinstein, Nivea* und andere Marken haben für die Frau ab 50 eine spezielle Serie von Hautpflegemitteln entwickelt. Der Versicherungskonzern *Allianz* bietet unter dem Produktnamen „Unfall 50 Aktiv" mit Erfolg eine spezielle Unfallversicherung für über 60-Jährige an.

„Aber kein Automobilhersteller spricht explizit die Zielgruppen 50plus an. Sie haben wohl Angst, ihr vermeintlich jugendliches, sportliches Image der Marke zu verlieren. Sie haben Sorge, mit dem Segment 50plus oder gar

60plus assoziiert zu werden", sagt der Münchner Seniorenforscher *Prof. Erich Pöppel*. Noch posieren junge sexy Models auf den Kühlerhauben bei der Präsentation der neuesten Modelle auf der Genfer Automesse. Wer weiß, vielleicht werden bald attraktive „Senior-Models" zwischen 45 und 65 Jahren von *Senior-Model-Agenturen* die Autoherstellerwerbung und PR-Aktionen zieren? Die Nachfrage nach fröhlich lächelnden, verführerischen Models mit Fältchen oder grauen Haaren wächst stetig an und ist auch für die Werbebranche und für einige Unternehmen aus den Branchen Gesundheit, Ernährung, Lifestyle, Banken, Versicherungen etc. kein Tabuthema mehr.

Best Practice: SEN!OR-MODELS

Fotos: Sen!or-Models München, www.seniormodels.de

Abb. 6: „Senior-Models"

Eine spezialisierte Model-Agentur macht der Werbung Beine ...

„Senior-Models" ist weltweit die erste Model-Agentur für „ältere" Models. Sie hat sich seit 17 Jahren auf die Vermittlung von Models zwischen 30 und 90 Jahren spezialisiert. Die Gründung erfolgte 1994 durch Christa Höhs, eine jetzt 70-jährige Ex-Hamburgerin, die mit 50 Jahren zwei Jahre in New York gemodelt hat und seit 1970 in der Werbebranche erfolgreich tätig ist. Die Inhaberin erzählt zu ihren Motiven und den Problemen zu Beginn der Unternehmensgründung: „Meine Mission änderte sich im Laufe des Bestehens der Agentur. Bei Gründung war ich gezwungen, gegen den damaligen Jugendlichkeitswahn zu wettern. Der bestand ja darin, dass die Bevölkerung über 50 von den Medien speziell, aber auch sonst einfach ignoriert wurde. Dann versuchte ich, Hersteller, Produzenten etc. davon zu überzeugen, dass ein gewaltiger Markt von Konsumenten von der Werbung bedient werden möchten, in dem Bereich aber bisher nichts geschah. Ich machte darauf aufmerksam, dass jährlich Milliarden an Lebensversicherungen ausgeschüttet werden, die für die Wirtschaft brach liegen. Ebenfalls stellte ich die neuen Alten, die ja damals in den 50er Jahren den Konsum erfunden haben (2. Weltkrieg), der ‚Allgemeinheit' vor. Auf das Thema der Alten aufmerksam zu machen, taten zwar andere inzwischen auch, aber da ich bereits auf der Boulevardschiene bei den Medien tanzte, hörte man mir eher zu, wenn man es auch nicht ganz für voll nahm. Dass dieser neue Markt anders angesprochen werden muss, liegt auf der Hand. Erkläre mir, warum ich Ajax kaufen und nicht bei ATA bleiben soll. Wird Ajax dann gekauft, und wehe es entspricht nicht der Werbung bzw. den Versprechungen, ist der Konsument schnell wieder bei ATA. Es ist bei weitem nicht so, dass die neuen Alten unflexibel sind. Wie gesagt, sie haben den Konsum erfunden. Zurzeit bin ich dabei zu erklären, dass Altwerden keine Krankheit ist. Hilfreich ist, die Schönheit der Älteren anders zu betrachten als die der Jungen. Somit fällt ein Vergleich weg, und jeder hat sein Selbstwertgefühl erhalten."

Foto: Bernhard Huber

Quelle: Exklusiv-Interview mit Christa Höhs

3.2.1 Anspruchsvolle Kunden 50plus
– die Herausforderung für Finanzdienstleister

> **Japans Banken umwerben Ältere**
>
> Laut „FUCHSBRIEFE" konzentrieren japanische Banken ihr Marketing zunehmend auf Ältere – ein Modell, das auch in Deutschland kommen wird. Im Blick stehen zunehmend Kunden über 50. In Japan haben die Geldhäuser die wachsende Zahl der Kunden 50plus mit typischen Einlagen von mehr als 135.000 Euro je Konto im Visier. Man überschlägt sich inzwischen mit Angeboten, bietet Mitgliedschaften in ausgewählten Clubs mit vielfältigen Vorteilen. Es gibt „Quality Life Clubs", „Club 50s" usw. In den Clubs gibt es informative Seminare zu Wirtschafts- und Finanzthemen, aber auch spezielle Unfall- und Reiseversicherungen, attraktive Reiseangebote und vieles mehr.
>
> Hintergrund für die Umtriebigkeit japanischer Banken: Die älteren Kunden werden zum wichtigsten Geschäftsfeld der Geldhäuser. Immerhin erreichen die Einlagen der Generation 50plus bei einigen Banken mittlerweile schon 80 Prozent der Bestände.
>
> Fazit: Die japanische Alters- und Vermögensstruktur ist der deutschen sehr ähnlich. Vergleichbare Aktivitäten sind demnächst auch bei uns zu erwarten, denn die Baby-Boomer der Jahrgänge 1960 aufwärts werden nun auch 50.
>
> Quelle: Fuchsbriefe, www.fuchsbriefe.de vom 24.8.09

Die Dienstleistungs- und Produktinteressen insbesondere der so genannten „Master Consumer" im Alter von 50 bis 60 Jahren liegen im Vergleich zur Gesamtbevölkerung, speziell im Bereich der *Finanzdienstleistungen*, signifikant höher, beispielsweise bei Anlageprodukten der Banken und Versicherungen zur Absicherung der Lebensqualität, Gestaltung des Erbes, Unternehmensnachfolge, Vermögensoptimierung und Altersvorsorge.

50 bis 60 Prozent der Privatkunden von Finanzdienstleistern sind über 50 Jahre. Aber nicht nur der ökonomischen Macht der Menschen 50plus gilt es, ein besonderes Augenmerk zu schenken. Es fehlt bei Banken, Versicherungen und Vermögensberatungen häufig am Verständnis, am Fingerspitzengefühl, am Wie in der Kundenansprache, am Service und vor allem an einem adäquaten Dienstleistungsverständnis. Der Kunde stellt sich andere

Fragen als der Unternehmer, der Umsatz und Gewinn machen muss. Was einem als „älterem Bankkunden" passieren kann, sollen folgende Negativ-Beispiele kurz beleuchten:

Bad Practice: Bank

Einem 96-jährigen Mann wurden von einem geschäftstüchtigen Bankberater fünf geschlossene Fonds mit Laufzeiten von 15 Jahren verkauft. Selbst die Erben, die schon deutlich über 70 Jahre sind, werden kaum das Ende der Laufzeit erleben. Fingerspitzengefühl Fehlanzeige!

***

Eine wohlhabende 70-jährige allein stehende Dame erhielt einen Anruf ihrer Bank, bei der sie schon 45 Jahre Kundin ist, mit dem Vorschlag, einen Gesprächstermin zu vereinbaren, da der Filialleiter feststellte, dass sich auf ihrem Tagesgeldkonto zu viel Geld befände. Er schlug eine Umschichtung ihrer Anlage vor. Bei dem Gesprächstermin in der Hausbank war der Anrufer dann aber überraschend verhindert und schickte einen Vertreter einer anderen Filiale. Dieser gab zwei Alternativen zur Wahl: eine Bundesschatzanleihe und einen Fonds seines Instituts. Er händigte der Kundin zwei Informationsblätter aus mit der Bitte, sie möge sich diese genau durchlesen, er würde sich danach wieder bei ihr melden. Dieses so genannte „Beratungsgespräch" fand vor zwei Jahren statt – bis zum heutigen Tage hat sich weder dieser Berater noch ein anderer Bankmitarbeiter bei der 70-jährigen vermögenden Dame gemeldet.

Optimierungspotenziale für die Finanzbranche

Bedarfsgerechte, persönliche und kontinuierliche Beratung ist in Deutschland noch immer ein Stiefkind. Auch die als diskriminierend empfundene Altersbeschränkung bei der Kreditvergabe und die im Vergleich zu jüngeren Kreditnehmern höheren Kosten für eine Restschuldversicherung verstärken die allgemeine Skepsis der älteren Verbraucher gegenüber den Finanzdienstleistern, die häufig nur die eigenen Produkte mit den höchsten Provisionen verkaufen wollen, selbst wenn diese für den Kunden von Nachteil sind. Und vielen Versicherern fällt der Zugang zu der Altersgruppe der über 50-Jährigen äußerst schwer. Viele Unternehmen der Finanzdienstleistungsbranche leben in dem Irrglauben, *nur mit speziellen Produkten bei Kunden 50plus oder 60plus* punkten zu können. Dies scheint ein fundamentaler

Trugschluss zu sein. Die Unternehmensprobleme und wahren Kundenbedürfnisse nicht nur der Menschen über 50 liegen weit tiefer verankert.

Erfolgreiche Finanzdienstleister verkaufen Nutzen, Wohlbefinden und Lebensträume

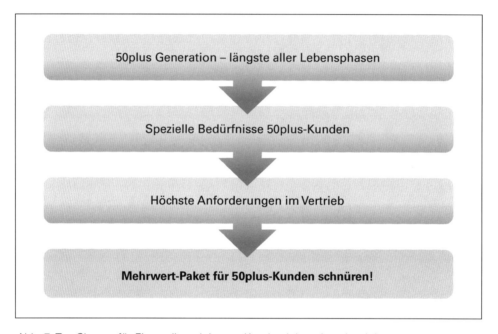

Abb. 7: Top-Chance für Finanzdienstleister – Kunden lebenslang begleiten

Viele Finanzdienstleister erkennen die „Ageing Society" als die Herausforderung dieses Jahrhunderts. Sofern die Finanzdienstleistungs-Unternehmen es künftig verstehen, wegzukommen vom reinen Produktanbieter hin zum unabhängigen Nutzen schaffenden Lebensbegleiter, werden sie den Zugang zu den Zielgruppen 50plus bekommen. Der Finanzberater sollte sich vor allem als *neutraler Beziehungsmanager* zwischen dem Kunden und dessen Vermögensoptimierung verstehen. Konkret heißt das:

■ **Sich auf die Kunden 50plus einstellen**

Es gilt vor allem zu verstehen, was der 50plus-Kunde möchte, wie seine Lebensziele und Lebensträume aussehen. Genau diese Punkte mit dem potenziellen 50plus-Kunden konsequent herauszuarbeiten ist harte kontinuierliche Arbeit. Denn den finanziellen Zielen und Wünschen der Kunden steht sehr häufig ein rudimentäres Wissen im Wirtschafts- und Finanzbereich gegenüber.

Innovative, am Zeitgeist orientierte Finanzdienstleister können den persönlichen Zugang zu ihren Kunden mit einfühlendem Verständnis für die individuellen Bedürfnisse, Lebenswelten, persönlichen Lebensumstände und Lebensträume ihrer 50plus-Kunden in den Bereichen Vertrieb, Marketing und Beratung durchaus schnell, Gewinn bringend und kostenneutral optimieren. Hier neun Beispiele, wie das gehen kann:

- mit einem differenzierten und gelebten *Beratungs- und Kundenbeziehungs-Konzept* speziell für Kunden 50plus
- mit einer *klaren Strategie für die Beratung und Betreuung* von Kunden 50plus vor allem in den Stadien *Pre-Sales und After-Sales* – also vor und nach dem Verkauf ihrer Produkte
- in der operativen konkreten *Kundenbegeisterung und Kundenbindung*
- in der vom Kunden 50plus täglich erlebten *Dienstleistungs- und Servicequalität*
- in der nachhaltigen, wertschätzenden *Stammkundenpflege*
- in der Verbesserung der persönlichen *Weiterempfehlungsquote von bestehenden zu potenziell neuen Kunden 50plus*
- im Vertrauensbereich: Abbau von *Akzeptanzproblemen* der zumeist jüngeren, oftmals nicht gerade feinfühligen „Berater" bei älterer Klientel – Augenhöhe, Erfahrung, Gefühl für das Machbare, Lust am Beraten
- verständliche juristische Sprache mit klar erkennbaren *Provisionen bzw. Gewinnmargen* in Policen und Verträgen
- an Kundenzufriedenheit und messbarem Kundennutzen orientierte *Mitarbeiter-Vergütungsstrukturen* – denn: der Kunde 50plus bezahlt die Finanzdienstleister, nicht umgekehrt

▪ Zeit für aktives Zuhören nehmen

Hier sind Soft-Skills wie Fingerspitzengefühl, psychologische Fähigkeiten, Moderationskunst, Persönlichkeit, eine ausgeprägte Empathie und Sozialkompetenz gefragt. Umfangreiches Fachwissen wird als Selbstverständlichkeit vorausgesetzt. Der *erste* Eindruck wird entscheiden, ob die Chemie stimmt, und der *letzte* Eindruck, ob eine langfristige Geschäftsbeziehung mit beiderseitigem Nutzen möglich ist. Nicht nur 50plus-Kunden erwarten heute eine professionelle Dienstleistung. Weg vom reinen Verkauf von Versicherungs- und Vermögensprodukten, hin zum Lebensbegleiter und persönlichen Vermögens-Coach. Exzellenter Service, individuelle Ansprache, Qualität, Sicherheit und Komfort ist für 50plus-Kunden wichtiger als der Preis. Neben einem hochwertigen Finanzprodukt steht der spürbare Nutzen in Form von verbesserter Lebensqualität und individueller Lebensplanung im Vordergrund.

Verunsicherte 50plus-Kunden suchen einen „Lotsen", einen Privat-Coach durch den Finanzprodukte-Dschungel, der sich Zeit für sie nimmt und sie versteht. Sie verlangen nach Beratern, die Nähe zu ihnen aufbauen, sie adäquat beraten und begleiten. Nur das schafft echtes Vertrauen, Kundenbegeisterung, Kundenloyalität, persönliche Weiterempfehlung und somit langfristigen Erfolg – für alle Beteiligten.

■ **Vertrauen aufbauen**

Psychologisch erfüllen Banken und Versicherungsunternehmen eigentlich die Funktion eines Treuhänders der Existenz ihrer Kunden 50plus. Es geht nicht nur um Geld und finanzielle Sicherheit, sondern um Absicherung des eigenen Lebens, der Lebensrisiken des Kunden. Es geht demnach um deutlich mehr als Geld und gute Konditionen. Spezifische Bindungswunsch-Gefühle und ein enormer Vertrauensvorschuss spielen in der Beziehung zwischen Bank und Kunde eine viel größere Rolle, als bisher angenommen.

Check-up: Was erwarten Menschen 50plus von Finanzdienstleistern?

Benutzen Sie diese Zusammenstellung einfach als **Checkliste für Ihr Unternehmen** und prüfen Sie selbstkritisch, welche Punkte Sie aus Sicht Ihrer 50plus-Kunden erfüllen und welche nicht.

Insbesondere etwas anspruchsvollere, kritischere, sensiblere Kunden 50plus erwarten als *Gegenwert* für ihre Investition in Form von Geld und Zeit von einem außergewöhnlichen Finanzdienstleister ganz besonders:

■ Antworten auf die zentrale 50plus-Kundenfrage: „Was habe *ich* davon?"

■ geldwerte, plausible Lösungen zur Verwirklichung ihrer Lebensträume

■ echte Beratung statt reinem Produktverkauf und Profitorientierung

- spürbaren Mehrwert und Nutzen sowie langfristige Performance
- ein hohes Maß an Unterstützung und Orientierung
- finanzielle Freiheit und Sicherheit für einen möglichst hohen Lebensstandard und eine gesicherte Altersvorsorge in späteren Jahren
- emotionale, atmosphärische Nähe, die eine Vertrauensbasis schafft
- maßgeschneiderte Lösungen zur Vermögensoptimierung, Vorsorgeplanung und nachhaltigen Zukunftssicherung z. B. für den worst case „Pflegebedürftigkeit"
- nützliches Anlageprodukte-Portfolio für gegenwärtige Lebenswelt
- seriöses „Produkt" und glaubwürdige Dienstleistungen rund um die Finanzprodukte
- modulare Wahlmöglichkeiten und Optionen
- Kreditwürdigkeit und Vertrauensvorschuss z. B. in finanziellen Notlagen und auch mit zunehmendem Alter

Und wie beurteilen Sie die Erfolgsfaktoren Ihres Unternehmens im Umgang mit Kunden 50plus? Was können Sie besonders gut, um bei 50plus zu punkten?

1. _____
2. _____
3. _____

3.2.2 Wohnen als Lifestyle-Produkt

Die Wohnungs- und Immobilienbranche wird im Zusammenhang mit den Zielgruppen 50plus interessanter und lukrativer. Menschen über 50 mieten in aller Regel nicht die erste Wohnung in ihrem Leben, sondern die fünfte oder mehr. Auch nach dem 50. Lebensjahr wollen überraschend viele Menschen ihre Wohnsituation verändern. Jeder Vierte zwischen 50 und 60 will noch umziehen. Pro Jahr ziehen in Deutschland rund 800 000 Menschen 50plus um.

Über 50 Prozent der über 50-Jährigen wohnen in den eigenen vier Wänden, häufig sogar im eigenen Haus mit Garten, viele sind sogar Mehrfach-Immobilienbesitzer. Und 50plus wechselt oft früher in kleinere, kompaktere Wohnungen und in urbane Eigentumswohnungen, um sich von den lästigen

Pflichten in Haus und Garten bewusst zu befreien. Menschen über 70 wollen im Alter nicht mehr Eigentum kaufen, sondern eher verkaufen, sich verkleinern und neu mieten, sich entpflichten und entlasten von Besitz und Eigentum. Dinge tun, die Spaß machen, endlich Zeit für Freiräume nutzen, ihre verdiente Ruhe finden oder endlich beginnen zu leben. Wenn Sie so wollen, ihre „Flitterwochen nach der Pensionierung" in vollen Zügen genießen. Pro Jahr planen knapp 900 000 Menschen 50plus, ihre Wohnung oder ihr Haus zu modernisieren.

„Altersgerechte" Häuser oder Wohnungen müssen jünger und attraktiver werden. „Altersgerechte" Häuser oder Wohnungen im „alterslosen Universal-Design" für das spätere Leben zu zweit werden bei Kunden 50plus zunehmend beliebter und müssen u. a. folgenden Anforderungen genügen:

Gefragt sind Wohnen auf einer Ebene, offene Küchen- und Wohnbereiche, getrennte Schlafzimmer, großzügige Bäder, hochwertige Elektronik und Klimatechnik, bodentiefe Fenster, schwellenfreie Zugänge, Alterstauglichkeit sowie hohe Materialqualität.

Wie muss das Wohnumfeld für 50plus geschaffen sein?
- Die Verpackung macht's – und Details sind entscheidend!
- Bevorzugt 1a-Lagen
- Im pulsierenden Leben
- Urbanes mediterranes Feeling
- Moderne Architektur und Optik
- Quartiers-Charakter
- Kontakt zu Gleichgesinnten
- Mit 1000 Schritten alles erreichbar
- Trend: Stadtnähe – innerstädtisch –, aber für Städter wird Landidylle wieder reizvoller
- Vorzügliche, stimulierende Infrastruktur
- Mobilität – gute Anbindung an ÖPNV, Bahnhof
- Einkaufen – Supermarkt, Frischeangebote, Post, Bank
- Kontakte, Kultur, Sport – Stadtnähe, Theater, Sport + Fitness, Clubs, Vereine…
- Guter (Traum-) Blick z. B. auf Berge, See, Großstadtdächer …
- Top-Thema für Menschen 50plus ist Ökologie und Nachhaltigkeit erneuerbarer Energien
- Attraktives, pflegeleichtes Grundstück
- Sicherheit und Übersichtlichkeit
- Wohnambiente zum Wohlfühlen – passend zu Lebensstil

- Image der Wohngegend: Nachbarschaft auf ähnlichem Niveau
- Gefühl von individueller Freiheit und Geborgenheit
- Ausgehen und Genießen (Restaurant, Cafe, Bars …)
- Gesundheit (Ärzte, Apotheke, Optiker, Friseur, Massage …)
- Erholung und Freizeit (Bibliothek, Bäder, Kirche, Golfplatz …)
- Lärmberuhigtes Quartier (ohne Luftbelastung und Verkehr …)

Welche Ausstattungsmerkmale begeistern Kunden 50plus?

- Komfort, größtmögliche Freiheiten, Lebensräume zum Entfalten
- Individuelle komfortable Ausstattung
- Große Balkone, Terrasse, Dachterrasse, Wintergarten
- abgeschlossener Gästebereich inkl. Bad
- Aufzugsanbindung
- Option für getrennte Schlafzimmer
- Penthouse mit Dachgarten wird immer beliebter
- Hoher Sicherheitsstandard (Alarmanlage, Schlösser)
- Gutes Design gepaart mit hoher Funktionalität
- Balance zwischen klassisch und modern
- Direkte Ansprechpartner: z. B. Hausmeisterservice bei Reparaturen, Gärtner, Doorman etc. bei Bedarf
- Zukunftstrend: Abrufbare Services: Concierge, Reinigung, Rundum-Sorglos-Paket …

Potenzial 50plus für Wohnbau-Branche

13 Mio. Best Ager sind an Wohn-Infos interessiert
11 Mio. Best Ager sind bereit, viel Geld für Haus auszugeben

Quelle: LBS-Report, 2009

Veränderte Wohnbedürfnisse mit ansteigendem Alter

- 37 % von 50plus wollen altengerechten Standort.

- 34 % von 50plus möchten eine Badezimmerausstattung, die auch bei Hilfs- oder Pflegebedürftigkeit ihren Ansprüchen entspricht, und sie möchten Dienstleistungen in ihrer Nähe haben.

- Gleichzeitig legen sie ausgesprochen hohen Wert auf Selbständigkeit und Lebensqualität.

- Aber: Nicht jeder, der älter wird, kann keine Treppen mehr steigen oder benötigt zwangsläufig Haltegriffe oder breitere Türen.
- Jeder dritte Best Ager bewohnt über 100 Quadratmeter Wohnfläche.

Gründe für Umzug

- 30 % möchten sich Wohnwünsche erfüllen.
- 26 % sind mit dem Wohnumfeld unzufrieden.
- 22 % wollen mit zunehmendem Alter näher bei ihren Kindern wohnen.
- 16 % möchten in der Nähe von Freunden und Gleichgesinnten wohnen.
- Nur 8 % der umzugswilligen Menschen 50plus ziehen es in Betracht, mit Freunden in einer Wohngemeinschaft zu leben.

Gewinner im *Zukunftsmarkt Wohnen und Immobilien 50plus* sind schon heute oder werden in naher Zukunft z. B. sein:

- die Wohnungswirtschaft
- serviceorientierte, pfiffige Immobilienmakler
- innovative und azyklisch handelnde Investoren
- Grundeigentümer
- Wohnungsanbieter
- Immobilienbetreiber
- Bauträgergesellschaften
- Bausparkassen
- Architekten
- Innenarchitekten
- Möbeldesigner
- Einrichtungsberater
- spezialisierte Umbauunternehmen
- Bäderhersteller
- Baumärkte
- Handwerker
- Anbieter von barrierefreiem Wohnen

Zu barrierefreiem Wohnen und Leben empfehle ich interessierten Lesern einen Blick auf folgende Website einer innovativen, erfolgreichen Vereinigung von Tischler-Handwerkern im *Technologie-Zentrum Holzwirtschaft GmbH Dortmund: www.barrierefreileben.de.*

Beispiel: „Traum vom Wohnen, Arbeiten und Älterwerden: das kreative Businessdorf"

Die Unternehmerin im besten Alter, Monika Birkner, erzählt von ihrem ganz persönlichen *„Traum vom Wohnen, Arbeiten und Älterwerden: das kreative Businessdorf".* Ihr Traum spielt in oder sehr nahe einer Großstadt und gleichzeitig im Grünen, in einer Art kreativem Businessdorf, in dem Wohnen und Arbeiten miteinander verknüpft sind und Menschen sich zusammen gefunden haben, die in erster Linie in einer Gemeinschaft von Gleichgesinnten ganz sie selbst sein wollen und dürfen. Die ihr eigenes Appartement, ihre eigene Wohnung oder ihr kleines Haus haben und sich dorthin jederzeit zurückziehen können. Und ebenso jederzeit mit anderen zusammen gemeinsame Projekte verwirklichen, diskutieren sowie kulturellen, sportlichen, kulinarischen oder sonstigen Interessen nachgehen. Es ist eine Mischung aus Künstlerdorf, Luxus-Wohnanlage mit allen möglichen Services und professionellen Dienstleistungen für Business und Wohnen, kreativem Ideenlabor, Business- und Freizeitclub, sozialer und spiritueller Community, in der Vielfalt und Individualität sich mischen mit gegenseitiger Unterstützung beim persönlichen und geschäftlichen Wachstum, in schwierigen Situationen, Schicksalsfällen, Krankheit und Pflegebedürftigkeit bis dahin, dass man dort friedlich und geborgen sterben kann. Wohnen und Arbeiten sind in Birkners Traum miteinander verbunden. Es gibt Wohnungen, Läden, Handwerks- und Dienstleistungsbetriebe, Cafés, alles Mögliche. Die Architektur erlaube Vielfalt und Flexibilität. Viele Stile existieren nebeneinander. Das Verrücken von mobilen Wänden in den Gebäuden ist erlaubt, unterschiedliche Atmosphäre ist über Licht und Technik möglich. Die gesamte Gestaltung – sowohl innen wie außen – ist lebensfreudig und lebensunterstützend. Die Erkenntnisse von Feng Shui sind ebenso eingeflossen wie die individuellen Wünsche der Bewohner. Das erträumte Businessdorf ist nicht abgeschottet, sondern im Austausch mit der Welt und für Gäste gut erreichbar, so Monika Birkner in ihrer Vision vom selbst bestimmten Wohnen und Leben im Alter.

Quelle: www.monika-birkner.de

Kundenansprache 50plus im Immobiliensegment

Im Detail ist bei der Kundenansprache zu berücksichtigen, aus welchen Lebensumgebungen und Biografien diese Kunden 50plus kommen und ob es sich eher um jung gebliebene Singles, gepflegte Genießer, bürgerlich Angepasste, kleinbürgerlich Konservative, um Menschen im Übergang vom Beruf in den Ruhestand, um Immobilienerben oder um Business-Menschen auf dem Höhepunkt ihrer Karriere (meist vermögende Doppelverdiener) handelt. Und der Typus Mensch, den ich hier nur kurz skizzieren will, spielt natürlich eine nicht zu unterschätzende Bedeutung für die Kauf- oder Mietentscheidung eines Kunden 50plus. Wir haben es hierbei mit nachfolgenden Typen zu tun:

- Lebensabschnitts-Erwerber (Typ Jungakademiker)
- Weichensteller (Typ Single in der Großstadt)
- Familienversorger (Typ eher konservativ)
- Nestbauer (eher ländlicher Typ mit glücklicher Familie)
- rationaler Erwerber (Typ Doppelverdiener)
- pragmatischer Erwerber (Typ mit hoher Mobilität)
- Selbstverwirklicher (Typ Wunschimmobilien-Besitzer)
- Altersversorger (Typ seniorengerechte Ausstattung und Pflegesicherheit)

Welchen Nutzen erwarten Kunden 50plus von Immobilien-Unternehmern?

- Antworten auf die Kundenfrage „Was habe *ich* davon?"
- nützliche Wohnform für veränderte Lebenswelt oder veränderten Lebensabschnitt
- seriöses „Produkt" und glaubwürdige Dienstleistungen rund um das Produkt
- Entfaltung und Weiterentwicklung der eigenen Persönlichkeit
- Vermeidung von Einsamkeit im Alter
- Kontakte zu Gleichgesinnten
- modulare Wahlmöglichkeiten und Optionen

Check-up: Wie findet man als Berater oder Immobilienmakler Zugang zum Kunden 50plus?

- Empathie als Zauberformel
- persönliche Wertschätzung und Glaubwürdigkeit
- Zeit für aktives Zuhören
- Immobilien-Verkäufer/Berater ist Vertrauensperson, die auf alle Wünsche im Detail eingeht
- sachliches Produkt „Immobilie" oder „Wohnung" gilt es *emotional aufzuladen* mit Sehnsüchten, Träumen, Vorlieben, Belohnung für harte Arbeit
- Hauptaufgabe ist, Menschen 50plus glücklich zu machen
- persönliche Beziehung aufbauen und pflegen im Pre-Sales und After-Sales
- für persönliche Weiterempfehlung und Folgegeschäft sorgen
- Spaß am Beraten erlebbar machen
- begeistern und motivieren mit individueller Ansprache, mit authentischer Natürlichkeit und psychologischen Feingespür
- Sehnsüchte vom schöneren Wohnen stillen
- 50plus-Kunde muss Gefühl haben, es dreht sich alles nur um ihn und seine Wohnwünsche
- Finanzierungshilfen mit innovativen, nützlichen Finanzierungsvarianten aktiv anbieten
- langfristige Performance für Kunden 50plus anstreben

Und was sind *Ihre* Erfolgsfaktoren im Umgang mit Kunden 50plus?

- _____
- _____
- _____

Wohn- und Pflegemarkt der Zukunft: Trends, Zukunftsmodelle, Herausforderungen

Die „Seniorenwirtschaft" ist *der* boomende Markt des 21. Jahrhunderts. Die steigende Zahl älterer und vor allem hoch betagter Menschen kann die große Chance der neuen Dienstleistungsgesellschaft sein. Aber ob es gelingt, dieses Potenzial für Beschäftigung, Wachstum und Innovation auszunutzen, ist fraglich. Die hemmenden Faktoren sind stark: Gesetzliche Vorgaben und starre bürokratische Systeme, aber auch das Negativimage einiger stationärer Einrichtungen bremsen neue intelligente Konzepte auf dem Wohn- und Pflegemarkt für den dritten Lebensabschnitt und zeigen eher einen – politisch gewollten – Trend zu ambulanten Versorgungskonzepten, modular abrufbar und bezahlbar.

Die Trends auf diesem Markt hin zu generationsübergreifenden Konzepten, zu Gesundheitszentren mit Hotelservice, zur Privatisierung, zur häuslichen Pflege, zur Internationalisierung, zur steigenden Bedeutung des Standorts und des cleveren Marketingkonzepts mit Mehrwert und Kundennutzen, zur Integration der Wertschöpfungskette und vieles mehr beschert diesem Markt künftig hohe Zuwachsraten und spannende Gestaltungsmöglichkeiten. Aber nur hervorragende innovative Konzepte haben Chancen auf Überleben, auf gute Renditen und eine nachhaltige Akzeptanz beim Kunden.

Trend: Wohnformen der weichen Übergänge

In den nächsten Jahren wird es zur großen Marktspaltung kommen. Die Mitte wird zunehmend verschwinden, Einrichtungen mit mittlerem Preisgefüge und mäßigem Service haben keine Zukunft. Preiswerte „Discount-Einrichtungen" im 1- bis 3-Sternebereich oder Luxus-Premium-Anbieter im 4- bis 5-Sternebereich mit Top-Service, Wellness- und Erlebnisangeboten – aber auch mit akzeptablen, transparenten, fairen Preisen – werden wirtschaftlich erfolgreich sein. Neue intergenerative Wohnformen werden die einstmaligen Residenzen, Altenstifte, Altenheime und Betreutes Wohnen ersetzen oder mit ihnen konkurrieren. Bedingung aus Kundensicht: Sie müssen alle ein ernstzunehmendes Betreuungs- und Pflegeversprechen bis zum Lebensende gewährleisten. Die möglichen Alternativen für die Zukunft sind:

- **Mehr-Generationen-Service-Wohnen**, integriertes Wohnen oder generationsübergreifendes Wohnen mit „Doorman", 24-Stunden-Rezeption, Gärtner, Rundum-Sorglos-Paket

- **Wohnanlagen im „Universal Design"** zum Wohlfühlen für Bewohner aller Generationen
- **„Gated Communities"** – bewachte Appartement- und Villensiedlungen in urbanen Top-Lagen mit hohen Sicherheitsvorkehrungen
- **Lebensabschnitts-Wohnungen** mit Wahlwohnsitzen an unterschiedlichen Standorten im In- und Ausland. Ziel: flexibles Wohnen in den schönsten, spannendsten Locations
- **„Well-Feeling-Communities":** Gesundheitszentren mit abrufbarem Hotelservice und alternativen, ganzheitlichen Heilmethoden und Spezialisierung auf Krankheiten/Insuffizienzen des Alters und ausgeprägtem Wohlfühl-Charakter – eine Mischung aus den Branchen Gesundheit, Alternativmedizin, Wellness, Lifestyle, Sport, Reisen, Fitness, Hotellerie, Kulinarik und Kultur
- **Verbundkonzepte** mit Servicewohnen und stationären Pflegeangeboten für den schlimmsten anzunehmenden Fall, die chronische Pflegebedürftigkeit
- **Trend zur Pflege daheim, auch Betreutes Wohnen und Betreute Pflege Zuhause:** aus Kostengründen evtl. mit osteuropäischen Billig-Pflegekräften statt mit deutschen Pflegediensten
- **Trend Globalisierung:** internationale, finanzstarke Pflege-Konzerne, Hotelketten, Versicherungskonzerne, Immobilienkonzerne und Privatklinikbetreiber sorgen für Bereinigung des Pflege- und Seniorenmarktes
- **Mit der Überalterung zunehmende Demenz-Erkrankungen:** beschützende, aber dennoch pulsierende, attraktive Pflege- und Erlebniszentren mit kleinen persönlichen Wohneinheiten und innovativer, hoher Pflegekompetenz, abgestuft nach finanziellen Möglichkeiten von preiswert bis premium
- **Trend Privatisierung und Fusionen bzw. Verschmelzungen der Unternehmen aus der Senioren- und Gesundheitsbranche:** private Anbieter werden zunehmen, kommunale Betreiber sind zum Teil investiv überfordert, wenige große Anbieter werden die Preise diktieren, die Gesundheits- und Seniorenbranche sowie stationäre und ambulante Angebote werden verschmolzen
- **Trend Urbanität:** gewünscht sind attraktive, urbane Orte der Begegnung, der Kommunikation, des Wohlfühlens, der Geborgenheit, der Sicherheit; stimulierende Infrastruktur, Top-Lage (Mikro- und Makro-

standort), keine peripheren Standorte im Grünen, überzeugende Konzepte von seriösen Betreibern mit hohem Image, begeisternden Mitarbeitern und hervorragenden Leitern/Managern in der Einrichtung selbst werden sich zunehmend auf dem Markt durchsetzen

- **Trend Kontaktarmut und Singularisierung:** veränderte Bedürfnisse der wachsenden Zahl von Alleinstehenden, Unterbringungsbedarf vor Pflegebedürftigkeit wird Thema werden
- **Trend Individualisierung:** individualisierte Lebensstile, unterschiedlichste Lebenswelten, Selbstbestimmungsdrang und persönliche Freiheit als Top-Werte
- **Trend Lebenskomplexität:** wachsender Wunsch der Generation 50 bis 60plus nach Entlastung und Entpflichtung von alltäglichen Aufgaben
- **Trend zu Lebensqualität und Lebenslust:** Schönheits- und Wellness-Boom, Forever-young-Bedürfnisse wachsen, Megatrends sind Anti-Ageing, Prävention, Ernährung und Fitness
- **Trend zur Reduktion und Vereinfachung:** Wunsch nach „Weniger ist mehr", aber auch hin zu einer **„Nur-das-Beste-ist-gut-genug-für-mich-Mentalität",** Hinwendung zu den wirklich wichtigen Dingen des Lebens ist angesagt, „… eine intakte innere Mitte und der innere Friede werden deshalb zum Inbegriff des wahren Luxus werden … Parallel dazu brauchen einige von uns ein paar wirklich exzentrische Dinge, die für absolute Exklusivität und Fantasie stehen", schreibt die niederländische weltweit anerkannte Trendexpertin *Li Edelkoort* (Quelle: www.edelkoort.com)
- **Trend zur Entdeckung persönlicher Potenziale, Wissensdurst zur Selbstverwirklichung, zur persönlichen Neuorientierung:** Konzepte für altersgerechte Häuser und Städte müssen endlich jünger, attraktiver, intergenerativer, serviceorientierter, mutiger werden – kein Altenghetto, auch nicht für die Pflege

Insolvenzen werden in diesem Marktsegment auch nicht ausbleiben – die Mikro- und Makro-Lage, das bessere Konzept, die Betreiberseriosität, ein kompetentes Management von Kundenbeziehungen und eine effiziente Vermarktung werden *die* alles entscheidenden Erfolgsfaktoren der Zukunft sein. Und auch die Fähigkeit der Unternehmen, auf veränderte Kundenbedürfnisse und Lebenswelten einer neuen Aufbruchsgeneration Lösungen und Antworten zu bieten, muss immer *bezahlbar* und *begeisternd* sein.

3.2.3 Catering und Event, Ernährung und Genuss

Wo ist der Colani-Kaffee-Vollautomat „60plus"? Wo ist der iPod mit dem extra griffigen Rad? Warum nicht Brille und Hörhilfe verbinden, wie es Sam Hecht von *Industrial Facilities* vormacht? Acht Mikrofone hat der Brite im Bügel integriert und so ein räumliches Klangbild geschaffen: „Surround Sound Eyewear" zum gewohnten Dolby Surround des Heimkinos. Wie elegant altengerechtes Design ausfallen kann, zeigte *Diana Kraus* mit ihrer Diplomarbeit an der FH Coburg. Sie schuf mit *Miele* das Küchenkonzept „50plus", eine Art Frankfurter Küche des 21. Jahrhunderts: fließende Linien, klare Werkstoffe und unerhört praktische Details wie der bewegliche Wasserhahn. Das Wasser kommt kraftsparend zum Topf, nicht umgekehrt. *„Design muss sich der Demografie anpassen* – nicht einfach Verhaltensmuster von früher fortschreiben. Die Herausforderung besteht einzig darin, die Ergonomie mit gutem Aussehen und Funktionalität optimal zu verbinden.

Fakten: Ernährung und Genuss

Diese Branchen werden eine zunehmende Bedeutung für kaufkräftige Zielgruppen 50plus erlangen. Menschen 50plus kaufen

- über 50 Prozent des Kaffees,
- mehr als 50 Prozent des Mineralwassers,
- über 50 Prozent des Speiseöls,
- gut 40 Prozent aller Milchprodukte.

Profiteure werden in erster Linie Unternehmen sein, die mit ihren Dienstleistungen und ihrem Event- und Erlebnischarakter begeistern können wie z. B. *Käfers, Sodexho, Hardenberg Concept, Apetito* und im Ernährungs- und Genussbereich Lebensmittelkonzerne wie *Nestlé, Danone, Kraft, Unilever*.

Gastronomie und Event-Industrie – ihre künftige Bedeutung für Menschen 50plus:

- **Große Marktspaltung: Luxustrend – „Nur-vom-Feinsten-Mentalität" vs. Preiswert-und-gut-Gastronomie.** Die Mitte verschwindet immer mehr. Nur mit einem klaren USP wie bester Service, persönliche Note, beste Events, beste Typen, bestes Essen, VIP-Faktor, Kontaktfaktor, gesunde Ernährung mit Pep, raus aus dem Alltagstrott, Community-Faktor etc. gelingt es Unternehmen, sich und ihre Angebote zu differenzieren.

- **Zeitgeist-Locations mit Wohnzimmer-Atmosphäre** werden nachgefragt und begehrt sein. Menschen 50plus fordern Angebote und Dienstleistungen, die mehr als nur essen und konsumieren bedeuten. Zum Beispiel Angebote, die eine Plattform bieten, Kontakte zu Gleichgesinnten zu knüpfen, seine Lebensfreude ausleben zu können, Sehnsüchte und Träume mit anderen zu teilen. Über das Produkt „Essen und Trinken" wird eine intergenerative Kontakt- und Kommunikationsplattform gesucht. Oder die in allen größeren Städten initiierten Sandstrände mit Biergärten und After-Work-Bars zum Chillen sind Indizien für ein dringend notwendiges Umdenken und Experimentieren mit neuen intergenerativen, begeisternden Konzepten in diesen Branchen – und das nicht nur für die jüngere Generation.

- **Erlebnisrestaurants und Shop-Kneipen** mit einer Synthese zwischen Erlebnis, Genuss und Einkaufen. Beispiele aus Großstädten: „Kostbar" München, „Kaufbar" Berlin, „WaschBar" Hamburg.

- **Entertainment-Events:** der Erfolg vieler Kleinkunst-Kabarett-Theater-Musical-Restaurants oder Musik & Kulinarik-Angebote mit neuen Akzenten, Nachwuchstalente-Bühnen u.v.a. sprechen eine klare Sprache für einen steigenden Bedarf gerade auch für Menschen über 50.

Ernährung und Genuss – ihre künftige Bedeutung für Menschen 50plus

- Gesundheit wird zum *zentralen* Konsummotiv.
- Gesundheitsfördernde Produkte für mehr Lebensqualität sind en vogue.
- *„Allikamente-Trend"* und Trend zu so genanntem *„Functional-Food",* zu Lebensmitteln und Getränken, die medizinisch-therapeutische Funktionen übernehmen und einen gesundheitlichen Zusatznutzen haben, wie etwa Alpro Soja. Trend von tierischen zu pflanzlichen Produkten bei gravierenden Zunahmen von Allergien.
- Gefragt sind *Vitalkonzepte für Gesundheit und Wohlbefinden*, wie beispielsweise „Wellfood", „Gute-Laune-Küche", „Brainfood" für mentale Fitness.
- *Mediterrane Bioprodukte* zur Stillung der Lust auf Luxus werden zunehmend beim Bio-Bauer (Stichworte: Tierseuchen-Ängste und Klimawandel) nachgefragt.
- *Wohlfühl-Produkte, regionale Produkte, Traditionsprodukte*
- Pfiffige, gesunde *Qualitäts-Convenience-Produkte* idealer Weise mit Homeservice: praktisch, bequem, leicht, einfach und zeitsparend, von preiswert bis Premium, abwechslungsreich, mit Geschmacksvariationen. Lukrative Zielgruppen hierfür könnten Singles und „Empty Nesters" sein – aber auch viel beschäftigte Best Ager mit wenig Zeit für die Zubereitung von Mahlzeiten.
- Weltweite Zuwachsraten über 44 Prozent verzeichnen z. B. *probiotische Drinks oder Sojamilch*, die auch bei 50plus begehrt sind.
- *Mega-Trend Diätkult* mit hochwertigen Diät-Produkten optimal mit 5-Sterne-Liefer- und Beratungs-Service – wie in den USA sehr beliebt mit kalorienarmen Light-Versionen.

Menschen 50plus und ihre Bedeutung als Trendsetter in der Ernährungsindustrie

- hohe Qualitätsansprüche
- niedriges Preisbewusstsein, wenn Qualität und Service top sind
- hohes Netto-Einkommen
- Interesse an neuen Produkten
- gehen gerne edel essen (Feinschmecker)
- leisten sich häufiger Delikatessen als Jüngere
- kaufen signifikant häufiger Bio-Produkte
- bevorzugen Lebensmittel-Filialisten im Wohnviertel
- bevorzugen geschultes, geduldiges, freundliches Personal

Erwartungen von 60plus an Produktverpackung

92 Prozent der Älteren haben Probleme beim Öffnen von Verpackungen. Jeder Zweite erwägt daher einen Produktwechsel. Die Forderungen an Verpackungen aus 60plus-Sicht:

- leichter zu öffnen
- Informationen besser lesbar (Sehvermögen-Problem)
- Artikel im Regal schnell wieder zu finden
- kleinere Verpackungsgrößen anbieten
- leichter zu portionierende Waren
- hochwertigen Eindruck über Design vermitteln

4 Die Zielgruppen 50plus

4.1 Kaufkraft 50plus

Entgegen einer weit verbreiteten Meinung, wonach ältere Menschen zu ausgeprägter Sparsamkeit, Konsumfeindlichkeit und Anspruchslosigkeit neigen, zeigt die heutige Generation 50plus ein stark hedonistisches Konsumverhalten. Best Ager verfügen nicht nur über eine hohe Kaufkraft, ihre finanzielle Situation ist in der Regel auch weniger von konjunkturellen Schwankungen abhängig. Trendanalysen bestätigen die Bedeutung dieser demografischen Faktoren und prognostizieren für die kommenden Jahrzehnte eine gravierende Bedeutung dieser Kaufkraft branchenübergreifend für nahezu alle Unternehmen.

Das frei verfügbare Einkommen pro Monat liegt bei dieser Zielgruppe bei etwa 60 Milliarden Euro – das sind 720 Milliarden Euro pro Jahr (*Quelle: GfK, 2010*). Diese Kaufkraft sucht nicht nur nach neuen Produkten und Dienstleistungen, sondern in erster Linie nach *begeisternden Dienstleistungen*, nach *nützlichen Produkten* und nach *besserem Service*, als man ihn als Verbraucher in der Regel täglich erlebt.

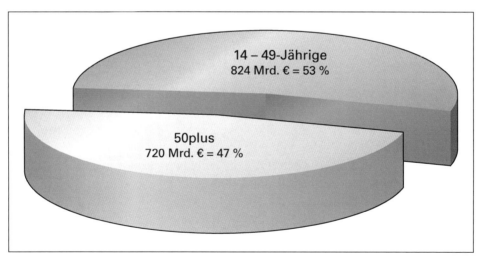

Quelle: GfK 2010

Abb. 8: Gigantische Kaufkraft der Generation 50plus in Deutschland: 720.000.000.000 Euro pro Jahr. Das entspricht fast der Hälfte der Gesamtkaufkraft in Deutschland – Tendenz stark steigend!

Die höchsten Kaufkraftwerte erzielen laut *GfK-Marktforschung* bei den älteren Zielgruppen im deutschen Vergleich der Hoch-Taunuskreis, Main-Taunuskreis, Landkreis Stormarn (Itzehoe), Stadtkreis Hamburg, Rheinisch-Bergischer Kreis, Landkreis Starnberg, Landkreis Böblingen, Stadtkreis Düsseldorf, Landkreis München, Landkreis Mettmann und Baden-Baden.

Generation 50plus – Die Erbengeneration Nummer 1

In diesem Jahrzehnt werden 2,5 Billionen Euro vererbt. Wer, glauben Sie, bekommt die? Die Mehrheit der Generation 50plus denkt nicht daran, ihr Geldvermögen einfach an ihre Nachkommen zu vererben, so nach dem Motto ihrer Vorgeneration: „Ich will, dass es meinen Kindern einmal besser geht." Nein, sie wollen ihr hart verdientes Geld selbst ausgeben, das Leben und die verbleibende Lebenszeit in vollen Zügen genießen, ganz nach der Maxime: „Das habe ich mir verdient!" oder „Das gönne ich mir jetzt." Und ein wachsender Teil der älter werdenden Generation, die Single-Haushalte, haben keine Nachkommen mehr, an die sie ihr Vermögen vererben könnten. Das haben Fundraising-Spezialisten schon längst erkannt und nutzen dies für ihre „selbstlosen" Zwecke, zum Nutzen von caritativen und öffentlichen Einrichtungen. Erben und Vererben wird zu einem Big Business. Das Durchschnittsalter der Erben in unserem Land liegt bei etwa 55 Jahren. Über 50 Prozent der anfallenden Erbschaften gehen an die Gruppe der 55-plus-Generation.

Wir haben die reichsten „jungen Alten" aller Zeiten

- 50plus hat ein 400 Prozent höheres Geldvermögen als der „Normalverbraucher"!
- 50plus erbt in diesem Jahrzehnt Immobilienwerte im Wert von mehr als 1 Billion Euro.
- 50plus erbt in diesem Jahrzehnt ein Geldvermögen in Höhe von 1,1 Billion Euro (in Zahlen: 1.100.000.000.000).
- Das reine Geldvermögen (ohne Besitz) bei 50- bis 60-Jährigen liegt bei über 303 Milliarden Euro, bei den 60-bis 70-Jährigen bei über 233 Milliarden Euro und bei den über 70-Jährigen bei noch immerhin 190 Milliarden Euro (siehe Abb. 9).
- Neueste volkswirtschaftliche Berechnungen in der Schweiz haben ergeben, dass von Menschen 50plus heute bereits *60 Prozent aller Geldausgaben* getätigt werden. Für Deutschland dürften die Verhältnisse ähnlich sein.

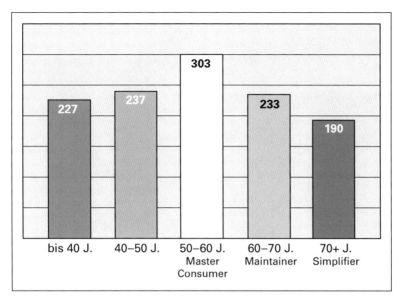

Abb. 9: Verteilung des Gesamt-Geldvermögens der deutschen Haushalte in Milliarden Euro

Und trotzdem verhalten sich viele Unternehmen immer noch so, als könnten sie auf diese kaufkräftige Kundschaft verzichten. Was gut oder schlecht bei Kunden 50plus ankommt, liegt logischerweise immer im Auge des Betrachters, des Begeisterten, des Betrogenen, des Enttäuschten. Dennoch gibt es eine Reihe von Beispielen, die auch aus objektiver Sicht einer dauerhaften Kundenbindung eher abträglich sind. Das Ergebnis wird Misserfolg auf der ganzen Linie sein, und zwar in Form von ausbleibenden Kunden.

Typische Fehler im Umgang mit Kunden 50plus

- Frustrationserlebnis im Hinblick auf Erwartungshaltung versus Leistungsausführung
- schlechter bis mittelmäßiger Service, leichte bis gravierende Servicemängel
- lustlose, frustrierte, eher negativ strahlende Mitarbeiter im Kundenkontakt
- Gleichgültigkeit, Kälte und Ignoranz gegenüber Mitarbeitern und Kunden
- fehlende oder nicht ausreichende persönliche Ansprache

- Unhöflichkeit
- fehlende Wertschätzung
- fehlendes oder nicht ausreichendes Bemühen um Kunde/Mensch 50plus
- fehlende Begeisterung und Leidenschaft
- fehlende Freundlichkeit, Herzlichkeit und Sympathie
- fehlende Antizipation der echten Kundenbedürfnisse
- fehlender echter Kundendialog
- fehlendes Vertrauen
- mittelmäßige oder unnütze Produkte
- „business as usual", so wie es alle/die meisten machen – aus Kundensicht
- zu profitgierig: nur den schnellen Euro, das große Geschäft im Auge
- vergiftete interne Atmosphäre z. B. in der Kommunikation zwischen Führungskräften und Kundenkontaktpersonal
- schwache Führungskräfte, die nur reagieren statt zu agieren
- schlechte Dienstleistungskultur
- aufkommende Langeweile bei wiederholten Kaufakten
- aufkommende Routine: ist der Tod einer jeden (auch privaten) Beziehung – insbesondere im Kontakt mit anspruchsvollen Menschen 50plus

Bad Practice: Service-Erlebnis 50plus, Teil 1

Mit 1000 Euro in der Tasche will ein Kunde sein Geld bei einem „Sport-Fachgeschäft" für ein Fahrrad-Ergometer anlegen. Ein Einkaufserlebnis in fünf Trauer-Sequenzen!

1. Sequenz: Gut gelaunt betritt der Kunde das Fachgeschäft. Am Eingang sitzt eine „Servicedame", die den Kunden nicht wahrnimmt und der auch kein Willkommensgruß zu entlocken ist. In ihren PC starrend, sitzt sie weit weg vom drohenden Kunden am so genannten „Kundenempfangstresen".

2. Sequenz: Keiner hilft dem Kunden auf seiner Suche nach den Sport-Fitnessgeräten. Ein Scout am Empfang, der als Navigationshilfe durch das Einkaufscenter hilft, wäre eine große Hilfe gewesen.

3. Sequenz: Nach fünfminütigem Warten und Erkundigung auf eigene Faust erbarmt sich ein junger, nicht gerade hoch motivierter Verkäufer des Kunden.

4. Sequenz: Der „verkaufende Berater" fragt den Kunden weder nach seinen Lebensumständen, seinem Kaufmotiv noch nach seinen Wünschen und Einstellungen zu solch einem Gerät. Er beschreibt die „Herztauglichkeit" und technischen Details, bis der Kunde ihm versichert, dass bei ihm herz-kreislauftechnisch alles soweit in Ordnung sei und er lediglich ein gutes Ergometer für seine Fitness suche. Kunde und Berater kommen nach einer Weile der Sache näher. Ein Gerät sagt dem Kunden zu, es geht nur noch um den Preis. Er versucht, einen Rabatt auszuhandeln und den Verkäufer davon zu überzeugen, dass er das Gerät gerne frei Haus geliefert bekommen möchte – Komfort, den er gewohnt ist. Das würden Extrakosten bedeuten, und über Nachlässe verhandeln könne man mit ihm auch nicht, betont der Berater – von Begeisterung keine Spur.

5. Sequenz: Kurz vor dem Verkaufsabschluss klingelt das Handy des „Beraters". Er dreht sich vom Kunden ab, nimmt den (privaten) Anruf entgegen und läuft weg. Der Kunde ist verdutzt, frustriert, verärgert. Die Reaktion ist klar: Der Tausend-Euroschein, der schon fast den Besitzer gewechselt hätte, bleibt in der Hosentasche.

Best Practice: Service-Erlebnis 50plus, Teil 2

Der Kunde kauft das Ergometer eine Woche später bei einem ihm von seinem Arzt persönlich empfohlenem Sport-Fachgeschäft. Der Verkaufsprozess verläuft vorbildlich: Bereits beim Betreten wird der Kunde freundlich von einem Berater begrüßt, der gerade mit zwei Kunden gleichzeitig beschäftigt ist. Er bittet den neu hinzugekommenen Kunden, einen Moment zu warten.

Der Kunde fühlt sich wertgeschätzt. Das Beratungsgespräch ist intensiv und an den Kundenbedürfnissen orientiert. Er kauft das Ergometer zum Festpreis von etwa 900 Euro – und das selbstverständlich inklusive Anlieferung, Aufbau und fachlicher Instruktion zu Hause.

Der Kunde ist begeistert, empfiehlt dieses Sportgeschäft vielen Bekannten weiter. Hier beginnen Imagetransfer, Positionierung und Markterfolg.

Was will uns diese „Anekdote" aus dem Alltag sagen? Es mangelt nicht immer an der Quantität des Personals, sondern meistens an der Qualität. Was nützt die Kaufkraft und die Kauflust von Menschen, wenn MitarbeiterInnen im Kundenkontakt unfähig sind oder keine Lust auf Beratung und Verkaufen haben?

Was nützen eine hohe Kaufkraft und eine unbändige Kauflust von vermögenden Kunden, wenn Unternehmer ihre Mitarbeiter im Kundenkontakt nicht entsprechend sensibilisieren, schulen, fordern, im Tagesgeschäft kontrollieren, fördern, notfalls rechtzeitig austauschen?

4.2 Kaufmotive 50plus

Menschen 50plus lassen sich nicht in irgendein Marketing-Segmentierungsschema oder Zielgruppenkorsett pressen, und sie lassen sich auch nicht einfach mit noch so pfiffiger Werbung manipulieren. Best Ager sind wählerisch und qualitätsbewusst. Sie schauen dem Ei auf den Stempel und der Wurst in den Darm. Sie präferieren den Einkauf von naturreinen Produkten, insbesondere bei Lebensmitteln. Eine typische Aussage eines anspruchsvollen 50plus-Kunden könnte sein: „Von den Dingen, mit denen ich mich umgebe, verlange ich das Gleiche wie von Menschen – *Charakter*." (Zitat: *Leicht-Küchen*) Menschen 50plus bevorzugen: *simplicity, individuality, personality.*

Sie favorisieren eine einfache, individuelle, sehr persönliche Ansprache, respektierende Umgangsformen, humorvolle, natürliche und ehrliche Werbung, nützliche Produkte und begeisternde Dienstleistungen. Hierzu weiß man, dass der Verstand von „reiferen Menschen 50plus" mehr über Intuition und Bauchgefühl gesteuert wird, als dies bei jungen Menschen der Fall ist. Die rechte Gehirnhälfte mit ihren geistigen Funktionen wird neurophysiologisch stärker angesprochen. Obwohl das rechte Gehirn nur rudimentäre Textverarbeitungsfähigkeiten besitzt, greift es auf mit Bildern verbundene Wörter zurück, um sensorische Bilder zu erzeugen. Die Macht von Sinnesbildern beruht auf ihrer Fähigkeit, emotionale Reaktionen hervorzurufen (*Quelle: David B. Wolfe, Direktor der Wolfe Resources Groupp in Reston, Virginia, USA: „Ageless Marketing", Dearborn Trade Publications, 2003*).

Die psychologischen Kaufmotive von Menschen 50plus sind im Wesentlichen gekennzeichnet von den folgenden grundlegenden Bedürfnissen:

- **Genießen und sich etwas gönnen:** Exklusive, kreative Geschäfte mit Wohnzimmeratmosphäre und architektonisch attraktive Shopping-Malls erfreuen sich bei Menschen 50plus einer zunehmenden Beliebtheit, wenn anfängliche Schwellenängste abgebaut werden und die Attraktivität der Läden anspricht. Sie nehmen sich Zeit, das Warenangebot zu inspizieren, und lassen sich gerne von neuem Flair und guten Ideen inspirieren. Ein anschließender Besuch eines Cafés oder Restaurants rundet das Einkaufserlebnis ab. Ein ermunterndes Beispiel aus den benachbarten Niederlanden: Maastricht ist nicht nur eine bezaubernde Universitätsstadt, sondern versteht es glänzend, Einkaufen und Erlebnis genial und begeisternd miteinander zu verbinden. Kurze Wege, perfekte Infrastruktur und die hohe Dichte von Cafés, Kneipen mit Live-Musik und kreativen Geschäften macht nicht nur erfahrenen Kunden Spaß und regt zum Geldausgeben und Konsumieren regelrecht an.

- **Prestige, Qualitätsbewusstsein und Identifikation mit einem Lebensgefühl:** Sehr begehrt sind beispielsweise gut geführte Quartierläden, mediterrane Marktstände, Backwaren- und Kaffeeshops, Bistros, Vinotheken, Bioläden, Reformhäuser, Szenekneipen mit Live-Musik etc. Hier ist man persönlich bekannt, wird freundlich, zuvorkommend bedient und trifft Bekannte aus dem Quartier. Man ist unter Seinesgleichen. „Was nichts kostet, ist nichts wert", so denken viele dieser reiferen Kunden. Man gönnt sich wieder bewusster etwas, wenn die Kinder aus dem Hause sind. Ein gutes Beispiel ist das asiatische Restaurant *Ra'mien* im Herzen von Wien, das seinen Kunden selbstgemachte, hervorragend mit asiatischen Kräutern abgestimmte Nudel- und Reisgerichte in einer Showküche für jedermann anzuschauen anbietet. Qualität pur. Lebensgefühl pur. Authentizität pur. Erlebnis pur trotz eher einfachem Ambiente.

- **Attraktiv wirken und begehrt sein:** Die soziale Komponente ist beim Einkaufen und Konsumieren bei Menschen 50plus von entscheidender Bedeutung. Gefragt sind Kontaktmöglichkeiten gegen Vereinsamung und Anonymisierung im Alltag. Im Vordergrund steht die Suche nach Interessengruppen mit gleichen Lebensformen und die tiefe Sehnsucht nach Nähe und Bindung zu Gleichgesinnten. Menschen 50plus umgeben sich gerne mit Schönem, identifizieren sich mit stilvoller, inspirierender Umgebung und attraktiven Produkten. Großartige Beispiele sind das *KaDeWe* in Berlin mit seiner magischen sechsten Etage für

Feinschmecker, das Hamburger *Alsterhaus, Oberpollinger* in München oder das *Dallmayr* München mit einer paradiesischen Produktauswahl. Ähnliche Einkaufstempel mit bevorzugten 50plus-Kunden sind in den Pariser *Galeries Lafayette* oder im Londoner *Harvey Nichols* oder *Harrods*. Der Zukunftstrend heißt Erlebniseinkauf. Best Ager wissen das ganz besonders zu schätzen.

- **Schritt halten mit neuen Technologien:** Die ältere Generation ist entgegen der vorherrschenden Meinung an neuen Technologien, innovativem Design und neuen Produkten wie zum Beispiel Internet, digitaler Fotografie, iPhone, iPad, Mikrofasern bei Textilien etc., extrem stark interessiert. Sie wollen Neues ausprobieren und auch den Anschluss an wichtige technologische Entwicklungen nicht versäumen. High-Tech bringt neuen „flow" in den grauen Alltag.

- **50plus-Kunden tendieren zu starker Markenbindung.** Das Markenvertrauen sowie der Servicegedanke eines Unternehmens nimmt bei Best Agern einen hohen Stellenwert ein. Bei Zufriedenheit bleiben Ältere ihrer Marke eher treu, bei Unzufriedenheit wird aber auch schneller gewechselt als in früheren Zeiten. Der hohe Qualitätsstandard einer Marke muss konstant gewährleistet sein. Nachlassende Qualität und Irritationen, zum Beispiel schlechtes Betriebsklima, Ignoranz und unfreundliche Mitarbeiter, werden nicht akzeptiert. Eine sehr starke Bindung haben Menschen 50plus zu ihren „Lieblingsgeschäften". Stimmen das Angebot, die Qualität, die fachliche Beratung und das Ambiente, bleibt der Kunde treu. Zufriedenheit an sich bietet keine Gewähr, dass der Kunde sich nicht von Ihren Produkten abwendet. Zufriedene Kunden kann also nicht das erfüllende Endziel von Kundenbindung sein. Kundentreue ist mehr! Wer mit einem Produkt „nur" zufrieden ist, hat immer noch Lust, ein anderes auszuprobieren. Zufrieden ist vergleichbar mit der Note 3 in der Schule. Und das reicht heute nicht, um sich im Markt bei Kunden zu behaupten. Zufrieden steht für Synonyme wie zum Beispiel „sorgenfrei", „man hat sich damit abgefunden", „in Frieden lebend", „bescheiden", „anspruchslos", „Durchschnitt", „Stillstand", „Passivität" etc. Deshalb sollten Sie Kunden 50plus „Mehrwert" bieten – eine Mischung aus objektiven und subjektiven Befunden: Mehrwert ist Stil. Mehrwert ist Ästhetik. Mehrwert ist Top-Service. Mehrwert ist Power. Mehrwert ist positives Image. Mehrwert ist spürbarer Innovationsgeist. Mehrwert ist ein Produkt oder eine Dienstleistung mit einer ganz besonderen Aura, mit Charisma, mit Strahlkraft. Mehrwert bedeutet spürbarer Nutzen für Best-Ager-Kunden.

Marketing zwischen Tradition und Mega-Moderne

Klarheit, Reinheit, Authentizität und Ursprünglichkeit sind die neuen Zukunftswerte. Auch 50plus-Kunden wollen vieles gleichzeitig: für immer jung und vital bleiben, ungebunden sein und dennoch ihren Sinn für Familie, Partnerschaft und Geborgenheit ausleben können, soziale Kontakte innerhalb ihrer Community pflegen und sich selbst verwirklichen. Optionale Wahlmöglichkeiten, die Alternative, jederzeit verändern und verwandeln zu können, haben für Menschen 50plus etwas mit Freiheit und Selbstbestimmung in ihrer ureigensten Form zu tun und gewinnen zunehmend an Bedeutung. Das Marketing und die Unternehmen müssen darauf Antworten und neue Konzepte finden.

Gefragt sind Produkte und Dienstleistungen, die sich im *„Spannungsfeld zwischen Tradition und Mega-Moderne"* befinden, wie es die niederländische Zukunftsforscherin und „Trendgöttin" *Li Edelkoort* treffend formuliert. „Es gibt eine Bewegung in eine neue, positivere Richtung." Die Krise sei das Beste, was uns passieren konnte, ist Li Edelkoorts Überzeugung: „Die Leute sind plötzlich glücklich mit dem, was sie haben. Indem wir uns auf das Wesentliche reduzieren, erfahren wir einen neuen, inneren Reichtum." Klarheit, Reinheit, Authentizität, Ursprünglichkeit – all das sind Begriffe, die laut Edelkoort mehr und mehr an Bedeutung gewinnen werden. (Quelle: www.edelkoort.com)

4.3 Psychografie 50plus

Der Begriff „Psychografie" steht als Synonym für ein zielgruppengenaues Marketing im Sinne einer Charakterisierung von Personen nach ihren Einstellungen und Wertehaltungen und zur Erklärung des Käufer- und Konsumverhaltens. Menschen über 50 haben – grundsätzlich betrachtet – Bedürfnisse, Einstellungen und Werthaltungen wie jeder andere Mensch auch. Sie sind auf der Suche nach emotionaler und finanzieller Sicherheit, nach Geborgenheit und privatem Glück, nach zwischenmenschlichen Kontakten, nach generationsübergreifender Lebendigkeit. „Älter werden" war früher gleichbedeutend mit „sparsam", „stur", „kränkelnd", „senil". Heute wird „Älter werden" eher mit Attributen wie „rüstig", „attraktiv", „lebensfroh", „modebewusst", „konsumfreudig", „reiselustig", „wissbegierig" assoziiert.

Eine rein soziodemografische Abgrenzung nach Alter wird der Vielfältigkeit der Zielgruppen 50plus nicht gerecht, sie ist aber sinnvoll in Verbindung mit einer tiefgründigen Analyse der Psychografie ihrer Mikro-Zielgruppen 50plus.

Weder das Alter, das Einkommen noch der Wohnort ist als alleiniges Kriterium unserer Zielgruppendefinition geeignet. Wenn heute jemand auf einer *Harley* anbraust und den Helm absetzt, kann es Ihnen passieren, dass Sie eine Überraschung erleben und kein gut aussehender Mittzwanziger zum Vorschein kommt. Händler und Hersteller verkaufen heute aufgrund der Lebensstile, der Lebenseinstellungen und der psychografischen Struktur ihrer Kunden. Das hat sich als neue Zielgruppendefinition durchgesetzt. Bei manchen Warengruppen gebietet der Lebensstil, extrem auf den Preis zu achten, und bei anderen gönnt man sich etwas, verwöhnt man sich und ist bereit, auch mehr auszugeben.

Check-up:
Psychografie Ihrer Kundenzielgruppen 50plus

Überprüfen Sie einmal, ob Ihre Dienstleistungen und Ihre Strategie noch up-to-date sind. Halten Sie Schritt mit den gesellschaftlichen Veränderungen, Wertvorstellungen, den sich wandelnden Einstellungen, dem Verhalten, den Lebensgefühlen, mit den Bedürfnissen Ihrer bisherigen und neu avisierten Zielgruppen – insbesondere mit Ihren Kundenzielgruppen 50plus?

Eine psychografische Segmentierung können Sie zum Beispiel nach folgenden Kriterien vornehmen:

- **Einstellungen:** zu Konsum, Preisen, neuen und bewährten Produkten, Markenpräferenzen, Medien, Mobilität, Haustieren, Urlaub, Freizeit, zum Leben, zur Gesundheit, Ernährung, Kultur usw.
- **Lebensstil:** erlebnisorientierte Aktive, passive Ältere, kulturell Aktive
- **Lebenssituation:** Wohnen im eigenen Haus/Eigentumswohnung/zur Miete, Ein-Person-Haushalt, Zwei-Personen-Haushalt, Mehrfach-Immobilieneigentümer, Single, Partnerschaft, Ehe, Familie, Midlife-Crisis, mit verschiedenen Wohnsitzen, aktiver Stadtmensch, gediegener Landmensch
- **Persönlichkeit:** gebildet, lebenslustig, kulturhungrig, naturverbunden, „Stubenhocker", freiheitsliebend, solide, bescheiden, skeptisch
- **Berufliche Stellung:** einfache, mittlere, gehobene, höhere Position, Beamter, Angestellter, Arbeiter, Pensionär
- **Soziale Schicht:** untere, mittlere, obere Schicht – je nach Einkommen und Vermögensstatus

- **Milieu:** traditionell bürgerliches Milieu, etabliertes Milieu (nützliche Details zu Milieustudien finden Sie in Kapitel 4.4, Seite 88 ff., und z. B. unter *www.sinussociovison.de*)
- **Wertehaltungen:** Traditionell-Konservative, Mega-Moderne, innerlich Junggebliebene, weltoffener Abenteurer, konsequenter Selbstverwirklicher, „Fitness-Apostel"
- **Typen und Mentalitäten:** Genießer, Gestalter & Macher, Kompromisslos-Anspruchsvolle, Soft-Individualisten, Exzentriker, Spieler, Träumer, Vereinsmeier, Biedermann, Weltverbesserer
- **Rollen:** Retter-Typ, Opfer-Typ, Täter-Typ
- **Finanzielle Situation:** sehr gute, durchschnittliche oder schlechte finanzielle Situation (Vermögen, Besitz und Einkommen)

Lebenswelten, Lebensgefühle, Lebensstile 50plus

Es kann durchaus sein, dass Menschen zwar derselben Subkultur, sozialen Schicht und Berufsgruppe angehören, doch einen völlig anderen Lebensstil pflegen. „Unter Lebensstil versteht man das sich in den Aktivitäten, Interessen und Einstellungen manifestierende Muster der Lebensführung einer Person. Der Lebensstil zeigt den *ganzen Menschen* in seiner Interaktion mit seiner Umwelt". Der von *Philip Kotler* beschriebene und von SRI International's Values and Lifestyles (VALS) 1978 eingeführte „VALS-Ansatz" ist eine kommerziell verfügbare psychografische Marktsegmentierung, die weit reichende Akzeptanz gefunden hat. Aus Platzgründen verzichte ich hier auf eine Vertiefung (siehe hierzu auch die Quelle für obiges Zitat aus *Kotler/Bliemel, Marketing Management, 2007, S. 336 ff.*).

Lebensstile von Menschen 50plus entziehen sich in Zukunft den Gewohnheiten der Vergangenheit. Die meisten verhalten sich aktiv, lebensfroh, interessiert und kommunikativ. Sicherlich gibt es auch völlig gegensätzliche Strömungen, die ich hier aber vernachlässigen möchte. Der „Mainstream-Markt" ist gewachsen und erwachsen geworden. Er hört nicht etwa bei den 49-Jährigen auf. Er wird in Zukunft weit bis über die 65-Jährigen hinaus reichen. Es ist die Chance der Marken, das zu erkennen und sich zu öffnen. Der Mittelpunkt des Marktes verschiebt sich nach oben. Daraus ergibt sich eine „neue Mitte". Und das, was die Demografie in der Vergangenheit als Altersgrenze definiert hat, ist passé. *Psychografie und Lifestyle sind die neuen wichtigen Informationsgeber für das Marketing.* Es ist völlig gleichgültig, ob der Typ, der im schicken Leder-Outfit auf dem Motorrad sitzt, 45 oder 65 ist. Besser noch: Der 65-Jährige hat mehr Geld – und mehr Zeit, es auszugeben. Und manchmal auch mehr Lust.

Machen wir also Schluss mit der Diskussion über die Samthandschuhe, mit denen man Kunden über 50 nach Meinung vieler anfassen sollte. Ganz im Gegenteil: Totale Integration ist das Thema. Wer mit 75 noch so aussieht wie Sophia Loren oder Robert Redford, wer auf dem Tennisplatz, im Konzertsaal, im Schnell-Restaurant, im Flughafen oder in der Shopping Mall noch leichten Schrittes daher kommt, ist oft erst auf den zweiten Blick als 50plus zu erkennen. Und weil er oder sie auch gar nicht als der „50plus-Typ" erkannt werden will, hat sich auch das Verhalten verändert.

Wenn wir uns den Mikro-Zielgruppen nähern wollen, kommen wir nicht umhin, die Kunden 50plus zunächst pauschal zu beschreiben. Aber schon jetzt soll betont werden, dass die Zielgruppen 50plus stark differenziert und, wie bereits erwähnt, mit der psychografischen Brille zu betrachten sind. Menschen 50plus können als höchst sensible, heterogene Zielgruppen mit hoher Nutzenerwartung beschrieben werden. Sie verfügen über eine ausgeprägte Finanzkraft, aber auch über eine tendenziell sehr hohe Preis-Leistungs-Sensibilität. Eine „Weniger-ist-mehr-Mentalität" macht sie zu anspruchsvollen, selektiven Konsumenten. Ihre kulturelle und intellektuelle Kompetenz, eine gute Allgemeinbildung und ihre zunehmend kosmopolitische Orientierung machen sie zu starken, reifen, selbstbestimmten, abgeklärten, unabhängigen und gelassenen Persönlichkeiten.

Ein Großteil führt ein gesundheits- und umweltbewusstes Leben, nutzt Medien recht differenziert und anders als ihre Vorgängergenerationen. Eine wachsende Internetnutzung mit jährlichen Steigerungsraten von etwa 4 bis 5 Prozent bei 50plus-Online-Usern erhöht den derzeitigen Anteil von Internetnutzern 50plus auf über 40 Prozent. Dieses Potenzial zur Kundengewinnung durch das Internet ist nicht zu unterschätzen, aber auch nicht überzubewerten – eine gegenläufige Tendenz in Richtung persönliche Vor-Ort-Beratung, wie beispielsweise in Reisebüros, ist aus Gründen der Grenzenlosigkeit und Austauschbarkeit etwa von Reiseangeboten im Worldwide Web schon heute festzustellen.

Diese Aspekte gilt es in Ihrem Marketing aufzugreifen, wenn Sie Produkte und Dienstleistungen für die Zielgruppen 50plus attraktiver machen wollen. Werbung und Kundendialog sollten diesen Bedürfnissen Rechnung tragen. 50plus fordert „*value for money*" – *Wert und Mehrwert fürs Geld*: Qualität, Top-Service, freundliche beziehungsorientierte Beratung, der Verkäufer und Berater als Lebensbegleiter mit hoher Authentizität, Glaubwürdigkeit und persönlicher Wertschätzungsgarantie.

Die neuen Alten sind attraktiv – an sich und für die Werbung

Auch die *Modebranche* hat die 50plus-Generation längst für sich entdeckt. Die Liste der Beispiele ist lang. *Jean-Paul Gaultier* ließ „schöne Alte" für sich defilieren. Für die Modewerbung treten verstärkt Prominente über 50 auf. *L'Oreal* kürte die inzwischen 67-jährige *Catherine Deneuve* zu ihrer Werbe-Ikone. Ihre Ausstrahlung vereint Verstand, Sinnlichkeit und Kraft. Alterslos statt makellos ist die Devise. Lachfalten als Beweis für Lebensart. Das reifere Aussehen schöner Frauen und Männer betont Mode mit Wertigkeit. Es steht für Dynamik, Selbstbewusstsein und Stolz – ein Vorbild für die avisierten Kunden. Wahre Schönheit kennt kein Alter. Bereits sehr früh haben sich italienische Marken wie *Moschino, Mila Schön* oder *Romeo Gigli* dazu bekannt. Dem hohen Anspruch ihrer Mode wurden sie gerecht durch die Auswahl von Persönlichkeiten, denen man ihr Leben, Denken und Fühlen ansieht.

Die ältere Kundin bevorzugt das gehobene Fachgeschäft, ist aber auch bereit, für ihre Ansprüche etwas mehr auszugeben. Selbst junge Marken richten sich mittlerweile an diese lukrativen älteren Zielgruppen. Ein beeindruckendes Best-Practice-Beispiel, wie sich ein traditionelles Mode-Unternehmen gerade neu auf dem Markt positioniert, wird in *Kapitel 7.4* unter dem besonderen Aspekt der Zielgruppen 50plus bei der *MÄRZ München AG* ausführlich beschrieben.

4.4 Wer ist Ihr 50plus-Kunde?

Um ein Marketingkonzept effektiv zu erstellen, sollten Sie sich intensiv Gedanken über die avisierten Mikro-Zielgruppen 50plus machen:

- Was wollen diese Menschen als Ihre Kunden?
- Was brauchen sie?
- Wie ticken sie?
- Mit welchen Themenwelten beschäftigen sie sich?
- Was sind ihre wichtigsten Werte, Bedürfnisse, Hobbys, Leidenschaften?

Beachten und respektieren Sie bei allen Marketingaktivitäten die *biografische Kontinuität*, die tiefen Wurzeln der Menschen 50plus, die *Lebenssituation*, in der sich Ihr potenzieller Kunde als Mensch gerade befindet.

4.4.1 Neue Lebenssituationen und Themenwelten von Best Agern

Neue Lebenssituationen erfordern eine andere Ansprache – Best Ager brauchen in diesen Lebensphasen Verständnis, Feingespür, spezielle Produkte und Dienstleistungen – und das ist gleichzeitig *die* gigantische Herausforderung für Kommunikationsabteilungen, Werbung, Marketing und vor allem im Vertrieb. Nur wer die Lebenssituation kennt – sich auf sie ganz persönlich einstellen kann und Best Ager in ihrem Lebenszyklus begleitet –, der wird punkten und erfolgreich sein. Solch neue Lebenssituationen können sein:

- Verlust des Partners
- Trennung von Partner – z. B. mit Regelung der finanziellen Verhältnisse
- Neue Beziehung – in anderer Umgebung, in neuer Stadt
- Umzug und Neubeginn – in neuer Umgebung, mit neuem Netzwerk, in Senioreneinrichtung …
- Existenzgründung – z. B. nach Arbeitsplatzverlust, berufliche Neuorientierung …
- Hausverkauf – z. B. um in der Stadt ein Penthouse/Loft zu kaufen …
- Hausbau
- Renovierung der Wohnung oder der eigenen Immobilie
- Kinder sind oder gehen aus dem Haus – leben ihr eigenes Leben („Empty Nesters")
- Lebensversicherungen werden zur Auszahlung fällig – Entscheidungsfindung: Neuanlage oder Anschaffung lang gehegter Träume und Sehnsüchte (Reisen, neues Auto, neues Projekt …)

4.4.2 Segmentierungsmodelle zur Zielgruppe 50plus

Es gibt im Markt zahlreiche Konzepte und Ansätze für eine Zielgruppensegmentierung nach Typologien, Konsumansätzen oder nach Freizeitverhalten – hier einige der wichtigsten:

Institut	Charakteristika	Stärken + Schwächen
Grey Worldwide Düsseldorf *Ex-CEO Bernd Michael*	Drei Kernsegmente: ■ Master Consumer → die Beweglichen und Aktiven ■ Maintainer → die passiven Genießer ■ Simplifier → die echten Pensionäre → **Details hierzu lesen Sie in Kapitel 5.1**	■ Diese Typologie wird in Kapitel 5.1 näher analysiert und stellt aus meiner Sicht die klarste Typologie dar, um sich dem Thema Mikrozielgruppen 50plus zu nähern
Institut für Arbeit + Technik, IAT, Gelsenkirchen Seniorenforscher *Michael Cirkel*	Sechs Lebensstile: ■ Die „Kritisch-Alternativen" ■ Die „jung gebliebenen Singles" ■ Die „repräsentativ Prestige-Orientierten" ■ Die „gepflegten Genießer" ■ Die „Bürgerlich-Angepassten" ■ Die „Kleinbürgerlich-Konservativen" → **Details lesen Sie am Ende dieses Kapitels**	■ Dieser Segmentierungsansatz eignet sich meines Erachtens am besten zur Auswahl und Identifizierung Ihrer *Mikro-Zielgruppen 50plus*
Sinus Sociovision Heidelberg	Basierend auf Trendforschung stehen Lebensstile, Ziele und Werte im Mittelpunkt dieser Untersuchungen. Daraus kristallisieren sich zehn Milieus heraus, die sich als „Gruppen Gleichgesinnter" beschreiben lassen: ■ Hedonistisches Milieu ■ Adaptiv-pragmatisches Milieu ■ Prekäres Milieu ■ Bürgerliche Mitte ■ Traditionelles Milieu ■ Konservativ-etabliertes Milieu ■ Liberal-intellektuelles Milieu ■ Milieu der Performer ■ Expeditives Milieu ■ Sozialökologisches Milieu Details hierzu siehe **Abbildung 10**, die sich allerdings nicht auf Zielgruppen 50plus bezieht, sondern auf die Gesamtbevölkerung.	■ Gutes Modell zur Segmentierung, da psychografisch und werteorientiert ■ Im Marketing weit verbreitete Terminologie

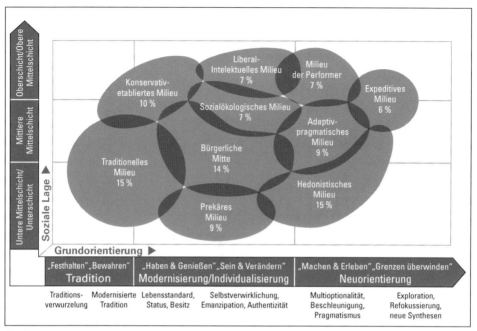

Quelle: www.sinus-institut.de, 2010

Abb. 10: Das Sinus-Modell

Fünf wertebasierte Konsumententypen
– eine praxisorientierte Einteilung der über 50-jährigen Verbraucherinnen und Verbraucher

Die im Folgenden beschriebenen Konsumententypen sollen Unternehmen und Dienstleistern das Verständnis der großen Gruppe der über 50-Jährigen hinsichtlich ihrer Werte, Wünsche und Konsumbedürfnisse erleichtern und damit eine Hilfestellung geben für die zielgruppengerechte Anpassung des eigenen Produkt- und Dienstleistungsangebots sowie von Ansprachestrategien und Werbung.

Übersicht über die fünf Konsumententypen
nach *Roland Berger Strategy Consultants*:

Preisbewusste Häusliche	Qualitätsbewusste Etablierte	Anspruchsvolle Genießer	Kritische Aktive	Komfortorientierte Individualisten
■ Deutlich preissensibel ■ Geringe Markenorientierung ■ Fokus auf Langlebigkeit und Funktionalität bei der Produktwahl ■ Schätzen zu einem Großteil produktbegleitende Dienstleistungen wie Erklärung, Installation und Wartung von technischen Geräten ■ Schätzen (bei Fokus auf einfaches Leben) natürliche Produkte aus lokaler Herstellung	■ Preisbewusst, aber bereit, für gute Qualität auch zu bezahlen ■ Relativ hohe Markenaffinität aufgrund des höheren Qualitätsversprechens ■ Zuverlässigkeit und Langlebigkeit spielen bei der Produktwahl eine wichtige Rolle ■ Bereit, für guten Service/fundierte Beratung zu bezahlen ■ Treue Kundinnen und Kunden mit geringer Wechselbereitschaft	■ Qualität, Design und Marke stehen bei Kaufentscheidungen gegenüber dem Preis im Vordergrund ■ Genuss und persönlicher Komfort spielen eine wichtige Rolle ■ Hohe Markentreue ■ Hohe Technik- und Beratungsaffinität	■ Bevorzugen Bewährtes und Sicheres ■ Deutlich preissensibel, aber bereit, für persönliche Beratung etwas mehr zu bezahlen ■ Sind beim Einkaufen kritisch und wollen Produkte, die sie kaufen, auch wirklich verstehen ■ Legen Wert darauf, dass man sich Zeit für sie nimmt, um ihre Neugierde und ihren Informationsbedarf zu befriedigen	■ Hohe Konsumfreudigkeit ■ Hohe Technikaffinität ■ Qualität, Design und Marke stehen gegenüber dem Preis im Vordergrund ■ Hohe Markenaffinität mit gleichzeitig hoher Qualitätserwartung ■ Hohe Ansprüche an Dienstleistungs- und Servicequalität, jedoch nur geringe Differenzierung über den Service möglich, da hoher Standard als selbstverständlich vorausgesetzt wird
Wer sind sie?	**Wer sind sie?**	**Wer sind sie?**	**Wer sind sie?**	**Wer sind sie?**
■ 43 % von 50+ ■ Größtes Segment ■ 63 Jahre Durchschnittsalter ■ 42 % noch berufstätig ■ 75 % leben in Partnerschaft ■ 45 % wohnen im eigenen Haus ■ Traditionell geprägt	■ 28 % von 50+ ■ Zweitgrößtes Segment ■ 70 Jahre Durchschnittsalter ■ 61 % Frauenanteil ■ 40 % Singles ■ Preisbewusst, aber bereit für gute Qualität zu bezahlen	■ 15 % von 50+ ■ Drittgrößtes Segment ■ 61 Jahre Durchschnittsalter ■ 90 % leben in Partnerschaft ■ Besonders gut gebildet ■ 24 %-Anteil Hochschulreife ■ 55 % leben im eigenen Haus	■ 8 % von 50+ ■ Zweitkleinstes Segment ■ 69 Jahre Durchschnittsalter ■ 61 % Frauenanteil, häufig alleinstehend ■ 40 % leben im eigenen Haus ■ Eher jugendlicher Typ ■ Stark im sozialen Netzwerk eingebunden	■ 6 % von 50+ ■ Kleinstes Segment ■ 56 Jahre Durchschnittsalter ■ jüngster Konsumententyp ■ 90 % noch berufstätig ■ Hoher Bildungsstand ■ Hohes Netto-Haushaltseinkommen

Preisbewusste Häusliche	Qualitätsbewusste Etablierte	Anspruchsvolle Genießer	Kritische Aktive	Komfortorientierte Individualisten
Wer sind sie?	**Wer sind sie?**	**Wer sind sie?**	**Wer sind sie?**	**Wer sind sie?**
■ Legen Wert auf berechenbares Umfeld, das ihnen vertraut ist ■ Orientieren sich nicht am Zeitgeist, sondern an ihren Wertvorstellungen und Überzeugungen	■ Hohe Markenaffinität aufgrund des höheren Qualitätsversprechens ■ Bereitschaft für fundierte Beratung zu bezahlen ■ Treue Kunden mit geringer Wechselbereitschaft	■ 9 % leben in Eigentumswohnung	■ Unternehmungen mit Familie, Freunden oder Bekannten sind ihnen wichtig ■ Sport + Fitness haben hohen Stellenwert ■ Probieren gerne Neues aus ■ Gepflegtes Äußeres und Unabhängigkeit wollen sie sich lange bewahren ■ Selbstbild: Individualisten mit Stil	■ 70 % leben in eigenen vier Wänden ■ 82 % leben in Partnerschaft z. T. noch mit Kindern im selben Haus
Kriterien für Produktauswahl	**Kriterien für Produktauswahl**	**Kriterien für Produktauswahl**	**Kriterien für Produktauswahl**	**Kriterien für Produktauswahl**
■ Preis wichtig ■ Marken weniger gefragt ■ Langlebigkeit + Funktionalität der Produkte sind ihnen wichtig ■ Bevorzugen eher robuste + schlichte Gegenstände ■ Geringe Technikaffinität ■ Leistet sich hin und wieder etwas	■ Orientieren sich nicht an schnelllebigen Trends	■ Konsumfreudig ■ Anspruchsvoll ■ Exklusive Gestaltung und hochwertige Materialien ■ Schöne Dinge ■ Moderne Produkte, die dem neuesten Stand entsprechen	■ Preissensibel ■ Keine Berührungsängste mit neuen Technologien	■ Begeistern sich für moderne Technologie ■ Fordern beste Qualität = wichtiger als Preis ■ Markenaffinität ■ Hochwertige Materialien und exklusives Design priorisiert ■ Kaufen im Fachgeschäft, in Fachmärkten und im Internet, ziehen aber Fachgeschäft mit Beratung i.d.R. vor

Preisbewusste Häusliche	Qualitätsbewusste Etablierte	Anspruchsvolle Genießer	Kritische Aktive	Komfortorientierte Individualisten
Ansprüche an Dienstleistungen + Services	Ansprüche an Dienstleistungen + Services	Ansprüche an Dienstleistungen + Services	Ansprüche an Dienstleistungen + Services	Ansprüche an Dienstleistungen + Services
■ Kaufvorgang und Leistung soll ohne große Umstände abgewickelt werden ■ Persönliche Beratung wichtig ■ Beratung und Erstellung eines Komplettpakets z. B. durch Reisebüro wird gegenüber Internetbuchung bevorzugt ■ Absicherung durch Beratung wichtig	■ Zuverlässigkeit und Qualität stehen bei der Wahl von Dienstleistungen im Vordergrund ■ Die Qualität wird genau überprüft ■ Sie erwarten guten Service sowie fundierte Beratung und nehmen dafür auch einen höheren Preis in Kauf ■ Wenn mit einer Leistung zufrieden, ist die Wahrscheinlichkeit sehr hoch, dass sie auch in Zukunft wieder denselben Anbieter wählen ■ Ein erneuter Vergleich mit anderen Anbietern erfolgt dann nur noch selten ■ Treue Kundinnen und Kunden mit eher geringer Wechselbereitschaft	■ Schätzen Dienstleistungen, die zu ihrem persönlichen Wohlbefinden beitragen oder ihnen lästige Tätigkeiten abnehmen ■ Wertschätzung von haushaltnahen und persönlichen Dienstleistungen wie Friseur, Sport oder Reisen liegt deutlich über dem Durchschnitt ■ Sich selbst etwas gönnen hat höchste Priorität ■ Internet zur Informationsbeschaffung beliebt ■ Kauf oder Beauftragung eines Dienstleisters tätigen sie – oft nach nochmaliger Beratung – jedoch in der Regel vor Ort!	■ Wollen Produkte verstehen und voll nutzen können ■ Wünschen sich fundierte Beratung und Erklärung technischer Details ■ Wollen in Ruhe fragen können, um ihre Neugierde und ihr Informationsbedürfnis zu befriedigen ■ Mitarbeiter, die sich Zeit für sie nehmen ist für sie das entscheidende Kaufkriterium neben der Servicequalität ■ Sport- und Weiterbildungs- sowie Dienstleistungsangebote, die sie mit anderen Menschen in Kontakt bringen und die ihre Unternehmenslust befriedigen, genießen einen hohen Stellenwert	■ Kompetente Beratung, insbesondere beim Kauf hochwertiger Produkte ■ Schnelle Lieferung äußerst wichtig ■ Zuverlässigkeit und hohe Qualität der Leistung werden als selbstverständlich vorausgesetzt

Quelle: Roland Berger Strategy Consultants, „Typologie der Wünsche 2009": Die entwickelten Konsumententypen sind das Resultat einer Segmentierung anhand von 20 Bedürfnissen und Werten von mehr als 9000 Befragten über 50-jähriger Konsumenten.

Der Seniorenforscher *Michael Cirkel* unterscheidet in seiner Veröffentlichung im so genannten „Altenbericht" sechs Lebensstile und Typen 50plus nach Konsumorientierung, die nachfolgend kurz zusammengefasst werden (*Quelle: Michael Cirkel, Institut für Arbeit und Technik, IAT, Gelsenkirchen, 2006*).

Prüfen Sie anhand der Liste, welche Mikro-Zielgruppen 50plus für Ihr Unternehmen interessant sein könnten.

4.4.3 Check up: Kundentypologie 50plus

Welche Mikro-Zielgruppen 50plus sind für Ihr Unternehmen/für Ihr Produkt/für Ihre Dienstleistung besonders interessant?

- **Die „kritisch-Alternativen"?**
  1 Million Menschen über 50, zumeist Intellektuelle, die Qualität und Service kritisch prüfen. Eine Zielgruppe, die Werbung und Trendmarken eher ablehnt und nur durch Nutzen zu überzeugen ist.

- **Die „jung gebliebenen Singles"?**
  700 000 Menschen 50plus, vorwiegend, aber nicht ausschließlich Männer zwischen 50 und 60 mit einem durchschnittlichen bis leicht überdurchschnittlichem Einkommen.

- **Die „repräsentativ Prestige-Orientierten"?**
  1,3 Millionen potenzielle 50plus-Kunden, die auf Prestige, Outfit, Außendarstellung, Anerkennung, Image großen Wert legen. Vorwiegend handelt es sich hierbei um verheiratete Männer zwischen 50 und 70 Jahren.

- **Die „gepflegten Genießer"?**
  7,1 Millionen potenzielle 50plus-Kunden, die Spitzenqualität, hervorragenden Service und persönliche Wertschätzung zu schätzen wissen. Bei den gepflegten Genießern handelt es sich vorwiegend um allein stehende Business- und Power-Frauen mit überdurchschnittlichem Einkommen, mit wenig Zeit, sowie um Paare zwischen 55 und 75 Jahren, die ihre Freizeit und das schöne Leben bewusst genießen möchten.

■ **Die „Bürgerlich-Angepassten"?**
6,8 Millionen Menschen 50plus mit hoher Markentreue, wenn sie begeistert sind. Vorwiegend eher konservative Paare oder Familien zwischen 50 und 65 Jahren mit älteren Kindern, die zumeist aus dem Haus sind („Empty Nesters"). Diese „Mikrozielgruppe" ist geprägt von einem hohen Preis- und Qualitätsbewusstsein.

■ **Die „Kleinbürgerlich-Konservativen"?**
5,4 Millionen Menschen 50plus umfasst diese Gruppe, die sich in erster Linie aus allein lebenden Rentnern und nicht berufstätigen Frauen über 70 Jahren zusammensetzt. Tendenziell eher traditionsverbundene Menschen mit geringen bis erheblichen Altersbeschwerden. Eine stark schrumpfende Gruppe mit tendenziell geringerem Einkommen, mit einer geringeren Kaufkraft und einer starken Preisorientierung.

Wer ist Ihre favorisierte Mikro-Zielgruppe 50plus?

_____

Wie wollen Sie diese konkret erreichen?

_____

Mit welchen Instrumenten?

_____

Wie sieht Ihre Strategie aus?

_____

_____

_____

_____

„Die größte Kulturleistung eines Volkes sind zufriedene Alte."

Japanisches Sprichwort

5 Marketing 50plus für die Zielgruppe der Zukunft

Die Gruppe der über 50-Jährigen ist sehr heterogen. Hinter Menschen 50plus verbergen sich ganz unterschiedliche Charaktere, Lebensgefühle, Lebensphasen, prägende Momente und daher auch höchst unterschiedliche Bedürfnisse, Motive, Wünsche, Träume, Sehnsüchte.

Erste Unterscheidungskriterien für eine Mikrosegmentierung können sein:

- Befinden sich die Ziel-Personen 50plus noch im Berufsleben oder sind sie schon außerhalb des Berufslebens in Pension, Rente, (Un-) Ruhestand?
- Leben die Kinder noch im Haus oder sind sie schon ausgezogen? Zum Teil sind die Kinder schon erwachsen, bei 50-Jährigen gehen die Kinder oft noch zur Schule oder studieren.
- Reden wir über Singles oder über Menschen in Beziehungen, Partnerschaften?

Daher werden wir zwar nachfolgend schon über *die* „Best Ager", über *die* „Zielgruppen 50plus" usw. sprechen, mehr im Sinne eines Community-Gedankens und um die Sache nicht unnötig zu verkomplizieren. Gewissermaßen als Arbeitstitel, um Sie als Leser in die spannenden Facetten des Marketings 50plus zu führen. Aber schon jetzt will ich klar betonen, dass es niemals *eine* homogene Gruppe geben kann, sondern immer nur *viele* Mikro-Zielgruppen, vielschichtige Interessenlagen, individuelle Lebensformen und dass es deshalb auch stark zu differenzierende Herangehensweisen im Marketingmanagement geben muss.

Die entscheidende Frage ist nicht, wie alt die Kunden sind, sondern welche Motive sie zum Kauf/Konsum Ihrer Produkte oder Dienstleistungen haben.
Wichtig ist zu analysieren, zu erfahren und zu verstehen, was Menschen

treibt, bewegt, was sie wann, wie und wo wollen, wie ihre Werteorientierungen sind, welche Einstellungen sie zu Konsum haben, wie sie am liebsten angesprochen und begeistert werden wollen. Welche Zeitungen sie lesen, welche Fernsehsendungen und Radioprogramme sie bevorzugen und welche Internetseiten sie wann und warum besuchen. Mit viel Tiefgang, mit viel Feingespür, mit viel Differenzierungsgabe.

Mit dem 50. Geburtstag scheint alles anders zu werden. Wer 50 wird, läuft Gefahr, schlagartig in eine Schublade gesteckt zu werden. Was, fragt sich der Konsument, der ein halbes Jahrhundert auf dem Buckel hat, unterscheidet mich nun plötzlich von jenen Wesen bis 49? Was soll nun anders sein als wenige Tage vorher? Zugegeben, die Lesebrille wird häufiger gezückt, es zwickt beim morgendlichen Aufstehen schon ab und zu etwas mehr in den Gelenken, und die Lust am wahllosen unkritischen Konsum schwindet.

Die Ansprüche an das Leben, an die Zukunft, an die Produkte und an die Art und Weise des Erlebens von Dienstleistungen steigen. Man wird sensibler und kritischer als noch in jüngeren Jahren. Man akzeptiert, glaubt und toleriert nicht mehr alles, was man im Konsumalltag so vorgesetzt bekommt. Jeder von uns verfolgt ein anderes Lebenskonzept. Gleichmacherei und zu krasse Standardisierung werden nicht mehr geduldet. Man möchte als einzigartiges Individuum wahrgenommen und wertgeschätzt sein. Man hat ja schließlich hart für sein Geld gearbeitet, Leistung gebracht, eventuell Kinder in die Welt gesetzt, Rentenansprüche erworben, die Gesellschaft mit Engagement vorangebracht.

Wer heute zwischen 50 und 65 Jahre jung ist, durfte sich in seiner Jugend zwischen den Beatles und den Rolling Stones entscheiden. Diese Menschen machten einst das T-Shirt und die Jeans salonfähig. Sie beförderten die Emanzipation der Frau und schnitten auch sonst alte Zöpfe ab. Es ist unvorstellbar, diese Zielgruppe mit einem „Senioren-Marketing" zu erreichen, das sich zwischen Gehhilfe und Kaschmirdecke bewegt.

Prominenten-Beispiele 50plus, 60plus, 70plus

Fußball-Bundestrainer *Joachim* („*Jogi*") *Löw* (geboren 3. Februar 1960), Fernsehliebling *Thomas Gottschalk* (18. Mai 1950), der Entertainer und Moderator *Harald Schmidt* (18. August 1957), Fernsehmoderator *Reinhold Beckmann* (23. Februar 1956), Schauspielerin *Iris Berben* (12. August 1950), Schauspielerin *Hannelore Elsner* (26. Juli 1942), Fußball-Kaiser *Franz Beckenbauer* (11. September 1945), Sänger-Idol *Elton John* (25. März 1947), die deutsche Sänger-Ikone *Herbert Grönemeyer* (12. April 1956), der deutsche Bundespräsident *Christian Wulff* (19. Juni 1959), Sänger und Komponist *Udo Jürgens* (30. September 1934), die US-amerikanische Künstlerin, Schauspielerin und Unternehmerin *Madonna* (16. August 1958). Selbst der Präsident der USA, *Barack Obama* zählt schon zu den Best Agern (4. August 1961).

Aber auch die Vorstände und Geschäftsführer fast aller deutschen Dax-Unternehmen, die Unternehmensberaterin von nebenan, Ihr Hausarzt vielleicht, der Direktor in der Schule Ihrer Kinder, ganz normale Frauen und Männer aus Ihrem Bekanntenkreis in den besten Jahren – alles Menschen 50plus voller Tatendrang, Wissensdurst, Neugier, Begeisterung und auf der Höhe ihrer Schaffenskraft. Die deutsche Bundeskanzlerin *Angela Merkel*, geboren am 17. Juli 1954, ist ein augenfälliges Beispiel dafür, dass der 50. Geburtstag nicht der Anfang vom Abstieg sein muss – ganz im Gegenteil: Mit 56 hat sie ihren „Karrierehöhepunkt" vielleicht gar ihr Lebensziel erreicht. *50plus bedeutet eben nicht Abstellgleis. Und hat schon rein gar nichts mit einem „Senior" zu tun.*

Menschen über 50 sind – Ausnahmen bestätigen sicherlich die Regel – bisweilen zunehmend interessante, spannende Individuen mit abwechslungsreichen Lebensläufen. Gesichter mit Leben. Persönlichkeiten mit einer einzigartigen Mischung aus sozialer und kultureller Kompetenz, mutigen Zukunftsplänen, Stärken und Schwächen, mit Authentizität, mit Zivilcourage. „50plus ist eine unsichtbare Generation", hat es *Bernd Michael*, Ex-Chef der zweitgrößten deutschen Werbeagentur, *GREY Worldwide Düsseldorf*, auf den Punkt gebracht. Er fordert, niemals das Alter, den Senior oder die allgegenwärtigen, unvermeidlichen körperlichen Insuffizienzen zu thematisieren. „Alles dürfe niemals für jedermann sichtbar sein…" – er bezieht das vornehmlich auf die Werbung und die Kommunikation mit diesen Menschen. In den Mittelpunkt seien nur die Stärken und Ressourcen dieser Zielgruppen zu rücken: „…es müsse in der Werbung und im Marketing alles dafür getan werden, als wären diese Menschen im Mittelpunkt, im Fokus der Gesellschaft – geografisch, psychografisch, biografisch. Sie dürfen nicht diffamiert und ausgegrenzt werden." Das sind seine Maximen in der Kundenkommunikation mit Best Agern.

Modelle und Angebote, die sich in Details langfristig auf den demografischen Wandel einstellen, bieten das, was im Grunde jeder gerne hätte, in der Dienstleistungswüste Deutschland jedoch kaum findet: freundlichen Service und ein Laden-Outfit, das wieder Lust auf Einkaufen macht. Nur wer heute seine Konzepte in Größe, Erreichbarkeit, Sortiment und Komfort vernünftig ausrichtet, hat auch morgen Zukunftschancen.

5.1 Kernsegmente der Generation 50plus: Master Consumer, Maintainer, Simplifier

Hand aufs Herz, an wen denken Sie, wenn Sie 50plus hören? Etwa an Pullunder, Pantoffeln und Ohrensessel? Das Bild in den Köpfen von Menschen 50plus in unserer Welt ist zu häufig immer noch von solchen Vorstellungen geprägt. Dieses Klischee gilt es auf breiter Ebene aufzubrechen.

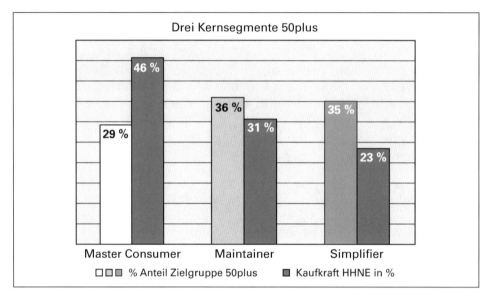

Abb. 11: Die drei Kernsegmente 50plus – Anteil an der Zielgruppe 50plus und Kaufkraft nach Haushalts-Netto-Einkommen (HHNE) in Prozentanteilen innerhalb der Zielgruppe 50plus

Um die Menschen hinter den Zielgruppen besser zu verstehen, ist es zunächst wichtig, „die" Zielgruppe 50plus in drei Gruppen aufzuteilen. Dies geschieht im ersten Schritt zwar nach Alter. Hier und in späteren Kapiteln weise ich darauf hin, dass das Alter allein niemals ein Kriterium zur Bearbeitung von Mikrozielgruppen sein darf – die Soziodemografie für sich alleine wird den Einstellungen, Lebensstilen, Lebensformen, der Psychografie und den psychologischen Motiven von Menschen 50plus aber nicht gerecht. Es dient aber sehr wohl zu einem besseren Verständnis, mit welch differenzierten, heterogenen Segmenten wir es in den Zielgruppen 50plus im Marketing zu tun haben.

Wer heute an die Konsumenten 50plus denkt, übersieht häufig die komplexe Strukturierung dieser Gruppe, die sich aus drei sehr unterschiedlichen Teilzielgruppen zusammensetzt. Sie eignet sich gut zur Herangehensweise an die Zielgruppen 50plus, um sie dann über psychografische Ansätze differenzierter zu betrachten. *Bernd Michael*, ehemaliger Chef der Werbeagentur GREY, macht folgende Segmentierung, die hier modifiziert und weiterentwickelt zusammengefasst ist.

Master Consumer	Maintainer	Simplifier
Focus 50–59 Jahre	Focus 60–69 Jahre	Focus 70plus
29 %-Anteil an 50plus	36 %-Anteil an 50plus	35 %-Anteil an 50plus
46 % des HHNE (HHNE = Haushaltsnettoeinkommen)	31 % des HHNE	23 % des HHNE
■ Ausgabefreudig ■ Aktiv und beweglich ■ Erlebnisorientiert ■ Erlebnisorientierter Lebensstil ■ Hohes Bildungsniveau ■ Hohe Vitalität ■ Neuem gegenüber aufgeschlossen ■ Unternehmungslustig ■ Bewusstes Genießen des erreichten Lebensstandards ■ Ablehnung aller herkömmlichen „Alten-Klischees und -Stereotypen"	■ Finanziell abgesichert ■ Genießen Status quo ■ Gut versorgt ■ Genießen der neuen Freiheit/Freizeit ■ Neuorientierung im Wechsel der Lebensphasen ■ Körperliche und geistige Leistungsfähigkeit wird mit Bedacht erhalten und gepflegt ■ Gesundheitlich in guter Verfassung ■ Abkehr vom traditionellen Rollenverständnis der Älteren	■ Tendenziell eher zurückgezogener Lebensstil ■ Traditionelle, konservative Wertevorstellungen Aber auch … ■ 70-Jährige auf Partnersuche oder beim „Senioren-Studium" ■ 80-Jährige beim Rockkonzert oder im Musical-Fieber

Quelle: modifiziert nach GREY Worldwide, Düsseldorf, Bernd Michael

Vergessen Sie nie: Insbesondere die „Master Consumer" haben alles, was Marketing spannend und schön macht: Geld, Zeit, Lust am Leben – und alles das für noch viele Jahre. Zeigen Sie für Ihre Angebote den konkreten Nutzen – nicht nur schnöde Bilder und Prospekte. Bauen Sie eine persönliche Beziehung zu Ihren Kunden auf, einen „One-to-one-Service". Es lohnt sich.
Die Wirkung Ihrer Führungskräfte und Mitarbeiter auf die 50plus-Kunden Ihres Unternehmens, die Serviceausprägung und der Umgangston untereinander sind entscheidend für den Erfolg oder Misserfolg Ihres Business. Wenn Sie 50plus-Kunden begeistert haben, werden Sie auch alle anderen Kunden – altersunabhängig – als treue Kunden gewinnen und faszinieren.

5.2 Persönlichkeit und Selbstbild 50plus

Zwischen dem Selbstbild und dem Fremdbild der meisten Marketingverantwortlichen zu den weitestgehend noch unbekannten, schwierig zu segmentierenden Zielgruppen der Menschen 50plus herrscht in vielen Fällen eine große Erkenntnislücke. Jeder Mensch besitzt eine individuelle Persönlichkeit, von der sein Kaufverhalten zumindest beeinflusst wird. Persönlichkeit im Sinne von Eigenschaften wie Selbstvertrauen, Dominanz, Selbstständigkeit, Nachgiebigkeit, Geselligkeit, Abwehrverhalten und Anpassungsfähigkeit. Das Selbstbild wird vom Persönlichkeitsprofil stark mitgeprägt, da es das Wissen eines Menschen über sich selbst umfasst. Insofern ist das Selbstbild eine komplexe Vorstellung von sich selbst. Im Marketing sollte man versuchen, jeweils ein Markenimage zu entwickeln, das mit dem Selbstbild der Angehörigen des Zielmarktes und ihrer Mikro-Zielgruppen übereinstimmt.

Das Bild, das eine Person tatsächlich von sich hat (Selbstbild), sieht anders aus als das Bild, das ihr als Ideal vor Augen schwebt (Idealbild von sich selbst), und das Bild, das sich ihrer Ansicht nach andere von ihr machen (vermutete Fremdeinschätzung). Hier gibt es unterschiedliche Ansätze: Manche meinen, Kaufentscheidungen von Menschen 50plus hängen hauptsächlich vom tatsächlichen Selbstbild ab, während andere dem Idealbild oder der vermuteten Fremdeinschätzung das größere Gewicht beimessen. Die Selbstbildtheorie führt also bei der Vorhersage von Konsumentenreaktionen auf das Markenimage nicht in jedem Fall zum Erfolg (*in Anlehnung an Kotler/Bliemel: Marketing-Management, 2006*).

Kaufentscheidungen werden bei Kunden 50plus von vier wichtigen psychologischen Faktoren beeinflusst: Motivation, Wahrnehmung, Lernen sowie Ansichten und Einstellungen. *Neuere Untersuchungen haben ergeben, dass jedes gute Produkt in der Lage ist, beim Kunden ein einzigartiges Set an Motiven auszulösen.* So kann jemand Champagner konsumieren, der Entspannung in Gesellschaft unter seinesgleichen sucht oder einfach nur ein Vergnügen oder den bewussten Genuss eines prickelnden, vitalisierenden, stimulierenden Getränks zum eigenen Wohlbefinden. Das Trinken von Champagner hat weitere Funktionen: Ausdruck von Prestige, Selbstbelohnung, Ausdruck von Stil, Ästhetik, Lebensfreude, Erotik, Dynamik, Wegpositionierung vom Üblichen und Normalen usw.

Die *Maslowsche Bedürfnispyramide* in einer vom höchsten bis zum geringsten Dringlichkeitsgrad abgestuften Hierarchie spielt hier sicherlich auch eine nicht unbedeutende Rolle. In einer zunehmend zivilisierten Welt, in der physiologische Grundbedürfnisse wie Durst und Hunger weitestgehend befriedigt sind und keine existenzielle Herausforderung mehr bedeuten, spielen andere Bedürfnisse im Konsum eine Rolle. Gerade mit zunehmendem Alter können dies sein: *Sicherheitsbedürfnisse* (z. B. Geborgenheit und Schutz der Person, Sehnsucht nach Beständigkeit), *soziale Bedürfnisse* (z. B. Liebe, Zugehörigkeitsgefühl zu einer gewissen Schicht oder Gruppe, Dienst am Mitmenschen, Nächstenliebe), *das Bedürfnis nach Wertschätzung* (z. B. Selbstachtung, Anerkennung, Status, Prestige, Sehnsucht nach zwischenmenschlichen Kontakten) und das *Bedürfnis nach Selbstverwirklichung* (z. B. Entwicklung und Entfaltung der Persönlichkeit, Spaß, Abwechslung, Flucht aus dem Alltag, Abenteuer, Autonomiestreben, Genuss).

Alles, was Menschen 50plus tun, zeigen, konsumieren – die Kleidung, die sie tragen, das Auto, das sie fahren, die Restaurants, die sie besuchen, die Musik, die sie hören, die Zigaretten, die sie rauchen, der Stadtteil, in dem sie wohnen usw. – ist Ausdruck ihres erstrebten Selbstbildes.

Menschen konsumieren unbewusst oder bewusst das, womit sie zeigen können, wer sie sind, zu welcher sozialen Gruppe sie sich zugehörig fühlen möchten. Kauf und Konsum sind bei 50plus nicht mehr alleine durch Lebensbedürfnisse gekennzeichnet, *nicht ihr Gebrauchswert ist Anlass zur Annahme eines Angebots, sondern ihr Erlebniswert*. Entscheidungen sind häufig auch demonstrativ und dienen nicht selten der Selbstinszenierung: Individualität, Exklusivität, Zugehörigkeit zu angesehenen gesellschaftlichen Gruppen, Understatement mit nicht auf den Lippen getragener Solidität, Ernsthaftigkeit, selbstverständliches Handeln statt großer Worte, Authentizität und damit einhergehender Offenheit und Verlässlichkeit. Produkte sollen Kunden 50plus helfen, sich selbst auszudrücken.

Der motivierte Mensch ist handlungsbereit. Wie er handelt, wird von seiner Situationswahrnehmung und von gewissen Stimuli aus der Umgebung beeinflusst. Gerade erfahrene Kunden fühlen sich einer Flut von Reizen ausgesetzt und verlieren dabei nicht nur den Überblick, sondern häufig auch die Lust zu kaufen, zu konsumieren, Zeit zu investieren. Lediglich etwa 2 Prozent der durch Massenmedien dargebotenen Informationsreize werden von Konsumenten aufgenommen. Daher ist es für Unternehmen wichtig, alle Anstrengungen darauf auszurichten, vom Konsumenten 50plus überhaupt zunächst beachtet zu werden und im zweiten Schritt als anders, sympathischer, besser, nutzenbringender wahrgenommen zu werden als die Konkurrenz. Im dritten Schritt gilt es dann idealer Weise, im Kopf und im Herz des Kunden ein positives Bild zu verankern, um ihn schließlich als Kunden zu gewinnen, zu halten und zu begeistern.

5.3 Schönheitsvergleich zwischen den Generationen

Schönheit kommt von innen

Jung bin ich nicht mehr. Der 49. traf mich wie ein Schlag. Völlig unvorbereitet. Ich hatte mich wie jedes Jahr auf meinen Geburtstag gefreut, auf meine Tochter, meine Freunde. Aber den ganzen Tag war ich dermaßen schlecht drauf, dass es mir selbst bei der abendlichen Feier schwerfiel, wenigstens ein kleines Lächeln auf meine Lippen zu zaubern. Das schlimmste war, ich hatte keine Ahnung warum. Bis es einer aussprach: Nun bist du im 50. Lebensjahr.

■ **50 Jahre – ich hatte kein Konzept, was das bedeutet.**

Die 40-iger waren nicht das geringste Problem. Als Schauspielerin hatte ich bereits in meinen 20-igern Rollen gespielt, die ich in meinem jetzigen Alter spielen müsste: Maria Stuart, Lady Macbeth, Lady Milford und in den 30-igern alle möglichen Ärztinnen, Businessfrauen, Baroninnen im TV, die auch alle viel älter waren als ich selbst. Ich wuchs also langsam in das Alter hinein, mit dem mich sowieso alle identifizierten. Aber 50? Das war irritierend. Irgendwie hieß das: nicht mehr weit bis 60, dann 70, all die Kränkeleien fangen an und dann ab in die Grube.

Natürlich gab es nicht den geringsten Grund dafür. Immer wieder hörte ich: Du bist so strahlend, so schön! Sie haben so eine starke Präsenz, so eine charismatische Ausstrahlung! Erst hielt ich es für die übliche Anmache, oder netter gesagt, für eine etwas hilflose Kontaktaufnahme, aber als diese Aussagen immer öfter kamen und auch noch von Frauen jeden Alters, selbst wenn ich nicht besonders gut drauf war, wurde ich stutzig. Als ich jünger war, hat mir das keiner gesagt. Schönheit wird doch normalerweise mit Jugend gleichgesetzt. Und nun, mit zunehmendem Alter sollte ich auf einmal schön sein?

■ **Mutter und Tochter – Schönheitsvergleich zwischen den Generationen.**

Ich weiß durchaus, was Schönheit ist, ich sehe sie täglich vor mir: Meine Tochter Marlene arbeitet seit vielen Jahren erfolgreich als internationales Model. Sie besitzt alle Attribute unseres heutigen Schönheitsideals: schmalgliedriger Körperbau, ellenlange Beine, blonde lange Haare, glatte, faltenfreie Haut. Wenn ich in den Spiegel schaue, sehe ich nichts davon. Meine Haare werden dünner, meine Hüften runden sich, um Augen und Stirn entstehen fast täglich neue Falten. Und doch kommt die Frage immer wieder, selbst von Menschen, die mich von früher kennen, aber lange nicht gesehen haben, was ich denn tun würde, dass ich auf einmal so frisch, lebendig und schön wäre.

„Nun, ich tue etwas für mich. Ich arbeite an mir", versuchte ich es vorsichtig. „Aha, du hast einen guten plastischen Chirurgen." „Nein", erwiderte ich, „ich hatte nicht eine einzige Schönheits-OP. Letztens, als ich mich in New York von einem Visagisten schminken ließ, teilte er mir überrascht mit, er hätte noch nie eine Frau in meinem Alter gesehen, die selbst nach gründlicher Untersuchung nicht eine versteckte Narbe im Gesicht hat. Hier hat jede Frau deines Alters bereits einige Schönheitsoperationen hinter sich." „Ja, aber was machst du denn dann?", fragten meine Freunde.

Ich dachte nach. Ich fühlte nach. Irgend etwas musste passiert sein. Irgend etwas zeigte sich in meiner Ausstrahlung, was früher nicht da war. Im Spiegel konnte ich es nicht erkennen. Zuerst fiel mir mein eigenes Coachingprogramm „ManageActing" ein. Seit vielen Jahren trainiere ich mit Führungskräften aus Wirtschaft und Politik die Techniken der Schauspielkunst. Konnte es also sein, dass ich meine eigenen Techniken, wie Körpersprache, also aufrechter Stand, unterstützende Gestik, präsenter Gang, klarer Blick, offenes Lächeln so automatisiert habe, dass ich sie selbst in schwierigen Situationen unbewusst anwende? Dazu gehört auch eine angenehme Stimme, klare Aussprache – all das bewirkt einen präsenten Auftritt, das erzähle ich meinen Klienten seit Jahren. Das war es also, was meine Mitmenschen meinten.

Nach genauerem Hinterfragen meinten sie aber, das hätte mich ja schon immer ausgemacht, darum ginge es nicht, jedoch wäre in den letzten Jahren etwas Neues, Unbeschreibbares aus meinem Inneren aufgetaucht, förmlich hervorgebrochen.

■ Aus meinem Inneren – das ist wohl der Schlüssel.

Ich habe immer viel an mir gearbeitet. Ich bin jahrelang um die Welt gejettet, um bei den besten geistigen Lehrern über die Gesetzmäßigkeiten des Universums zu lernen und zu verstehen, wie mein Bewusstsein strukturiert ist. Ich habe recherchiert, meditiert, bin durch seelische Schmerzen hindurchgegangen, statt sie zu verdrängen, habe gelernt, mich verändert, transformiert – und kam ganz bei mir an. Ich erkannte mich selbst. Meine Stärken und meine Schwächen. Ich weiß, was mir gut tut, was mich lang anhaltend zufrieden und sogar glücklich macht. Wenn ich diese Basis verliere – ich bin ja auch nur ein Mensch – übe ich Rückbesinnung und weiß, was ich zu tun oder zu lassen habe, um mich wieder zu zentrieren.

■ **Persönliche Mauern einreißen.**
In meiner Sprache nenne ich das: Ich habe meine persönlichen Mauern eingerissen. Mauern, die mich von meinem höchsten Potenzial trennten. Die mich nicht wählen ließen zu erleben, was ich erleben wollte. Wir alle haben ein riesiges Potenzial, nutzen aber nur einen geringen Teil davon, hat schon Einstein gesagt. Die Frage ist: Warum? Diese Mauern stoppen uns, das in der Welt umzusetzen, wofür wir geboren wurden. Aber wir können uns entscheiden, sie einzureißen, um unser höchstes Potenzial zu leben. Wir müssen nur in unsere eigene deutsche Geschichte schauen. Immerhin haben wir aus eigener Kraft die Berliner Mauer eingerissen. So kann jeder seine persönliche Mauer einreißen, seine Glaubenssätze und geistigen Blockierungen. Diese Erkenntnis war so überwältigend, dass ich gleich ein Buch darüber geschrieben habe. Mein erstes englischsprachiges, um es bei meinen internationalen Keynote Speeches anbieten zu können.

■ **Ein gutes Projekt, um die Krise im 50. Jahr zu überwinden?**
Dieses Buch hat mich gerettet. Einige Tage vor meinem 50. Geburtstag kam es frisch aus der Druckerei. Dann kam der große Tag – und alles fiel von mir ab. Auf einmal wurde alles ganz leicht und spielerisch. Ich begriff zutiefst, die 50 ist wirklich nur eine Nummer. Sie hat nichts mit Alter und schon gar nichts meinem Lebensgefühl zu tun. Mein Blickwinkel hat sich erweitert. Ich habe einen höheren Level meines Bewusstseins erreicht und das Schönste ist: In einem Leben ohne Mauern lebt es sich frei, unkompliziert, äußerst lustvoll und so viel besser als in der Jugend, als Unsicherheit und Karrierekämpfe mein Leben bestimmten.

Ich denke, es ist diese Gelassenheit, Dankbarkeit, diese tiefe Verbundenheit mit allem, was ist, und diese Freude am Dasein, die nun durch mich durchstrahlt und die meine Mitmenschen wohl als Schönheit bezeichnen. Eine Schönheit, die von innen kommt?

Adele Landauer entwickelte ManageActing®, eine Art Schauspieltraining, zugeschnitten auf die Bedürfnisse des modernen Managements. In diese Methode transferierte sie die Techniken und kleinen Tricks, die Schauspieler nutzen, um jeden Abend aufs Neue ihr Publikum zu faszinieren. Mit ihren Co-Trainern begleitet sie mittlere und höchste Führungskräfte in Wirtschaft und Politik.

Zu ihren Kunden gehören: VW, BMW, Siemens AG, Bayer AG, Südchemie, viele deutsche Banken, Versicherungen, Verlagshäuser und TV-Sender sowie Sportler und Politiker höchsten Rangs.

www.AdeleLandauer.com
www.ManageActing.de

Für die Werbung wird ein Konsument gewissermaßen mit 14 Jahren geboren und scheidet mit 49 dahin – wenn es nach der Werbewirtschaft ginge. Doch bisherige „Demarkationslinien 49plus-minus" in der Zielgruppenansprache scheinen obsolet, angesichts der Tatsache, dass die Generation 50plus das Geld, die Kaufkraft und die Marktmacht hat. In ihren Händen liegt die Hälfte dessen, was erwachsene Menschen ausgeben. Sie hält 60 Prozent des Privatvermögens und sitzt beinahe doppelt so lange vor dem Fernseher wie die Jüngeren unter 30. Es gilt daher, vorherrschende Klischees radikal aufzuweichen und aufzubrechen.

Fast jeder Zweite ist in Deutschland über 50 Jahre. Diese Tatsache wird noch immer nicht genügend von der Werbung und in den Medien berücksichtigt. Mangelt es Deutschlands Werbetreibenden etwa immer noch am Bezug zur gesellschaftlichen Realität?

„Ein Produkt, das auch von Älteren gekauft wird, kann viel zielgruppengerechter mit älteren Models beworben werden. Es wird dadurch glaubhafter und hätte Vorbildfunktion. Auch für die Jüngeren", so *Christa Höhs*, die Inhaberin der Münchener Senior-Model-Agentur und maßgebliche Wegbereiterin für ein Umdenken in der Werbung. Sie behauptet weiter: „Die meisten Werber sind jung, genial, aber nicht erfahren mit den Bedürfnissen der Älteren. Manche sind in dem Alter, in dem sie sich mit ihren Eltern immer noch nicht verstehen. Das ist aber die Natur der Dinge. Und aus der Unerfahrenheit heraus halten sie sich heute noch an den uralten Werbeklischeeregeln fest, wie die Älteren anzusprechen sind und auszusehen haben. Nur, die Älteren sind auch nicht mehr das, was sie einmal waren." Und das erleichtert die Werbestrategie nicht gerade.

Ältere Konsumenten fürchten ihre Brandmarkung, wie sie es empfinden, als Alte, mit welchen kreativen Nuancierungen auch immer bezeichnet, wie der Teufel das Weihwasser. Alles, was sie direkt oder indirekt mit dem Etikett „Alte" versieht, findet strikte Ablehnung. Die Bezeichnung, die Teilnahme an Veranstaltungen für „Senioren", die Nutzung einer Gehhilfe, die Bestellung eines Seniorentellers usw.

5.4 Werbung 50plus

Wie und wo erreicht Werbung die Best Ager?

Das Verhältnis der Werbe- und Kommunikationsbranche zur „Traumzielgruppe 50plus" – und das gespaltene Verhältnis von Menschen über 50 zur Werbung!

Best Ager müsste man sein: Man wäre bald deutlich in der Überzahl (2060 wird es laut statistischem Bundesamt fast so viele 80-Jährige wie unter 20-Jährige geben), hätte eine überdurchschnittlich hohe Kaufkraft und gelte als Traumzielgruppe der Werbungtreibenden. Und das Beste: Man würde nicht mit Werbebotschaften überschüttet, nicht vollgespamt und zugeballert. Denn auch wenn Best Ager als eine der lukrativsten Zielgruppen gelten und den Medien und Werbungtreibenden dies sehr wohl bewusst ist, scheint doch kaum einer eine klare Strategie zur Ansprache der Zielgruppe 50plus zu verfolgen. Ein paar grauhaarige Testimonials und größere Buchstaben reichen eben nicht, um die anspruchsvollen „jungen Alten" nachhaltig zu begeistern und für sich gewinnen zu können.

■ **Best Ager ist nicht gleich Best Ager.**
Das Problem ist die Abgrenzung der Zielgruppen. Wer 50 wird, der feiert nicht nur ein großes Fest, sondern fällt von einem Tag auf den anderen aus der sogenannten werberelevanten Zielgruppe 14 bis 49 – raus aus dem Fokus der großen Kampagnen und hinein in die Welt der Best Ager. Doch die ist mindestens genauso heterogen wie die Welt der 14- bis 49-Jährigen. Denn Best Ager ist nicht gleich Best Ager!

Die Media-Agentur *Carat* hat dazu in einer Studie sechs unterschiedliche Typen von „erfahrenen Konsumenten" von 40 bis 69 ausfindig gemacht, die sich gewaltig in ihrem Konsum- und Medienverhalten unterscheiden:

Den größten Teil unter ihnen machen die „Zurückhaltenden" aus (22 Prozent). Sie sind Werbung gegenüber wenig aufgeschlossen, leben eher zurückgezogen und sind wenig aktiv. Für Werbungtreibende sind sie schwer zu erreichen, denn sie nutzen kaum Medien.

21 Prozent sind „Dynamische", sie sind für Werbungtreibende interessanter: Sie sind offen für Werbebotschaften, extrem qualitätsbewusst und konsumfreudig. Sie sind aktiv, lebensfroh und interessiert an kulturellen Ereignissen. Sie nutzen insbesondere Zeitungen und das Radio.

18 Prozent gehören zu den „Souveränen": Sie sind zwar eher skeptisch, was Werbung angeht, dafür aber sehr qualitätsbewusst. Sie sind ehrgeizig, sozial kompetent und sehr interessiert, was sich auch in ihrem starken Zeitungskonsum bemerkbar macht.

Die „Eingeschränkten" (17 Prozent) sind eher bescheiden und auf ihre eigene Familie beschränkt und damit nicht im Fokus der Unternehmen. Wenn sie überhaupt Medien nutzen, dann die Zeitungen.

Jeweils elf Prozent gehören den „Tatkräftigen" und den „Ausgeglichenen" an. Beide sind offen für Werbung und verbringen gerne Zeit mit Freunden oder sportlichen Aktivitäten. Beide nutzen Printmedien intensiv.

■ **Wichtig ist es, die Zielgruppe nicht über einen Kamm zu scheren.**
„Nicht das Alter macht die Gruppe für das Marketing interessant, sondern das Komsumverhalten und die Konsumfähigkeit", sagt der Media-Experte Willibald Müller, Managing Director bei *Carat* in Wiesbaden. „Allgemein können 40- bis 69-Jährige besonders gut über Zeitungen, Zeitschriften, Radio und TV angesprochen werden."

Immer wieder lebt auch die Debatte um die aus den 90er-Jahren stammende Zielgruppenabgrenzung der 14- bis 49-Jährigen auf, ändern tut sich offenbar nichts. Denn sucht man Kampagnen, die gezielt Ältere ansprechen, sucht man häufig vergeblich und stößt nur immer wieder auf die ewig gleichen Beispiele wie *Dove* & Co. Und das, obwohl ihr Anteil in der Bevölkerung stetig steigt.

■ **Die großen Kampagnen sind nicht für Best Ager gemacht.**
Sieht man sich die Gewinnerkampagnen des diesjährigen Advertising-Festivals in Cannes an, sieht man große integrierte Ideen, die die Verbraucher einbeziehen. *Twitter*, *Facebook* oder *Youtube* dürfen da nicht fehlen – große, knallige und laute Markeninszenierungen genauso wenig. Zielgruppe: hip und jung. Dass man mit solchen Aktionen auch Best Ager gewinnen kann, sehen viele nicht. Auch Best Ager können zu Markenfans gemacht werden, auch sie sind in der digitalen Welt zu Hause. Dem jüngst veröffentlichten (N)Onliner-Atlas der Initiative D21 zufolge verzeichnet die Altersgruppe 50plus mit 4,7 Prozentpunkten das höchste Wachstum unter den Internetnutzern. Weit über die Hälfte der Best Ager ist heute online. Bei den 50- bis 59-Jährigen sind es 71,8 Prozent, bei den 60- bis 69-Jährigen immer noch 54,0 Prozent. „*Menschen involvieren, Dialog fördern, Themen, Inhalte und Mehrwerte schaffen und auf die Zielgruppe ausrichten*", das ist es, worauf es ankommt – auch bei der Ansprache von Best Agern, sagt der Geschäftsleiter Volker

Neumann von der Hamburger Media-Agentur *JOM Jäschke Operational Media*. „Lediglich die belegten Zeitschriftentitel zu verändern oder TV-Umfelder anzupassen reicht in der Mediaplanung nicht aus." Werber und Planer selbst sind eben deutlich unter 50, das Durchschnittsalter in der Kommunikationsbranche beträgt gerade einmal 34 Jahre, wie der Gesamtverband der Kommunikationsagenturen (GWA) in der HRM Studie 2009 gemessen hat.

■ Alle werden älter – aber die Alten werden jünger!

Was Best Ager wollen, sind eingängige Botschaften, die keine leeren Versprechungen sind, sondern Mehrwert bieten. Ästhetik spielt eine wichtige Rolle, ebenso wie Stil und Design. Ein Handy mit extragroßen Tasten kann praktisch sein, wenn man schlecht sieht. Ein *iPhone* lässt einen aber um Jahre jünger aussehen – und fühlen. Und Best Ager sind nicht alt – und wollen auch gar nicht erst so bezeichnet werden. Marken müssen es schaffen, nicht von dem schmalen Grat zwischen „jungen Alten" und Senioren abzuweichen. Dazwischen liegen Welten. Mediaplaner sollten daran denken, dass es zum Beispiel Zeitschriften für „Alte" nicht gibt. Denn alle werden älter – aber die Alten werden jünger!

So ist der Durchschnittsleser der zehn auflagenstärksten Zeitschriften in Deutschland über 48 Jahre alt. Die werberelevante Zielgruppe hat hier also im nächsten Jahr nicht mehr viel zu sagen. Man sieht: Die Best Ager sind keine außergewöhnliche Zielgruppe, die man nur mit speziellen Medien erreicht. Im Gegenteil. Sie sind überall. Und sie werden immer mehr. Sie wollen nur ernst genommen werden.

Richtig gut macht das zum Beispiel *McDonald's* mit *McCafé*. Die Café-Kette wollte vermehrt die Zielgruppe 50plus anlocken, das Ergebnis waren Anzeigen, die vor allem eins ausstrahlten: Seriosität. Mit gedeckten Farben, klarem Design und deutlicher Botschaft, die sich auch in den Cafés wiederfinden, ließ sich die Zielgruppe hier mit Sicherheit gerne von etwas Neuem überzeugen. Auch die Reiseanbieter sind in der Ansprache der Best Ager einen Schritt weiter als viele andere.

Thomas Cook oder *Robinson Club* wenden sich in eindeutigen Anzeigenmotiven direkt an die Zielgruppe über 50. Und die findet es gut, zeigt auch der diesjährige „Best Age Award" vom *Bauer Verlag*. Diesen Preis, bei dem die Zielgruppe selber über Anzeigenmotive aus verschiedenen Branchen abstimmen kann, hat ein Motiv aus der Touristik-Sparte gewonnen. *Daran dürfen sich auch all die anderen Branchen gerne ein Beispiel nehmen, denn an der Zielgruppe 50plus kommt in den nächsten Jahren garantiert keiner mehr vorbei.*

Julia Gundelach ist eine noch junge Redakteurin bei der Fachzeitschrift w&v, wo sie schwerpunktmäßig den Bereich Studien koordiniert. Da Zielgruppen ein wichtiges Thema in w&v sind, werden regelmäßig neue Erkenntnisse über Best Ager beschrieben.

Bereits während ihres BWL-Studiums hat sie ein Praktikum bei – damals noch – media & marketing absolviert, wo eine der ersten Aufgaben die Organisation eines Roundtable-Gesprächs zum Thema Best Ager waren.

Kontakt: julia.gundelach@wuv.de

Foto: Achim Kraus

„Ältere Menschen haben kein Problem damit, alt zu sein. Aber sie haben ein Problem mit Werbeleuten, die denken, dass sie zum alten Eisen gehören", schrieb das Werbemagazin *„Journal of Marketing and Intelligence"* bereits Ende der 90er Jahre. So umschmeichelt die Werbewirtschaft heute denn auch keine Alten mehr, sondern die „Generation Silber", die „Master Consumers" oder „Golden Agers".

Konsumenten 50plus sind *die* PR-Mikrozielgruppe der nahen Zukunft. Best Ager sind eine hochinteressante und vielschichtige Klientel für die Werbekommunikation. *Über 95 Prozent aller Werbeausgaben in Europa zielen aber nach wie vor auf die Zielgruppen 50minus!*

Laut einer Umfrage der Hamburger *Agentur Bartel/Brömmel/Struck* können sich 90 Prozent der über 50-Jährigen mit den Inhalten von Fernsehspots und Anzeigen nicht identifizieren. 69 Prozent von Kunden 50plus meinen, Werbung gebe ihnen schon Anregungen zum Kauf eines neuen Produkts, wenn sie pfiffig, humorvoll und intelligent, aber nicht diffamierend und klischeehaft daherkomme. 94 Prozent von 50plus sind offen für Neues. Die Werbung entdeckt zunehmend die attraktiven charakterstarken 50plus-Models.

Gute Beispiele von Werbung für oder mit älteren Menschen gibt es von *Daimler, Bertolli, Allianz, ERGO, Lancôme, Kneipp, QVC, Douglas, Lands End, l'Oréal* oder von *Nivea Vital*, dem Vorreiter für stilvolle und intergenerative Werbung.

Bei *Apollo-Optik* steigt der Rabatt mit jedem Lebensjahr um ein Prozent. Diese Aktion lohnt sich wohl ganz besonders für die 100-Jährigen – wie Johannes Heesters – unter den Brillenträgern. Die ersten hundert, die sich melden, erhalten eine Brille samt Gläser umsonst. Und einen Blumenstrauß. Je älter, desto besser. Man könnte vermuten, dass hinter den PR-Aktionen wohlwollende Unternehmen mit einem Herz für die Älteren stecken. Mit Verlaub. Richtig ist, dass immer mehr Unternehmen die Marktnische Alter entdeckt haben, aber zum Teil mit doppeldeutigen Botschaften werben.

Aber: Was nützt die beste Werbung, wenn der Kundenberater, in nachfolgendem Bad-Practice-Beispiel sogar in Person des Geschäftsführers, in einem Geschäft der gleichen Unternehmensgruppe in einer badischen Kreisstadt wie folgt reagiert: Ein wohlhabender über 70-jähriger Herr will sich eine neue Brille kaufen. Er war vorher lange Jahre bei der Optiker-Konkurrenz. Der Kunde versuchte über den Preis zu verhandeln und wurde recht scharf und barsch abgebügelt mit der lapidaren Begründung des Geschäftsführers, „die Krankenkassen erlauben uns keinerlei Preisspielräume …", obwohl der Kunde Privatzahler war. Dem Kunden ging es wirklich nicht um ein paar Euro weniger, sondern eher darum, wie man mit ihm als potenziellen Neukunden umging. Er stieß auf geballte Inkompetenz, fehlendes Berufsverständnis, Dummheit gepaart mit fehlender Kundenorientierung und fehlendem Fingerspitzengefühl. Er verließ dieses Geschäft höchst unzufrieden und verärgert und ging zu einem Optiker, den ihm ein Verwandter empfohlen hatte – und ist bis zum heutigen Tage begeisterter Kunde mit einem Jahresumsatz im vierstelligen Bereich. Was nützt die beste „Best Ager Werbung", wenn die Basics im Umgang mit Kunden einfach fehlen oder ignoriert werden?

Die Herausforderungen in der Werbe- und Kommunikationsbranche sehen aus Unternehmenssicht im Hinblick auf die Marktmacht der Best Ager kompakt zusammengefasst wie folgt aus: Älter werdende Kunden mit veränderten Erwartungen, Bedürfnissen, Wünschen an Werbung, Werbende und Produkte erwarten Antworten auf die Frage, wie man den Bedürfnissen der Best Ager besser gerecht werden kann. *Junge Kreative haben oft viel zu wenig Gespür für die sensiblen, heterogenen Mikro-Zielgruppen 50plus.* Der Jugendwahn mit den Zielgruppen der 14- bis 49-Jährigen steht immer noch klar im Fokus. Hauptsache, man erfindet Gags und Gimmicks, hat seinen „speech" in Englisch und schafft Wortschöpfungen, die niemand so wirklich braucht und versteht. Ein normales pragmatisches Denken, Instinkt für Befindlichkeiten und ein gewisses Fingerspitzengefühl sind offenbar zur Rarität geworden. Aus der Sicht der zahlreichen Unternehmen aller Branchen, *die selbst Werbe- und Kommunikationsberatung für eine effiziente Ansprache der Best Ager benötigen* und vor der Auswahl stehen, welcher Agentur sie ihren zumeist hohen Etat anvertrauen, sind die Umsetzungsbegleitung und das Gefühl für diese Zielgruppen entscheidend – nicht nur wissenschaftliche Ansätze, flotte Sprüche und gute Vorsätze.

Wichtig sind hierbei besonders Antworten auf zentrale Fragen, die sich der Unternehmenskunde in der Zusammenarbeit mit Werbe- und Kommunikationsagenturen stellt:

- **Kompatibilität:** Stimmt die Chemie zwischen Entscheidern beider Seiten, der erste Eindruck bei Gespräch und Präsentation, Ausstrahlung, Sympathie, Kulanz, Vertrauen, Kompetenz, Begeisterungsfähigkeit, Leidenschaft?
- **Produktverständnis:** Versteht uns die Agentur, und versteht sie unsere Kern-Zielgruppen?
- **Kompetenz- und Vertrauens-Problem:** Können sich die Agentur-Mitarbeiter in Konsumenten 50plus einfühlen?
- **Preis-Leistungs-Nutzen-Verhältnis:** Konzepte müssen nicht nur kreativ, sondern auch umsetzbar und bezahlbar sein. Welche spezifischen Ansprüche stellen „Best Ager" an Art-Direktoren, Dienstleistung und Produkte in der Werbung – wie sprechen wir sie kreativ mit welchen Medien und vor allem inhaltlich originell an, ohne klischeehaft zu polarisieren, auszugrenzen oder zu ignorieren?

Check-up: 8 Fragen für erfolgreiches Marketing mit dem Fokus auf die Zielgruppe 50plus

- Was zeichnet das eigene Angebot als das „Besondere" gegenüber den Angeboten der Wettbewerber aus?

- Welche Eigenschaften sollen die Umworbenen unbedingt wahrnehmen?

- Welche konkreten Ziele sollen mit der Werbeaktion erreicht werden?

- Welchen Wert vermittelt unser Angebot?

- Welche Menschen repräsentieren die vermittelten Werte am glaubwürdigsten?

- Wo informiert sich unsere Zielgruppe?

- Über welche Kanäle erreichen wir 50plus?

- Wie müssen Werbematerialien aussehen und gestaltet werden, wenn sie 50plus ansprechen, berühren und begeistern soll?

5.5 Segmentierung von Mikro-Zielgruppen 50plus

Die Wünsche und Fähigkeiten des Verbrauchers ändern sich mit dem Alter. Schon ein sechs Monate altes Baby weist ein anderes Konsumpotenzial auf als ein Säugling, der drei Monate alt ist. Doch Alter und Lebensabschnitt können als Segmentierungsvariablen ihre Tücken haben. Man muss sich besonders vor Klischeevorstellungen hüten. Das Alter ist kein zuverlässiges Indiz mehr, wenn es darum geht, bestimmte Ereignisse im Leben eines Menschen zeitlich vorherzusagen. Ebenso wenig treffgenau sind altersbezogene Prognosen über die Gesundheit, die Stellung am Arbeitsplatz, den Familienstand, die Interessen, Besorgnisse und Bedürfnisse. Zwei Gleichaltrige können völlig verschieden leben. Mancher 70-Jährige sitzt im Rollstuhl, während ein Altersgenosse Tennis spielt. Ebenso gibt es 35-Jährige, deren Kinder gerade mit dem Studium beginnen, und andere, die in diesem Alter ihr erstes Baby erwarten. So kommt es, dass es ebenso 35- wie 75-jährige Großeltern gibt – es ist alles relativer geworden, auch für das Marketing.

Aufgrund der hohen interindividuellen Variabilität des Alterns wäre es daher grundsätzlich verkehrt, von *„der* Gruppe der Älteren" zu sprechen. Die Persönlichkeitsunterschiede älterer Personen sind vielfältiger, komplexer und individueller als bei jüngeren Menschen, haben *Kotler* und *Bliemel* festgestellt. Die heterogenen Gruppen der älteren Konsumenten verlangen nach genauer Segmentierung mit gezielten Trenngrößen zur Entscheidung über geeignete Strategien.

Wer Zielgruppen betrachtet, wird leicht blind für einzelne Menschen und Individuen. Eine Fixierung auf Zielgruppen entspricht nicht mehr dem Zeitgeist und wird der zunehmenden Lebenskomplexität in keiner Weise gerecht. Konsumenten 50plus können heute als multiple, unberechenbare Persönlichkeiten mit zwei Herzen in der Brust betrachtet werden, so genannte „hybride Persönlichkeiten". Sie leben viele Verfassungen und Lebensgefühle aus. Ihr Selbstbestimmungsdrang prägt ihr Konsumverhalten.

Konstante, berechenbare Verhaltensmuster sind passé. Das Marketing hat der wachsenden Individualisierung, Singularisierung und Kontaktarmut in der Gesellschaft Tribut zu zollen.

5.5.1 Käuferverhalten 50plus

Allerdings ist es nicht einfach, den wirklichen Bedürfnissen und Wünschen seiner Zielkunden 50plus näher zu kommen, sie nachhaltig zu befriedigen und in ihrem gesamten Spektrum kennen zu lernen. Es gibt oft große Unterschiede zwischen dem, was die Kunden sagen, was sie tun und was sie im Innersten wirklich wollen. Und zwischen dem, was sie sich vornehmen und was sie aufgrund einer Sinnesänderung in letzter Minute dann tatsächlich beispielsweise am „Point-of-Sale" tun. Früher kannte man seine Konsumenten besser, weil man im Verkauf täglich mit ihnen zu tun hatte. Heute müssen sich Marketingverantwortliche zunehmend auf die Markt- und Konsumentenforschung verlassen. Es wird alles anonymer, schnelllebiger, massenhafter, unsicherer, unberechenbarer, volatiler.

Dies sind die Fragen zu den 7 K, die Sie sich in Bezug auf Ihre Mikro-Zielgruppen 50plus stellen und beantworten sollten:

1. *Wer* bildet den Markt?   **K**unden
2. *Was* wird gekauft?   **K**aufobjekte
3. *Warum* wird gekauft?   **K**aufziele
4. *Wer* spielt *mit* im Kaufprozess?   **K**aufbeeinflusser
5. *Wie* wird gekauft?   **K**aufprozesse
6. *Wann* wird gekauft?   **K**aufanlässe
7. *Wo* wird gekauft?   **K**aufstätten

Im Mittelpunkt des Interesses steht die Frage, wie die Konsumenten 50plus auf die verschiedenen Anreize der Anbieter reagieren. Das *„Stimulus-Organismus-Response-Modell"* in Abbildung 12 zeigt eindrucksvoll auf, dass Kaufentscheidungen von spezifischen kulturellen, sozialen, persönlichen und psychologischen Faktoren aus dem Hintergrund des Konsumenten 50plus beeinflusst werden. Diese Faktoren sind hier dargestellt und für

Unternehmen zum großen Teil nicht steuerbar, aber für die Überlegungen von Marketingverantwortlichen, mit welchen Instrumenten man diese Zielgruppen erreichen kann, von eminenter Bedeutung.

5.5.2 Neue Marktmacht: Frauen 50plus

Aktuelle Untersuchungen in den USA haben beispielsweise ergeben, dass „Baby-Boomer-Frauen" und „Baby-Boomer-Männer" zunehmend *gemeinsam* die Kaufentscheidung für Produkte treffen, für die man eher eine *separate* Kaufentscheidung seitens der Frau 50plus oder des Mannes 50plus vermuten würde. Dies ist vor allem vor dem Hintergrundwissen, dass Frauen immer mehr die Einkaufsmacht in den Haushalten erobern, etwas überraschend. Der amerikanische Marketing-Guru *Tom Peters* betrachtet deshalb „Frauen als die Marketingchance Nummer eins" und sagt: „Frauen treffen oder beeinflussen die meisten Kaufentscheidungen sowohl bei Immobilien, Möbeln, Medikamenten, Urlaubsreisen, Autos. Frauen tragen die Allein- oder Mitverantwortung für die privaten Finanzinstrumente wie Geldanlagen, Rentenpläne, Testamente, Vollmachten etc.

Eine wesentliche Veränderung vollzieht sich tatsächlich mit zunehmendem Alter in unseren Körpern – in unseren Hormonen. Männer und Frauen betreiben Jiujitsu. Während der Testosteronspiegel der Männer in den Fünfzigern und Sechzigern kontinuierlich abfällt, sinkt zur selben Zeit auch der Östrogenspiegel der Frauen. Und weil das Östrogen nicht zuletzt das Testosteron in Schach hält, verspüren Frauen über 50 die Wirkung des Testosterons weit stärker als in jüngeren Jahren. Testosteron fördert bekanntlich aggressive und riskante Verhaltensweisen. Männer treten deshalb in ihren jüngeren Jahren häufig selbstbewusster auf, und sie suchen stärkere äußere Reize als Frauen. Junge Männer haben rund zehnmal so viel Testosteron im Blut wie Frauen.

Nach 50 dreht sich diese Dynamik jedoch um. Mit 70 haben Frauen mehr Testosteron im Blut als Männer. Die testosteronbedingten Verhaltensweisen von Männern und Frauen gleichen sich also mit zunehmendem Alter an. Männer werden weniger aggressiv und weniger risikofreudig, sanfter und fürsorglicher. Ihre biochemische Programmierung hat sich verändert. Mit der „Demaskierung" ihres Testosterons werden die Frauen zuversichtlicher und selbstbewusster. Frauen denken und entscheiden in der Regel weniger linear und lassen sich mehr von ihrer Intuition leiten als Männer. *Über 50-Jährige verlassen sich stärker auf ihre Weisheit und ihr Bauchgefühl – als jüngere Menschen ...*" (Quelle: Tom Peters, Trends, Offenbach 2005)

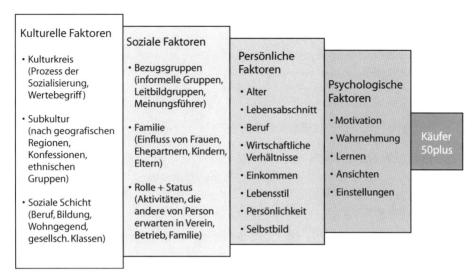

Quelle: Kotler/Bliemel: Marketing-Management, 2006 (auf 50plus modifiziert)

Abb. 12: Das „Stimulus-Organismus-Response-Modell" –
Detailmodell der Einflussfaktoren auf das Kaufverhalten

Als Konsumenten wählen Menschen 50plus häufig Produkte und Dienstleistungen, die ihre Rolle und ihren Status in der Gesellschaft signalisieren. Folglich fahren Firmenchefs Mercedes oder BMW und tragen teure Maßanzüge. Die fünf neuen wichtigen *Statuskriterien unserer Zeit* – allerdings nicht ausschließlich 50plus-spezifisch – sind:

- der Bekanntenkreis, in dem man verkehrt,
- die Kleidung, die man trägt,
- die Bücher, die man liest,
- der Beruf, den man ausübt,
- die Gegend, in der man lebt.

Bei vermögenden, nicht gerade „neureichen" Kunden 50plus stellt man aber immer mehr klare *Trends zum „Understatement", zu dezenter Marken- und Qualitätsorientierung und zu maßgeschneiderten, individuell gestalteten, natürlichen Produkten* fest. Sich identifizieren können – mit dem produzierenden Unternehmen, mit der Philosophie, mit den Produkten, mit Marken, Menschen, Charakteren, die der eigenen Lebensanschauung am nächsten kommen, gewinnt zunehmend an Bedeutung. Das ist erfahrenen Menschen wichtiger als äußere Prestigemerkmale. Man genießt es zwar im tiefsten Innern, trägt es aber nicht zur Schau. Das Einkommen allein oder gepaart mit dem Alter, Bildungsgrad und geografischer Herkunft sind nicht immer ein ausreichender Hinweis auf die geeignetste Zielgruppe für ein Produkt. Demut, Glück und Stolz eher ja – Protzerei, sinnloser Konsum und Scheingehabe eher nein.

5.6 Vom Cluster zu Mind-Sets

Eine reine Clusterung nach soziodemografischen Faktoren ist zu einseitig und zu undifferenziert. Und eine scharfe Zielgruppen-Abgrenzung der 14- bis 49-Jährigen versus 50plus nach Alter ist definitiv obsolet und gehört der Vergangenheit an.

Was bedeuten „Mind-Sets" für Ihr Marketing? Mind-Set steht vereinfacht ausgedrückt für Denkweise, Denkmuster, geistige Haltung, Einstellung, Verhaltensweise. Es geht darum, die *richtigen* Mikro-Kundenzielgruppen nicht nur zufrieden zu stellen, sondern sie in ihrem Denken und Verhalten, in ihren Einstellungen zu erreichen, sie im positiven Sinne zu beeinflussen, ihre Einstellung gegebenenfalls zu hinterfragen oder zu verändern, sie für ein Produkt oder für eine Dienstleistung zu *begeistern*. Bemühen Sie sich daher um den *ganzen Menschen* hinter den Konsumenten 50plus. *Machen Sie Marketing für Menschen, nicht für Produkte.* Beobachten und analysieren Sie das Kauf- und Konsumverhalten, die Denkmuster, den Lebensstil Ihrer 50plus-Kunden ganz genau.

- Schaffen Sie Nutzen, Nutzen, Nutzen!
- Antizipieren Sie zukünftige Trends, Entwicklungen, neue Lebenswelten und Lebensmuster. Erspüren Sie Befindlichkeiten, Bedürfnisse, Wünsche, Denken und Fühlen, Markentreue, Einstellungen Ihrer 50plus-Kunden. Die Einstellung kann begeistert, positiv, gleichgültig, negativ oder feindlich sein.

Marktforscher stellen immer wieder fest, dass jede Altersgeneration im Konsumverhalten grundlegend durch *die* Zeit geprägt wurde, in der sie *aufgewachsen* ist. Dazu gehören Ereignisse, Filme, Musik, vorherrschende politische Meinungen sowie wirtschaftliche und soziale Bedingungen der Kindheit und Jugendzeit. Hier kann es in der Kommunikation und Werbung für manche Produkte durchaus Sinn machen, die für die jeweiligen Mikro-zielgruppen bezeichnenden Werte und Vorstellungen in ihrer Kommunikation wachzurufen oder einzusetzen – so beispielsweise die Zuversicht der „Nachkriegskinder" oder das Misstrauen und die Skepsis der so genannten „68er Generation".

Kohorten-Analyse

Zur generationsbezogenen Segmentierung haben *Meredith und Schewe* eine *Kohorten-Analyse* entwickelt. Eine Kohorte umfasst eine Gruppe von Personen, die gemeinsame Erlebnisse teilen und die dadurch wesentlich geprägt wurden. Man kann diese Angehörigen einer Kohorte gezielt ansprechen, indem man Bilder und Symbole verwendet, die in den Köpfen dieser Personen einen prominenten Platz einnehmen (*Quelle: Meredith, Geoffrey und Schewe, Charles: The Power of Cohorts, in: American Demographics, December 1994, S. 22–29*).

Benefit-Segmentierung

Benefit bedeutet Nutzen, Zusatznutzen, Gewinn oder Vorteil für den Kunden. Benefit steht auch für einen Vertrauensvorschuss für die Kunden. Es geht zentral um den Nutzen, den der Kunde in einem Produkt sucht. In der Auswahl von Zielmärkten und Mikrozielgruppen 50plus haben sich folgende Segmentierungsansätze in der Marketingpraxis nachhaltig bewährt: Die psychografische und verhaltensbezogene Segmentierung in Verbindung mit einer nutzenorientierten *Benefit-Segmentierung*. Bei einer *psychografischen Segmentierung* nach Lebensstil und Persönlichkeitsmerkmalen werden die Kunden 50plus in verschiedene Gruppen eingeteilt. Die Angehörigen ein und derselben demografischen Gruppe können sehr unterschiedliche psychografische Profile aufweisen.

Das Interesse eines Kunden 50plus an einem bestimmten Produkt wird wesentlich von seinem Lebensstil bestimmt. Produkte sind ein Teil und Ausdruck seines Lebensstils. Unternehmen verleihen ihrem Produkt zu Recht eine Markenpersönlichkeit, die der Verbraucherpersönlichkeit und dessen Wertehaltungen nahezu hundertprozentig entspricht, siehe bei Harley-Davidson, Mercedes Benz, Porsche. Die soziale Herkunft und Schicht, Wertehaltungen, Mentalitäten, Menschen-Typ etc. spielen natürlich eine weitere wichtige Rolle bei der psychografischen Segmentierung.

Verhaltensbezogene Segmentierung

Bei der *verhaltensbezogenen Segmentierung* spielen folgende Kriterien eine wichtige Rolle: Anlässe (wie z. B. Heirat, Trennung, Kinder aus dem Haus, Pensionierung), die Einstellungen, die Produktpräferenzen, der Verwenderstatus, die Intensität der Markentreue und das Stadium der Kaufbereitschaft. Bei der „Benefit-Segmentierung" muss man die wichtigsten Kundennutzen bestimmen und sich bemühen, jeweils eine bestimmte Nutzenangebotsgruppe zufrieden zu stellen. Das Ziel heißt, ein unverwechselbares Nutzenangebot für die Kunden 50plus zu bieten.

Es gibt viele Möglichkeiten, einen Markt für 50plus zu segmentieren, doch nicht alle sind effektiv. Nützliche Segmentierungen ergeben sich, wenn die folgenden Erfordernisse gegeben sind:

- **Messbar:** Die Segmente müssen messbar sein, damit ihre Kaufkraft und Größe ermittelt werden können.
- **Substantiell:** Eine größtmögliche homogene Kundengruppe mit Gewinnpotenzial sollte vorhanden sein.
- **Erreichbar:** Das Marktsegment muss effektiv erreicht und bedient werden können.
- **Trennbar:** Segmente müssen vom Konzept her in sich trennbar sein und unterschiedlich auf getrennte Marketingstrategien reagieren.
- **Machbar:** Segmente müssen real besonders angesprochen und bedient werden können.

In der Gestaltung der Zielgruppenstrategie kommt es weniger darauf an, *wer* angesprochen wird, sondern auf die Art und Weise, auf die Differenzierung der Mikro-Zielgruppen und auf das klar definierte Ziel der Ansprache. Schließlich müssen bei der Auswahl der Zielsegmente segmentübergreifende Wechselbeziehungen berücksichtigt werden. Die Korrelation der verschiedenen Segmente zueinander ist das entscheidende Momentum. Die Fragmentierung der Zielgruppe durch die wachsende Individualisierung und Ausdifferenzierung der Lebensstile und Lebenskonzepte wird sich auch in der Generation 50plus fortsetzen.

Die Fragen, die Sie sich als Unternehmen wirklich zu stellen und vor allem auch zu beantworten haben, lauten:

- *Was* will ich als Unternehmen?
- *Wen* will ich besonders und *wie* erreichen?
- *Was* kommt dabei heraus?
- *Wo* liegt für Best Ager der *spürbare Nutzen* und Mehrwert?
- Was hat der *Kunde 50plus* davon?

Denn: *Customer-Value geht immer vor Shareholder-Value!*

*In der Fabrik stellen wir Kosmetikartikel her,
über die Ladentheke verkaufen wir
aber keine Produkte,
sondern Hoffnung auf Schönheit.*

Charles Revson

6 Warum die klassischen 4 P im Marketing-Mix für Best Ager zwar wichtig, aber nicht entscheidend sind

Der langfristige Markterfolg eines Unternehmens kann nur durch ein konsequent systematisches Management der folgenden acht Erfolgsfaktoren gewährleistet werden:

1. Marktstrategie – wohin wollen wir, wohin wollen wir bewusst nicht?
2. Produkt-, Brand- und Servicemanagement
3. Preismanagement
4. Produktgestaltung
5. Kundenbeziehungsmanagement
6. Vertriebsmanagement
7. Organisation und Prozesse
8. Führung und Kultur

Diese acht Bereiche müssen strategisch, operativ und vor allem kundenorientiert gemanagt werden. Und das mit effizientem Ressourceneinsatz. Fundierte Entscheidungen setzen eine umfassende und detaillierte Analyse der Ausgangssituation voraus. Sie bildet die Basis für erfolgreiche Konzepte und Strategien im Kundenbeziehungsmanagement mit allen Kunden und mit 50plus-Kunden im Besonderen. Im Zentrum der Analyse stehen vor allem die Kunden, der Markt und der Wettbewerb sowie natürlich das eigene Unternehmen aus der Vogelperspektive.

Der Marketing-Mix ist die daraus abgeleitete Kombination aus den Marketing-Instrumentarien, die das Unternehmen zur Erreichung seiner Marketingziele auf dem Zielmarkt einsetzen sollte. Es gibt Dutzende von Marketing-Mix-Instrumenten. Im Best-Ager-Marketing spielen *Servicequalität* und *Kundenbegeisterung* die zentralen Rollen für den unternehmerischen Erfolg. Wenn dienstleistungsorientierte Unternehmen marktorientiert handeln wollen, dann wird es zukünftig nicht mehr ausreichen, das bekannte Marketing-Instrumentarium einzusetzen. Es ist dringend erforderlich, die von *McCarthy* popularisierten klassischen „4 P" im modernen Marketing-Mix – *price, product, place, promotion* – , also Preis, Produkt, Distribution und Kommunikation zur Absatzförderung, um ein entscheidendes Instrumentenbündel zu ergänzen, die „4 Service P".

Dies sind die entscheidenden Stellschrauben, wenn Sie sich von Ihren Wettbewerbern nachhaltig und unkopierbar wegdifferenzieren möchten:

- **people:** Personalmanagement, Führung und Kultur, Mitarbeitermotivation, Mitarbeiterbindung, begeisternde Mitarbeiter, „Kundenversteher"
- **processes:** Prozessmanagement am Point-of-Sale, die Art und Weise der Kommunikation, Information, Transparenz der Abläufe
- **physical evidence:** Umfeldmanagement, Wohlfühl-Ambiente, Einkaufserlebnis, Außendarstellung, wertschätzende Kundenbeziehungspflege
- **participating customers:** Kundenmanagement, Antizipation der Kundenbedürfnisse, der tiefen psychologischen Motive, Vertrauensbildung

Wir werden in Kapitel 7 ausführlich auf die 4 Service P zu sprechen kommen.

Bei der Ansprache der Generation 50plus gilt es insbesondere, das gefühlte Alter, das „Feel Age", richtig einzuschätzen – es liegt in der Regel 12 bis 15 Jahre jünger als das wahre Alter. Die meisten Menschen 50plus fühlen sich jung, träumen den Traum der ewigen Jugend, haben das „Für-immer-jung-Gefühl".

Das Aussehen, das „Look Age", liegt meist acht Jahre unter dem tatsächlichen Alter – ältere Menschen sehen heute jünger und attraktiver aus als früher. Der Erfolg im Marketing hängt wesentlich vom richtigen *Dreiklang zwischen Zielgruppenansprache, Zielgruppendarstellung und Tonalität* ab. Die Tonalität sollte sensibel, respektvoll, authentisch, frisch, humorvoll und witzig mit einer klaren, authentischen Botschaft sein.

Die ideale Zielgruppenansprache 50plus kann am effektivsten über *acht entscheidende Marketingtools* im Wechselspiel und mit unterschiedlicher Priorisierung (auch im Budget) erfolgen. Hier ist Mut zu unpopulären und unüblichen Budgetverteilungen gefragt. Es gilt, ein Marketing für Menschen, für Typen, für Lebenswelten von Mikro-Zielgruppen zu machen und dabei nicht in völlige Sachlichkeit zu verfallen. Clusterungen reichen heute nicht mehr aus – der Königsweg zum Kunden 50plus geht über „Mind-Sets" – wie in Kapitel 5.6 ausführlich beschrieben. Das bedeutet, Nutzen für den Kunden 50plus zu schaffen, Befindlichkeiten, Bedürfnisse, Wünsche, Lebensstile, Kauf- und Konsumverhalten etc. zu beobachten, zu analysieren und zukünftige Entwicklungen, echte Trends und neue Lebenswelten 50plus zu antizipieren, sie entsprechend im Marketing zu berücksichtigen und einzusetzen.

Quelle: Hans-Georg Pompe, 2011, www.pompe-marketing.com

Abb. 13: Die 8 P des modernen Marketing-Mix – zur Ansprache und Gewinnung von Best Agern

Die klassischen 4 P im Marketing 50plus sind jeweils aus Sicht des Anbieters formuliert. Um die Sicht der Kunden einzubringen, sollten unbedingt die *Nutzenaspekte für den Kunden* damit verbunden werden. *Robert Lauternborn* schlug zu diesem Zweck die so genannten 4 C vor.

4 P	4 C
PRODUCT	Customer solutions (Kundenproblemlösungen)
PRICE	Cost to the customer (Kosten für den Kunden)
PLACE	Convenience (Mühelosigkeit des Zugriffs auf Produkte und Dienstleistungen)
PROMOTION	Communication (Kommunikation, Informationsverfügbarkeit)

Abb. 14: Die Sicht der Kunden ist in der Marketingansprache unbedingt zu berücksichtigen. Robert Lauternborn (New Marketing Litany: Four P's Passe; C-Word Take Over, Advertising Age, 1990)

Lauterborns Ansatz geht davon aus, dass diejenigen Unternehmen im Wettbewerb gewinnen, die sich besser als ihre Wettbewerber auf die vier C einrichten, indem sie die Kundenwünsche für den (50plus-) Kunden wirtschaftlich vorteilhaft, für den Kunden mühelos erfüllbar und mit Bereitstellung leicht verständlicher und trotzdem umfassender Informationen bedienen: „just in time", also genau dann, wenn der Kunde das Produkt oder die Dienstleistung benötigt.

6.1 Produkte und Dienstleistungen

„Ein Produkt ist ein Angebot des Marktes, um es zu beachten, zu erwerben, zu gebrauchen oder zu verbrauchen und somit einen Wunsch oder ein Bedürfnis zu erfüllen. Ein Produkt kann ein materielles Objekt, wie z. B. ein Auto oder Schuhe, aber ebenso eine Dienstleistung, wie z. B. ein Konzert, eine Urlaubsreise oder ein neuer Haarschnitt sein. Ebenso können Städte, Regionen, Ideen, Veranstaltungen, Fußballmannschaften, Persönlichkeiten wie Schauspieler oder Musiker, eine Organisation und der Unternehmer, die Unternehmerin, der Chef „Produkte" sein. Also alles, was vermarktet werden kann, ist ein Produkt" (*Quelle: Kotler/Bliemel: Marketing-Management, 2006*).

Ein lebensnahes Beispiel hierzu: Gönnt sich jemand ein gutes Essen in einem Restaurant, so besteht dieses aus mindestens drei Produkt-Komponenten:

1. den Speisen und Getränken vom Aperitif bis zum Dessert, vom Champagner bis zum Wein und der Flasche Wasser,

2. den Dienstleistungen wie Service und Bedienung,
3. den ideellen Werten wie Ambiente, Charme und Image des Restaurants.

Die Aufgabe von Unternehmen ist es, nicht nur die physischen Produkteigenschaften anzupreisen, sondern vielmehr, die produktimmanenten Vorteile, Leistungen und einen wichtigen Nutzen anzubieten. Der Kunde 50plus wird sich für ein Produkt entscheiden, das ihm die beste Kombination aus erhaltenem Nutzen *und* aufgewendeten Kosten bringt. Und er wird eine Zufriedenstellung nur dann erreichen, wenn seine Wahl zu einem Nettonutzen führt – das heißt, dass sein Nutzen höher sein muss als seine dafür aufgewendeten Kosten und der Zeiteinsatz.

6.1.1 Vom Kernnutzen zum potenziellen Idealprodukt

Jedes Produkt bietet – wenn es erfolgreich ist – einen *Kernnutzen*. Bei einem Hotel kauft der übernachtende Kunde in Wirklichkeit „Ruhe und Schlaf" als Kernnutzen. Beim Erwerb einer Gesichtscreme „Hoffnung auf Schönheit" und bei einem Cabriolet „Freude am Fahrgenuss und Lebensgefühl pur". Über den Kernnutzen hinaus erwarten 50plus-Kunden Rahmenbedingungen und Eigenschaften, die das Produkt einfach zu erfüllen hat – ohne Wenn und Aber. Wenn Sie so wollen, ist das im Normalfall das vom Kunden erwartete *Basisprodukt*. Etwas anspruchsvollere Kunden erwarten über das Basisprodukt und über den Kernnutzen hinaus ein *augmentiertes Produkt* oder *einen Zusatznutzen mit erlebbarem Mehrwert*. Das heißt konkret: beispielsweise in einem guten Hotel nicht nur ein sauberes Bett und Bad, einen Kleiderschrank und eine Möglichkeit des Ausruhens, sondern darüber hinaus wichtige Details wie Blumen im Zimmer, Begrüßungsgetränk, Shampoo, Fernseher, bevorzugte Eilabfertigung beim Ein- und Auschecken, Restaurant mit guter Küche, zuvorkommenden Zimmerservice, einen persönlichen Willkommensbrief von der Direktion und eine komfortable, nicht durchgelegene saubere Matratze, auf der man am nächsten Tag optimal ausgeruht ist. *Das sind leider keine Selbstverständlichkeiten mehr in Hotels.* Einige wenige Anbieter haben dies erkannt und legen auf die Qualität der Betten besonders großen Wert. Der Wettbewerb spielt sich heutzutage vielfach auf der Ebene des augmentierten Produkts ab. Hier muss sich jedes Unternehmen Gedanken darüber machen, ob die Kunden bereit sind, diesen Extraaufwand auch zu bezahlen, und wenn ja, zu welchem Preis.

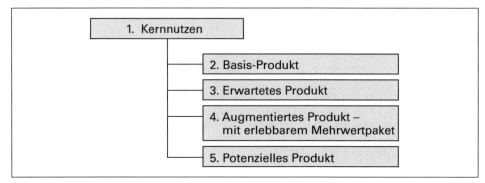

Quelle: Kotler/Bliemel, Marketing-Management, 2006

Abb. 15: Vom Kernnutzen zum potenziellen Idealprodukt

Auf der fünften Konzeptionsebene steht das *potenzielle Produkt*, d. h. das Produkt mit jedem Zusatznutzen und allen Umgestaltungsmöglichkeiten, die es in der Zukunft erfahren könnte. Einige erfolgreiche Unternehmen bieten ihren Kunden einen Zusatznutzen an, der sie nicht nur zufrieden stellen, sondern auch begeistern soll. Die Kunden 50plus sind begeistert, wenn sie vom Produkt überrascht werden. Im Hotel findet der Gast beispielsweise einen Laptop zum persönlichen Gebrauch, einen DVD-Player mit einer Auswahl von Filmen, ein „Kissen-Menü für eine erholsame Nacht" (zum Beispiel *Holiday Inn Hotel Resorts*), ein Betthupferl, einen Begrüßungscocktail-Gutschein für die Bar am Abend etc. Wenn das Hotel sich bemüht, die Präferenzen seiner Gäste zu erfassen und bei zukünftigen Aufenthalten zu berücksichtigen, können solche Extras und Benefits individuell auf den Geschmack des Gastes abgestimmt werden und für Entzücken sorgen. Das potenzielle Produkt ist vergleichbar mit einem „Sahne-Häubchen" auf dem Cappuccino – mit Liebe und Sinn für das Detail, für die Verzauberung mit kleinen Gesten und mit liebevoll zelebrierten Zugaben, die in der Regel nichts oder nur wenig kosten.

Aufmerksamkeit, Wertschätzung und Gastfreundschaft sind Werte, die in unserer schnelllebigen Zeit oft zu kurz kommen, aber in der Kundenbeziehung 50plus *die* entscheidende Rolle spielen. Das Kernprodukt Cappuccino ist austauschbar, doch die Art und Weise, wie der Gast den Cappuccino serviert bekommt – das braune Schokoherz auf dem weißen Milchschaum, das Zelebrieren mit einem Glas Wasser und einem Schokoladen- oder Gebäckteil, ein nettes Wort dazu – das ist gelebter Mehrwert, Zusatznutzen, begeisterndes Erlebnis selbst bei solch einfachen Produktverkäufen wie Cappuccino. Und längst keine Selbstverständlichkeit mehr.

Was ist die Folge, wenn solche Bemühungen unterbleiben? Ein 50plus Kunde überlegt sich, ob er für einen Cappuccino drei Euro auszugeben bereit ist, oder ob er sich seinen Cappuccino nicht besser selbst zu Hause aufschäumt und das Geld für andere Lebensgenüsse spart. Zugegebenermaßen ein sehr biederes Beispiel, aber das Produkt in Kombination mit einem erlebbaren Zusatznutzen um das Basisprodukt herum stimmen eben in unserer Konsumlandschaft häufig nicht mehr. Was nützt da ein gutes Produkt an sich? Nichts. Die Anwendung von Dienstleistungen und Produkten muss in allen Details, in all seinen Prozessen einer realistischen Nutzung unterschiedlicher Verbrauchermentalitäten und unterschiedlichsten praktischen Talenten zu Ende durchdacht und immer wieder im Sinne des 50plus-Konsumenten verbessert, angepasst, modernisiert und kritisch hinterfragt werden.

Nachfolgend soll der operative Transfer der oben beschriebenen Produktpolitik 50plus in die *Handwerker-Branche* – speziell für das Tischler- und Schreiner-Handwerk – beschrieben werden, dargestellt an dem vermeintlich einfachen Produkt „Esstisch" und dessen Bedeutung speziell für anspruchsvolle Menschen 50plus. Man sieht in der folgenden Analyse der fünf Stufen des Produkts „Esstisch" eindrucksvoll, dass übliche Möbelhäuser bis zur dritten Stufe noch mithalten können. Ab der vierten Stufe (augmentiertes Produkt) beginnt sich aber die Spreu vom Weizen zu trennen. Viele Möbelanbieter werden hier den Ansprüchen ihrer zumeist älteren, kaufkräftigeren Kunden nicht mehr in vollem Umfang gerecht.

Vom Kernnutzen zum potenziellen Idealprodukt für 50plus
Beispiel: Esstisch

1. Kernnutzen	■ Platz zur Nahrungsaufnahme ■ Kommunikations-Plattform und Treffpunkt
2. Basis-Produkt	■ Funktional ■ Zweckmäßig ■ Stabil
3. Erwartetes Produkt	■ Saubere Verarbeitung und pflegeleicht ■ Schönes Aussehen ■ Sofortige Benutzung

4. Augmentiertes Produkt mit erlebbarem Mehrwertpaket	▪ Hochwertige handwerkliche Verarbeitung im Detail ▪ Ästhetisches und ausgefallenes Design ▪ Persönlichen Bedürfnissen angepasst (Körpergröße, Handicaps etc.), fernab jeglicher Standards ▪ An persönliches Wohnumfeld adaptiert (Holzart, Design, Farbe, Passform etc.) ▪ Individuelle Tischgrößen außerhalb üblicher Standards
5. Potenzielles Produkt	▪ Multi-Funktionalität: gleichzeitig ausziehbar, höhenverstellbar, als Schreibtisch oder Stehtisch umfunktionierbar, optional als großer und kleiner Zweiertisch verwendbar (speziell für z. B. „Empty Nesters") ▪ Unikat-Bedeutung und Tisch als täglicher Lebensbegleiter ▪ Besonderes Design unterstreicht Individualität, Lebensstil und Lebensgefühl des Kunden 50plus ▪ Kunstwerk zum Wohlfühlen, Lifestyle-Produkt ▪ „Das Möbelstück als Ausdruck meiner Persönlichkeit, meiner Identität, meines Anspruchs an Wohnkultur."

Für Tischler- und Schreinerbetriebe, aber auch für Innenarchitekten und Designer tut sich genau an dieser Stelle ein lukrativer Markt auf. Sie könnten sich die Lust der Best Ager am neuen individuellen Einrichten und deren exklusive Wohnträume zunutze machen und ihren Platz in einer lukrativen Marktnische selbstbewusst erobern. Und zwar genau zwischen den Designermarken, die die speziellen Bedürfnisse von 50plus nach individuellen Möbelstücken immer noch ignorieren, und den unendlich vielen austauschbaren Möbelanbietern, die den Qualitätsansprüchen von 50plus mit ihren Massenprodukten von der Stange nicht mehr entsprechen. Immerhin geben über 50-Jährige fast 50 Prozent ihres Einkommens für das Wohnen aus – das ist der höchste Anteil ihres Einkommens.

Neue Produkte können am Markt immer schwieriger durchgesetzt werden. Die meisten Marketing-Kampagnen haben wenig Einfluss auf die Kaufentscheidungen von Menschen über 50. Die Gründe hierfür sind mannigfaltig, aber ein Grund liegt sicherlich darin, dass die Produktpolitik vieler Unternehmen nicht tief genug, nicht nutzenorientiert genug und somit einfach oft unzureichend ist. Unternehmen müssen sich von der Vorstellung verabschieden, Produkte zu verkaufen. Sie verkaufen mit ihren Produkten gute Lebensgefühle, Nutzen und Problemlösungen für Kunden. Sie verkaufen Emotionen. Sie verkaufen Beziehung.

6.1.2 High-Tech vs. High-Touch

Das Vordringen von Hochtechnologien (High-Tech) wird zunehmend von dem Wunsch insbesondere älterer und anspruchsvolleren Kunden nach mehr Menschlichkeit und Berücksichtigung der Gefühlswelt begleitet. Unternehmen sollten weg kommen vom herkömmlichen Produktdenken und den veränderten Kundenbedürfnissen Rechnung tragen. Hin zum ganzheitlichen Marketing, zum Optimierer von Lebensqualität für den Kunden. Menschen 50plus schätzen zwischenmenschliche Kontakte (High-Touch) in Form von persönlichen Treffen ums Produkt herum. Produkte gilt es mit einem High-Touch emotional aufzuladen, um die Akzeptanz der High-Tech-Produkte zu vergrößern. Ein weiterer Trend geht zu maßgeschneiderten Produkten, zur maßgeschneiderten Massenfertigung (mass customization) und zum Individual-Marketing für erfahrene Menschen, die keine Zeit, aber viel Geld und hohe Ansprüche an Individualität und Natürlichkeit haben.

Stellen Sie daher die Service-Dienstleistungen rund um Ihre Produkte in den Vordergrund. Denn Kunden 50plus wollen Lebensphasen übergreifend betreut und begehrt werden und echten Nutzen jeden Tag neu spüren. Begeisternde Mitarbeiter als schnelle und kompetente Problemlöser und besondere Services müssen immer wieder Lust auf mehr machen.

6.1.3 Produktgestaltung: Sinn und Unsinn von zielgruppengerechten Produkten, Universal-Design und Ageless-Design

Die USA und Japan haben das „Universal Design" oder „Ageless Design" als Strategie entdeckt, eine konsequente Kombination aus modernem Design und Nützlichkeit für *alle* Altersgruppen. Beispiele wie die Hörbücher oder Versandapotheken, die ursprünglich für junge Zielgruppen entwickelt wurden und nun bei älteren Zielgruppen sehr erfolgreich sind, haben gezeigt, dass zur Eroberung des „50plus-Marktes" keine Sonderlösungen nötig sind. Produkte und Dienstleistungen, welche die besonderen Bedürfnisse der älteren Kundengruppen adäquat und differenziert berücksichtigen, kommen häufig allen Kundengruppen zugute. Die Gruppe 50plus ist nämlich ein wesentlicher Bestandteil des „Mainstream-Konsums." Gute seniorengerechte Produkte sind immer Mehrgenerationen-Produkte ohne Stigmatisierung. „Mainstream" bedeutet aber nicht Standard, Massenware, Ramsch oder das, was alle wollen. Hier gilt es zu differenzieren.

Ein erfolgreiches „Ageless Marketing" setzt auf Nutzen, Authentizität, Komfort, einfache Benutzerfreundlichkeit, Funktionalität, Ästhetik, Glaubwürdigkeit, Natürlichkeit, Ganzheitlichkeit und Sicherheit. Es orientiert sich an Werten und Einstellungen ihrer Zielgruppen, jenseits von reinen Altersstufen. Denn das Lebensalter allein sagt über Konsumneigungen nichts aus. Entsprechend muss auch die Marke positioniert werden. 50plus will mit entsprechenden Themen angesprochen werden, die sie im Alltag unterstützen, ihren Neigungen nahe kommen, Nutzen bieten und ihrer Selbstverwirklichungstendenz entsprechen.

6.1.4 Produkte zur Selbstverwirklichung

Wenn die Kinder aus dem Haus sind, werden mit Vorliebe zweisitzige Roadster und Sportwagen oder Cabrios von Porsche, VW Touareg, BMW X3, M-Klasse oder Mercedes AMG von 50plus-Kunden gekauft – alles Autos mit jugendlichem Image oder mit höherer Sitzposition. Zufällig wurde die Mercedes A-Klasse mit den Vorzügen der hohen Sitzposition ein Renner bei der Generation 50plus. Eigentliche Zielgruppen waren Familien und Gewerbetreibende.

Tom Levine wirft in seinem Buch *Planet Auto* einen erfrischenden, leicht satirischen Blick auf die „Generation Cayenne" und bezieht sich dabei auf das von *Porsche* hergestellte Geländeauto *Cayenne*, den manche als „Rentner-Porsche" bezeichnen. Es ist nämlich das einzige Porsche-Modell, in das man aufgrund seiner Einstiegshöhe auch nach mehrfachem Bandscheibenvorfall gut hineinkommt. Der Cayenne verfügt auch über eine niedrige Ladekante und einen großen Kofferraum, in den man eine Golfausrüstung, später aber auch einen Rollator oder Rollstuhl gut unterbringen kann. Und im klimatisierten Handschuhfach ist Platz für die Medikamente, die nicht warm werden dürfen. Auch die Einparkhilfe mit Rückwärtskamera ist ein Benefit dieses Modells. „Früher saßen ältere Menschen mit Hut und Mantel in einem Mercedes Diesel und stellten hinten eine verzierte Klorolle neben einem Wackeldackel aus. Und heute? Heute jagen 70-jährige Frauen mit muskelbepackten Sportgeländewagen auf den Supermarkt zu, als gäbe es da Prosecco gratis. Und der Göttergatte ist wahrscheinlich gerade mit dem 911er beim Golfen, Segeln oder Bungee-Jumping oder bei seiner 19-jährigen Geliebten …", so formuliert es *Levine* spritzig in seinem Werk.

Ein plattes, stark vereinfachtes, aber nicht zu vernachlässigendes Leitmotiv von 50plus hat seine Gültigkeit nicht nur für die Automobilindustrie: „Ich geb Gas, ich will Spaß." Nein, sie hat besondere Gültigkeit für das zentrale psychologische Lebensgefühl von Menschen über 50 und steht für „neue Freiheiten genießen", „neuen Lebensabschnitt starten", in der Partnerschaft neue Wege mit Power gehen usw.

Individuelle Automobile und Motorräder sind von der Erbengeneration 50plus zunehmend gefragt. Händler reagieren mit Traumautos und Nischenmodellen, zielen damit auf das Herz der Älteren und versuchen, ihre Brieftasche zu treffen. 50 Prozent des PKW-Verkehrs auf unseren Straßen von heute ist Freizeitverkehr. Und reiselustige Rentner und Vorruheständler werden zukünftig diesen Anteil weiter stark erhöhen – trotz hoher Benzinpreise. Das Auto steht für Selbstverwirklichung, für die große Freiheit und persönliche Unabhängigkeit.

50plus-Boombranche Automobil

Was der mobile Mensch über 50 schätzt!
Auf ein Auto wollen auch älter werdende Menschen ungern verzichten. Einer Langzeituntersuchung des Instituts für Demoskopie Allensbach (2010) zufolge ist die Zahl der hoch betagten Autofahrer erheblich gestiegen – z. B. fährt jeder zweite 70- bis 74-Jährige noch selbst Auto. Die Autoindustrie beginnt langsam, sich auf die lukrative Generation 50plus einzustellen – nicht nur bei den Luxusmarken.

Was schätzen AutofahrerInnen im besten Alter an Autowerbung und Autoberatung vor allem?

- Kurze Infos – gepaart mit Lebensfreude
- Übersichtliche Darstellung
- Komplexe Dinge einfach erklärt
- Sportlichkeit – solange sie an der Lebensrealität der Best Ager bleibt
- Autos mit Funktionalität, Design, Komfort – die zu einem als Persönlichkeit passen
- Automobile – passend zum Lebensstil, zu den spezifischen Ansprüchen und Leidenschaften

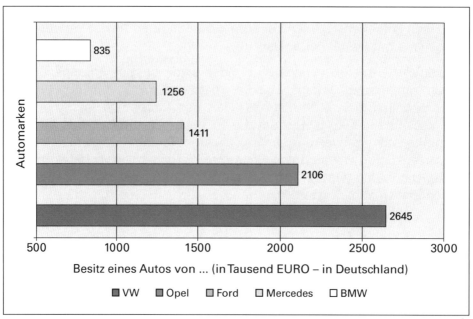

Quelle: VA 2009, Bauer Verlag

*Abb. 16: Welche Automarken deutsche Best Ager bevorzugen.
Bei PKW ist die Jung-Alt-Differenz bei Mercedes am größten ...*

Was erwarten ältere Autokäufer?

Der TÜV-Süd hat bei Kunden 60plus hierzu festgestellt, dass an erster Stelle eine hohe, aufrechte Sitzposition wichtig ist. Danach folgt die Forderung, dass ein bequemer Einstieg durch weit öffnende Türen möglich sein soll. An dritter Stelle kommt die Klimaanlage, gefolgt von Assistenzsystemen wie Parksensoren, einem Navigationsgerät sowie klar ablesbare Instrumente, wenige Schalter und Knöpfe und angepasstes Design. Auch wenn Marketing-Experten der Autohersteller nie den Begriff „Seniorenauto" verwenden würden, so haben diese elektronischen Helfer heute schon im Auto Einzug gehalten. Automobilclubs fordern übrigens für Autos der Zukunft eine Sitzhöhe von 60 Zentimetern und eine Einstiegshöhe von 120 Zentimetern. Die Demografie setzt erste kleine Zeichen ...

Was für Ältere gut ist, hilft auch den Jüngeren

Denn älter werden ist ein schleichender Prozess. Man wird ja nicht über Nacht alt. Und so dürfen auch nicht Produkte auf einmal auf das biologische Alter zugeschnitten werden – wir brauchen zeitgemäßes attraktives Design für alle, nützliche Produkte für alle Lebensphasen und deren Übergänge, Produkte für ein leichteres Leben, zur Unterstützung von nachlassenden körperlichen und geistigen Ressourcen ebenso wie zur Erreichung junger Zielgruppen, die auch schon ihre Zipperlein haben. Das Ziel von Ageless-Marketing ist es, in älteren Märkten zu punkten, ohne in der jungen Zielgruppe einzubüßen. Dass dies funktionieren kann, beweisen zahlreiche Beispiele, die im Folgenden näher beschrieben sind.

Best Practice | Screwpull – der innovative Korkenzieher nicht nur für Genießer 50plus

Eine ganz praktische Synthese aus Leichtigkeit und Praktikabilität im Handling, innovativem, zeitlosem Design und Luxus bietet ein Produkt des Unternehmens *Le Creuset* aus dem schwäbischen Notzingen. Seit über 25 Jahren werden die Korkenzieher von Screwpull dem Anspruch gerecht, perfekt zu funktionieren und bedingungslos gut auszusehen.

Der so genannte „*Leverpull LM-400*" funktioniert perfekt und mit wenig Krafteinsatz: einfach aufsetzen, Hebel nach vorne ziehen, Hebel nach hinten drücken und wieder absetzen, nach dem Öffnen dreht sich der Korken wieder von der Spirale, indem man den Hebel einfach wieder zurückführt. Ideal auch für Frauen und für Menschen mit arthritischen Fingergelenken, weil jede Flasche mit spielender Leichtigkeit zu entkorken ist. Dieses Produkt hat für 50plus-Kunden eine „Seele", einen Nutzen-Vorteil im Alltag – jeden Tag neu. Es ist ein sicheres, einfaches, innovatives und schnelles Produkt als Ausdruck eines kultivierten Lebensstils. Der Preis hierfür ist stattlich (179 Euro in der exklusiven Geschenkpackung mit Kapselabschneider) – spielt aber hier wohl eine untergeordnete Rolle.

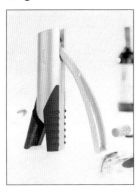

Abb. 17:
Produkt-Innovation Screwpull,
für Kunden 50plus wie geschaffen!
Nutzen pur für Genuss und Lebensfreude

Quelle: Le Creuset, www.screwpull.de

„Design for all" ist die Kunst, universelle, intergenerative Produkte zu kreieren, die nicht stigmatisieren und ausgrenzen. Es müssen Produkte für alle Generationen sein und folgenden Kriterien standhalten:

- komfortabel
- benutzerfreundlich
- funktional
- ästhetisch, das Lebensgefühl der Zielgruppe treffend
- keinesfalls ein Spezialprodukte für Ältere

Bei intensivem Wettbewerb ist das Design in Zukunft eines der wichtigsten Mittel zur Differenzierung und Positionierung. Der renommierte Harvard-Professor *Robert Hayes* sagt: „Vor 15 Jahren herrschte Preiswettbewerb vor, heute ist es Qualitäts-Wettbewerb und morgen wird Design das entscheidende Wettbewerbskriterium sein." Erfolgreiche Beispiele hierfür sind *Bang & Olufsen* mit Stereo- und Fernsehgeräten und *Apple* mit iMac-Computern, iPod, iPhone, iPad. Hier einige weitere Beispiele mit hohem Nutzwert und Innovationen speziell für 50plus-Kunden – zum Teil auch mit noch nicht existierenden, aber wünschenswerten Produktideen gemischt:

Produkt-Innovation	Antizipierter Nutzen für 50plus
Mercedes Benz	■ Schwebender Gurt ■ Erhöhte Sitze
Porsche Cayenne	■ Einparkhilfe mit Rückwärtskamera ■ Klimatisiertes Handschuhfach ■ Niedrige Ladekante ■ Optimierte Einstiegshöhe
Nissan	■ Rückfahrkamera im Mittelklassewagen Primera
Screwpull-Korkenzieher	■ Leichtigkeit und Praktikabilität im Handling ■ Innovatives, zeitloses Design
Studiosus Reisen	■ Service-Plus-Angebote im Reisen z. B. „Reisen mit Muße"
US-Unternehmen Fiskars mit dem Produkt „SoftTouch"-Haushalts und Gartenscheren	■ Höhere Griffigkeit ■ Sicheres Handling ■ Ansprechendes Design ■ Für Arthrose-geschädigte Hände ideal
US-Hersteller Oxo mit Produktlinie „Can, Jar & Bottle Openers", einem Küchenhelfer-Gerät	■ Leichtes Handling ■ Einfaches Öffnen von Konservendosen ■ Minimierung eines Verletzungsrisikos ■ Für Arthrose-geschädigte Hände ideal

Produkt-Innovation	Antizipierter Nutzen für 50plus
Miele Hausgeräte	■ Leichtes Handling von Knöpfen und Drehschaltern
Fujitsu-Siemens mit Produkt „Simplico"	■ Erster revolutionärer einfacher PC ■ Jeder versteht ihn ■ Einfach zu bedienen
Herdplatten …	■ … die sich selbst ausschalten
Uhren …	■ … die die Zeit vorlesen ■ … das Zeitmanagement übernehmen
Handys …	■ … die sprechen können ■ … mit Zoom im Display
Schuhe …	■ … die sich selbst schnüren
Höhenverstellbare Waschbecken und Küchenanrichten	■ … die den Rücken schonen
Tischler- und Schreinererzeugnisse wie z. B.: ■ **Esstisch** ■ **Stehpult** ■ **Küchen** ■ **Sitzmöbel**	■ Multi-Funktionalität: gleichzeitig ausziehbar, höhenverstellbar, als Schreibtisch umfunktionierbar, optional als großer und kleiner Zweiertisch verwendbar ■ Hochwertige handwerkliche Verarbeitung im Detail ■ Ästhetisches, zeitloses Design ■ Persönlichen Bedürfnissen angepasst (Körpergröße, Handicaps etc.) ■ Made-for-me-Produkt ■ An persönliches Wohnumfeld adaptiert (Holzart, Design, Farbe, Passform etc.) ■ Individuelle Tischgrößen außerhalb üblicher Standards ■ Top-Sitzkomfort ■ Gesundheitlicher Zusatznutzen ■ Wellness-Funktionen
Technische Hilfsmittel mit Hauch von Luxus z. B. von US-Versandhändler Fa. Gold Violin	■ Leselupen mit Edelsteinbesatz ■ Gartengeräte mit Arthritis-angepasstem Griff ■ Medizintaschen aus Krokodilleder ■ Klangvolle Namen z. B. „Wheel Cruiser" für einen stählernen Gehwagen
Badezimmer …	■ Wellness und Musikgenuss, statt nur barrierefreies Badezimmer
Restaurants …	■ Speisekarten mit großen Buchstaben und Fotos ■ Interaktiv mit Küchenchef verbunden zur Mitteilung individueller kulinarischer Wünsche
Zusatznutzen bei Verpackungen	■ Getränkekartons bei Milch, Orangensaft etc. mit Lasche zum einfachen Aufreißen ■ Drehverschluss zum Wiederverschließen

Produkt-Innovation	Antizipierter Nutzen für 50plus
Zusatznutzen bei Verpackungen	■ Verpackungsbeschriftung über Scanner mit Zusatznutzen in Form von Rezeptideen, Weinvorschlägen, ■ Beschriftung mit möglichen Allergiewarnungen, Inhaltsstoffen etc.
Fernseh-Fachgeschäfte …	■ Workshop-Angebote für technisch unbegabte Menschen 50plus
Was sind Ihre persönlichen Ideen für ein innovatives Produkt im Ageless-Design, das großen Nutzen für Menschen 50plus schaffen würde?	■ _____ ■ _____ ■ _____ ■ _____ ■ _____ ■ _____

6.1.5 Produktmanagement: Die Bedeutung von Marke und Branding für 50plus-Kunden

Markenprodukte sind bei 50plus gefragt – aber werden auch *hinter*fragt, wenn die Qualität und das Markenversprechen nicht kontinuierlich gehalten werden. Eine Markenbindung ist wie eine glückliche Beziehung. Der Wert einer Marke ergibt sich aus der Bereitschaft der Verbraucher, für das Vertrauen, das sie schafft, zu bezahlen. Der Wert einer Marke ist besonders stark mit Gefühlen verbunden – denken Sie dabei nur einmal selbst darüber nach, was Sie mit italienischen Schuhen oder italienischen Lebensmitteln assoziieren, italienische Lebensart, italienisches Modegefühl, außergewöhnliches Design, hoher Tragekomfort usw. Diese Attribute rechtfertigen für viele einen höheren Preis als bei Konkurrenzprodukten.

Mit Marken assoziieren Kunden bestimmte Eigenschaften. Mercedes suggeriert z. B. die Eigenschaften „teuer", „haltbar", „solide gebaut", „hoher Wiederverkaufswert". Doch wenn das Dach eines Mercedes-Cabriolets nicht funktioniert, überlegt sich ein 50plus-Kunde schon, ob er die Marke wechseln oder sich weiter ärgern soll – trotz guten Markenimages. Der Kunde möchte altersunabhängig sowohl funktionalen Nutzen – ein zu öffnendes Cabrio-Dach ist wesentlicher Produktbestandteil – als auch emotionalen Nutzen in Form von Zuverlässigkeit, Sicherheit, Komfort, Lebensgefühl spüren. Weitere Markenbestandteile eines Cabriolets sind Fahrkultur, die Projektion eines eigenen Persönlichkeitsgefühls von Freiheit und Unabhängigkeit und in hohem Maße die Nutzeridentifizierung mit dem erstandenen Produkt.

Das innere Wesen einer Marke beruht auf Werten von Kultur und Persönlichkeit, die sie im Auge des Betrachters projiziert. Diese Assoziationen sind von Unternehmensseite laufend zu pflegen, weiter zu entwickeln und zu stabilisieren. Von Zeit zu Zeit ist die Marke den künftigen Trends und dem Lebenszyklus entsprechend zeitgemäß zu verjüngen, wenn die Marke nicht langfristig veralten und ihre Bedeutung verlieren will.

Eine Marke ist wie eine Liebesbeziehung

Geht es Ihnen nicht auch so? In manchen Geschäften fühlt man sich einfach wohler als in anderen. Warum ist das so? Man spürt schon beim Betreten ein Willkommensgefühl – oder eben nicht. Wer es versteht, Lebenswelten zu inszenieren, seine Marken, Dienstleistungen und Geschäfte emotional aufzuladen, gibt seinen Kunden 50plus das Gefühl: „Ja, das ist meine Marke, mein Laden, meine Identität, mein Lebensgefühl." Und dann kaufen Kunden, koste es (fast), was es wolle. In Deutschland ist das Vertrauen in eine Marke einer neueren Umfrage zufolge – vom Magazin *Readers Digest* unter Verbrauchern in 15 europäischen Ländern durchgeführt – in erster Linie eine Frage der Qualität. 73 Prozent der 7 400 befragten Leser des Magazins, in erster Linie Menschen 50plus, nannten dies als entscheidendes Kriterium. 86 Prozent der Bundesbürger gaben an, zu ihren Lieblingsmarken eine emotionale und freundschaftliche Bindung zu haben. Eine wichtige Voraussetzung müssten Marken allerdings erfüllen: „Wie in der echten Liebe dürfen sie ihren Partner, sprich Käufer, niemals enttäuschen", heißt es in der Studie. *Nivea* und *Nokia* sind die Lieblingsmarken, gefolgt von *Visa*, *Canon*, aber auch Marken wie *Persil*, *Schwarzkopf*, *Aspirin*, *Wick*, *Frosch*, *Rotkäppchen-Sekt*, *Asbach*, *Miele*, *AOL*, *TUI*, *Sparkasse*, *Allianz* und *Aral* waren unter den Dauersiegern in Deutschland in ihren Bereichen.

> **Umsetzungstipp: Nutzengarantie**
>
> - Nehmen Sie eine gründliche Zielgruppenselektion vor.
> - Legen Sie Ihre Kernleistung und Ihre Zusatzleistung fest.
> - Sorgen Sie für erlebbaren, persönlichen Nutzen.
> - Erfüllen Sie Kundenerwartungen, besser noch, übertreffen Sie sie.
> - Entwickeln Sie ein Ageless-Design – ohne Seniorenbezeichnung.
> - Optimieren Sie die Lebensqualität Ihrer Kunden mit Spezialisierung.
> - Schaffen Sie mit Ihren Produkten unverwechselbare Unikate für 50plus.

6.2 Price – Die Bedeutung des Preises für 50plus

Zum Thema Preis gehören der Geldbetrag, den die Kunden für das Produkt oder für die Dienstleistung zu bezahlen haben, der Listenpreis, Rabatte, Nachlässe, Zahlungsfristen, Finanzierungskonditionen – aber auch solche wichtigen Themen wie Preis-Qualitätsbeurteilung durch die Kunden, die psychologische Preis-Sensibilität und der vom Kunden empfundene Nutzwert oder Gegenwert, die Preisbindung und der empfundene Preiswettbewerb, der letztlich darüber entscheiden wird, wo der Kunde künftig seine Produkte kaufen wird.

6.2.1 Transparente Preisstrukturen für hohe Performance

Weil alles immer teurer wird, suchen gestresste Konsumenten nach Möglichkeiten, mit erschwinglichem Luxus im Kleinen sich selbst zu belohnen. *Mittelmäßiger Service, mittelmäßige Qualität, mittelmäßige Preise werden vom Kunden als austauschbar wahrgenommen.* Das bedeutet, dass alle als durchschnittlich wahrgenommenen Unternehmen mittelfristig vom Markt verschwinden oder von anderen Anbietern kostengünstiger und nutzenstiftender abgelöst werden. Was nicht nur Kunden 50plus honorieren, ist, preis*wert* zu sein, also möglichst viel fürs Geld zu bekommen, ohne versteckte Margen und Provisionen, ohne unerklärliche Overhead-Kosten, von denen man nichts hat.

Ein faires Preis-Leistungsverhältnis bedeutet für den Kunden 50plus transparente, nachvollziehbare, ehrliche Preisstrukturen für eine möglichst hohen Nutzen bringende Performance in Form von Zinsen bei Finanzgeschäften, Wertsteigerungspotenzial und Solidität auf der ökonomisch-sachlichen Seite. Aber auch von Glaubwürdigkeit, Emotionalität und Wertschätzung auf der psychologisch-subjektiven Seite. Denn Finanzgeschäfte haben sehr viel mit Psychologie und Vertrauen zu tun. Nur dann kann man Kunden 50plus für sich im wahrsten Sinne des Wortes *gewinnen*, begeistern und im positiven Sinne langfristig an sich binden.

6.2.2 Smart-Shopper vs. Luxury-Shopper

Kluge Unternehmen werden den Preis als strategisches Instrument nutzen, insbesondere im Zusammenhang mit älteren Konsumenten. Wir werden es zukünftig mit einem Premiummarkt auf der einen Seite und mit einem „Value-for-money-Markt" auf der anderen Seite zu tun haben. „Premium" steht für klar erkennbaren Kundennutzen plus Mehrwert. „Value for money" steht für adäquaten Gegenwert eines Kernprodukts in einem ökonomisch vernünftigen Verhältnis zur Geldausgabe. Beide Märkte werden frequentiert sein. Beide Märkte haben ihre Existenzberechtigung. Beispiele: Der Kunde 50plus fährt in seinem Luxuswagen zu *Aldi* einkaufen und geht danach in die sechste Etage des legendären Kaufhauses *KaDeWe* Champagner trinken und Austern schlürfen. Derselbe Kunde bucht einen Billigflug von *Ryan Air* zu einer Destination im 5-Sterne-Luxushotel oder kauft im Bio-Markt und versucht, seinen Designer-Laptop möglichst preiswert im Internet zu erwerben.

Unternehmen müssen sich entscheiden, in welchem Feld sie künftig spielen möchten, welche Produkte und Dienstleistungen sie in welchem Segment vermarkten wollen. Mit anderen Worten: Wir werden es insgesamt mit anspruchsvolleren Kunden 50plus zu tun haben. Mit der Kundengruppe der „Smart Shopper", Typus „Schnäppchenjäger" auf der einen Seite. Und der Zielgruppe „Luxury Shopper", Typus „Nur-vom-Feinsten" auf der anderen Seite. Hier kann es für Unternehmen lukrativ und spannend sein, sich innerhalb der Zielgruppe 50plus auf Mikro-Zielgruppen, wie beispielsweise Singles 50plus, Businessmenschen 50plus oder Master Consumer von 50 bis 65 Jahren aus entsprechenden Lebenswelten und Communities, intensiv zu fokussieren. Der 50plus-Kunde möchte aufgrund seiner langjährigen Konsumerfahrung immer einen Bestpreis-Vorteil haben, immer preis*wert* Nutzen spüren. Der wohlhabende Vorstandsvorsitzende genauso wie der Lehrer, der Rentner ebenso wie der Vertriebsleiter.

6.2.3 Preisstrategien für 50plus-Kunden

Bei Preisstrategien mit 50plus-Kunden ist eine wichtige Grundvoraussetzung zur Erzielung einer höheren Preisbereitschaft in erster Linie die Kundenbegeisterung und eine erfolgreiche Kundenbindung in Kombination mit einer hohen Mitarbeiterzufriedenheit und Mitarbeiterbindung. Nur unter diesen Voraussetzungen kann ein Unternehmen langfristig höhere Preise erfolgreich durchsetzen.

Punkten wird man bei 50plus *nicht* mit einer reinen Discount-Preispolitik nach dem Motto „Geiz ist geil". Wenn Top-Qualität und Top-Service geboten werden, dann ist der Preis Nebensache. *Henry Ford* formulierte es einmal so: "When quality exists, the price is long forgotten." Daher gilt höchste Vorsicht bei Altersrabatten pro Lebensjahr, um ältere Kunden für Produkte zu ködern oder bei Senioren-Etikettierungen. Der Preis ist ein strategisches

Instrument, um den Wert *und* den Nutzen für Produkte klar sichtbar zu machen.

Faire Premium-Preise in Kombination mit einem Nutzenpaket und entsprechender emotionaler Aufladung sind durchaus durchsetzbar. Ebenso die konsequente Umsetzung einer Value-for-money-Strategie, wie sie zum Beispiel *Aldi* erfolgreich praktiziert und dabei mit der Aufnahme höherwertiger Produkte den Einzelhändlern das Leben schwer macht (Computer, Fahrräder, Reisen, Gourmetangebote etc.). Man bezieht sich bei *Aldi* auf den Kernnutzen, auf das Basisprodukt, vernachlässigt aber allen Schnickschnack um das Produkt herum. Beide Strategien funktionieren sicherlich mit Kunden 50plus. Nicht funktionieren werden mittelmäßige, nicht wahrnehmbare, undifferenzierte Produkte und Dienstleistungen. Aus Kundensicht 50plus ist ein höherer Preis in der Regel ein Ausdruck von besserer oder exklusiverer Qualität, fernab des Allerleis. Bei einer ausgeprägten Alleinstellung und Einzigartigkeit des Produkts und der Dienstleistung um das Produkt herum reagieren Kunden 50plus weniger stark auf Preisänderungen, und die Preissensibilität ist geringer ausgeprägt, wenn sie mit der Marke Qualität, Prestige, Exklusivität und Nutzen verbinden können.

Bei Produkten für den täglichen Bedarf steht im Vergleich zu Produkten höherwertiger Luxusgüter wie Autos, Reisen oder Unterhaltungselektronik verständlicherweise eher Value-for-money im Vordergrund. Hinter dem Preisvorteil steht die bewusste Strategie, sich bei den Kunden 50plus durch einen Preisvorteil gegenüber den üblichen Konkurrenzangeboten abzuheben, um im Preis-Qualitäts-Wettbewerb die Position der Vorteilshaftigkeit zu besetzen.

Insbesondere *Premiumkäufer 50plus* zeichnet aus:

- hohe Qualitätsansprüche
- niedriges Preisbewusstsein
- hohes Nettoeinkommen bzw. hohe Kaufkraft
- Interesse an neuen, innovativen Produkten
- Trendsetter für verschiedene Branchen, Dienstleistungsangebote und Produkte, wie beispielsweise für die Ernährungsindustrie

Jüngere Untersuchungen über die Korrelation zwischen dem Preis und der Qualitätsbeurteilung bei Automobilen ergaben, dass hier eine wechselseitige Beziehung vorlag. Autos mit einem höheren Preis wurden im Vergleich (ungerechtfertigt) hochwertig eingeschätzt. Autos mit hoher Qualität wurden für teurer gehalten, als sie es tatsächlich waren. Mit Preisen verhält es sich ähnlich wie mit den Aktien: beide werden im Wesentlichen von der Psychologie geprägt, von Emotionen, von Mythos und von der Sogkraft der Marke. Best Ager legen nicht nur Wert auf Qualität, sondern sie sind auch bereit, hierfür mehr Geld zu investieren als jüngere Zielgruppen. Dies kann nicht oft genug betont werden. Die hohe Ausgabebereitschaft für spürbare Top-Qualität zeigt sich in nahezu allen Produktbereichen. Insbesondere bei Ernährung, Einrichtung und Reisen wird viel Wert auf überdurchschnittlich gute Qualität gelegt. Mit zunehmendem Alter sinkt das Interesse am Kauf von Billigangeboten und Schnäppchen, weil Kunden täglich erfahren, dass sich kurzfristige Preisvorteile schnell als teurer Bumerang entwickeln können.

Da Best Ager gesteigerten Wert auf gesunde und frische Produkte legen, werden Reformhäuser und Wochenmärkte eifrig frequentiert. Diese Orte dienen aber auch der Kontaktpflege und als Kommunikationsplattform mit Gleichgesinnten aus dem Wohnviertel. *Tendenziell haben Kunden 50plus ein Faible für Ausgefallenes, Anspruchsvolles, Hochwertiges.* Der Anteil der luxusorientierten Konsumenten ist in dieser Altersgruppe doppelt so hoch als bei den 14- bis 35-Jährigen. Bei Einrichtungen beispielsweise leistet sich nahezu jeder dritte Best Ager eine anspruchsvolle, luxuriöse Wohnungsausstattung nach dem (Lebens-)Prinzip „Weniger ist mehr wert". Überdurchschnittlich viele Best Ager warten mit der Anschaffung eines teuren Möbelstücks lieber etwas länger, als sich mit einem preiswerten Ersatz und einer halbherzigen Lösung zu begnügen.

Ein schönes Beispiel dafür, wo man als Kunde (50plus), ohne hochpreisig sein zu müssen, viel Wert fürs Geld bekommt, ist ein Hamburger Einzelhändler, ein Accessoires- und Geschenkladen namens „*Magic*" – mit ausgefallenen Geschenkideen, die keiner wirklich braucht, die aber das eigene Leben oder das Leben des Beschenkten schöner machen. Die Damen in Hamburg-Winterhude kennen es, das Schaufenster von Inhaberin Ursula Hahn-Thomsen. In der Auslage glitzert geschliffenes Glas an Ohrringen, glänzen Steine an Ringen. Innen geht das Frauenherz dann richtig auf: farbenfrohe Schals, handgenähte ausgefallene Déqua-Börsen aus München, Handschuhe von Roeckl und Taschen. Unter den Schmuckdesignern: Drachenfels Design und Thomas Sabo. Auch wer nur schnell ein Geschenk sucht, kommt hierher: Glasschalen, Kerzenständer und die passenden Grußkarten sind hier zu haben – die Mitarbeiter packen alles liebevoll ein. Dieses Geschäft schafft einen wichtigen Nutzen: Insbesondere anspruchsvolle Männer, die für ihre Partnerin originelle, vermeintlich einzigartige Geschenke suchen und sich viel Zeit zum Suchen sparen wollen, sind hier genau richtig. Eine Website hat und braucht der Lifestyle-Laden nicht. Ein Besuch lohnt sich. Bis Anfang der 90er Jahre war hier das Partyviertel Winterhudes. Das ehemalige so genannte „Bermudadreieck" zwischen Kampnagel, Goldbekhaus und Winterhuder Fährhaus hat sich gewandelt: zum Quartier für Feinschmecker, Liebhaber eleganter Trendkleidung, Schmuck und Inneneinrichtung. Während in anderen Stadtteilen die Umsätze abnahmen, wuchs hier die Zahl der Boutiquen – und auch die Mietpreise stiegen. Zwischen meist italienischen Feinkostläden und Bekleidungsgeschäften laden immer mehr Cafés zum Verweilen ein. Im Sommer glitzert das Wasser der Kanäle und verleiht dem Quartier besonderes Flair.

Fazit: Der Preis ist und bleibt auch für Best Ager wichtig. Ist aber nicht länger das alles entscheidende Kriterium bei der Auswahl und beim Konsum von Produkten und Dienstleistungen.

Umsetzungstipp: Bestpreisgarantie

- Verabschieden Sie sich vom Preiswettbewerb.
- Laden Sie den Preis als Qualitätsindikator mit einem „Mehrwert-Package" auf.
- Unterbreiten Sie präzise und faire Kostenvoranschläge.
- Nehmen Sie Preisdifferenzierung vor, wo möglich.
- Machen Sie pauschale Festpreise, wo nötig.
- Schaffen Sie Preis-Transparenz und Preisklarheit.

6.3 Place – Vertriebskanäle zur Kundengewinnung 50plus

Unter „place" ist das gesamte Instrumentarium der Distribution zu vestehen: die Distributionskanäle, der Marktabdeckungsgrad, die Lage der Bezugsorte durch den Verbraucher, das gesamte Vertriebsmanagement und die Abstimmung zwischen den Händlern im Sinne des 50plus-Kunden. Insbesondere gehören im Kontext mit Best-Ager-Marketing das One-to-one-Marketing, das Multi-Channel-Marketing, Social Media, das Direktmarketing sowie der Außendienst und die Verkaufsmitarbeiter am Point-of-Sale dazu.

Eine besondere Rolle spielen hier der Einzelhandel, der Versandhandel, der klassische Direktvertrieb, das Telefonmarketing, das Online-Shopping und natürlich das Vertriebsmanagement. Wenn Verbraucher 50plus bestimmte Waren einkaufen möchten, stehen heute viele unterschiedliche Betriebsformen und Angebote zur Verfügung: fachlich begrenzter Einzelhandel und Gemischtwarenhandel mit der Auswahl zwischen Fachgeschäft, Spezialgeschäft, Fachmarkt, klassischer Einkaufsladen, Kaufhaus, Supermarkt, Verbrauchermarkt, Selbstbedienungs-Warenhäuser, Discountmärkte, Off-Price-Retailer wie z. B. Factory Outlets und Katalog-Showrooms, in denen das Warenangebot nicht im Regal oder Schaufenster präsentiert wird, sondern vielmehr den interessierten Käufern in Katalogen vorgestellt wird. Der Kunde hat die Auswahl zwischen Selbstbedienungsgeschäften, Teilbedienungsgeschäften und Full-Service-Geschäften.

Für den Kunden 50plus spielt eine wesentliche Rolle, in wie weit sich der Verkäufer oder Berater am POS als persönlicher Lebensbegleiter durch die Welt der Produktangebote und der schwer überschaubaren Produktvielfalt versteht. 50plus wünscht tendenziell kein aufdringliches, hemdsärmeliges Verkaufen im Sinne von „hard selling", hat aber Verständnis für das Verkäufer-Motiv, Geschäfte machen zu wollen und machen zu müssen. In der Distributionspolitik eines Dienstleisters spielen die räumliche Dimension der Kundenintegration und die zunehmende Bedeutung von neuen Medien über das Internet eine bedeutsame Rolle.

In einer Untersuchung der Zeitschrift *Impulse* in Kooperation mit *Professor Dr. Christian Homburg*, Universität Mannheim, wurden die folgenden sieben zukunftsträchtigen Vertriebstrends identifiziert, die natürlich auch für 50plus-Strategien ihre Berechtigung haben:

- Service
- Spezialisierung
- Customer Relationship Marketing (CRM)
- E-Commerce
- TV-Shops
- Standort
- Franchising

Mit diesen Wachstumstreibern haben Unternehmen nicht nur bei 50plus die Chance, neue Umsatzrekorde zu erzielen. Hierbei spielt insbesondere der zunehmende Boom von Fernsehsendern wie *QVC, HSE 24, RTL-Shop* etc. bei älteren Zielgruppen eine Rolle. Begehrt bei 50plus sind auch atmosphärische Verbundgruppen von Einkaufsstraßen, zum Beispiel in alten Stadtkernen von europäischen Städten.

6.3.1 Internet-Nutzung 50plus – Online-Shopping 50plus

Immer mehr benutzen Menschen über 50 private Netzwerke, Communities, Social Media und das Internet. Best Ager haben Spaß im Internet, sind experimentierfreudig, neugierig und wissbegierig. Sie sind souveräne Mediennutzer mit einer hohen Kaufkraft und Treue. 92 Prozent aller Best Ager haben schon Produkte online erworben.

Sie benutzen das Internet zum einen als Kontaktplattform (z. B. Chat, Facebook, Twitter, Weblogs, Wikipedia, YouTube) und zum anderen als Informationsplattform, beispielsweise zum Preisvergleich und zur Orientierung. Es werden Produkte verglichen, bewertet, gekauft. Man sichert sich zur eigenen Bestätigung vor einer Kaufentscheidung ab, etwa bei Hotelbewertungen oder der Beurteilung von Produkten durch die Stiftung Warentest.

Das Internet ist ein wichtiger Weiterempfehlungsmarkt mit großem Wachstumspotenzial geworden. Themen wie Service, Gesundheit, Ernährung, Nahrungsergänzung, Reisen, Kosmetik, Fitness, Immobilien, Güter des täglichen Gebrauchs, Luxus- und Geschenkartikel stehen dabei ganz vorne. Einkaufen via Online-Shop oder Teleshopping ersetzen den Gang ins Geschäft – weil komfortabler, übersichtlicher, schneller, preiswerter.

- 40 Prozent der 50- bis 69-Jährigen gehen regelmäßig auf digitale Shoppingtour.
- 72 Prozent aller 50- bis 59-Jährigen sind regelmäßig im Netz – bei 60plus sind es immerhin noch 50 Prozent!
- 30 Prozent dieser User kaufen dann auch – und das mit klaren Zuwachsraten.

(Quelle: GfK 2010)

Was sind die Unterschiede zwischen Jung und Alt im Umgang mit dem Internet?

Analog dem Kaufen im Geschäft wollen Best Ager auch im Internet an die Hand genommen und durch die Welt der Produkte und Dienstleistungen geführt werden – sie wollen verführt, berührt, begeistert werden.

Besonders wichtig sind Kunden 50plus beim Internet-Shopping:

- Sicherheit → Schutz persönlicher Daten
- Preiswürdigkeit
- Servicequalität
- klare Strukturen → Lust machende Menüführung wird zum entscheidenden Faktor!
- Mehrwert-Paket → Rückgaberecht, ausprobieren können
- Bequemlichkeit und Komfort → pünktliche, zuverlässige Lieferung frei Haus (genau dann, wenn ich es brauche und ich mich danach sehne – „just in time")
- Nutzen → „Gegenstände für mich – die zu mir passen"
- Glaubwürdigkeit und Vorteile → Bewegte Bilder/Filme z.B. im Shoppingsender werden Details erklärt und vermitteln Sicherheit

Probleme aus Kundensicht 50plus

- Fehlender Warenkontakt → Haptik und fünf Sinne bleiben außen vor
- Nicht funktionierende Online-Masken, über die man sich ärgern kann, die viel Zeit kosten und häufig nicht zum gewünschten Ergebnis führen
- Angst und Verunsicherung vor Datenmissbrauch
- „Produkte-Dschungel" nimmt zu und wird immer weniger durchschaubar
- Der Komfort und die Servicequalität rund ums Produkt wird wichtiger als der Preis
- Bereitschaft, für Online-Angebote wie kostenpflichtige Artikel, Bücher oder Musik Geld zu bezahlen sinkt

Aus einer Pressemitteilung der deutschen Bundesregierung vom 3.11.2010: „... nur jeder Dritte ab 65 nutzt bisher das Internet", sagte BITKOM- Präsident Prof. Dr. August-Wilhelm Scheer. Nach einer Erhebung von BITKOM und dem Hamburger Meinungsforschungsinstitut Aris sind erst 32 Prozent der Senioren online. „Wer einmal vernetzt ist, macht dabei in aller Regel hervorragende Erfahrungen", so Scheer. Die sogenannten „Silver Surfer" geben dem Internet Bestnoten: So sagen 95 Prozent, das Internet sei ein Gewinn durch nützliche Informationen, 90 Prozent betrachten das Netz als Plus an Flexibilität, und 86 Prozent sehen es als Gewinn für ihre Lebensqualität.

Bemerkenswert ist, welch große Rolle das Internet für das soziale Leben älterer Nutzer spielt: Zwei Drittel (64 Prozent) sagten, sie hätten bestehende Freundschaften aufgefrischt, mehr als die Hälfte (58 Prozent) nach eigenem Bekunden gute Freunde kennengelernt. Jeder vierte Surfer ab 65 hat der Studie zufolge sogar einen neuen Lebenspartner im Internet gefunden. „Das Internet boomt als Freundschafts- und Partner-Netzwerk für ältere Menschen", erklärt Scheer. 82 Prozent der älteren Anwender machen nach eigenen Angaben nur positive Erfahrungen mit anderen Internetnutzern.

Nach einer Erhebung von BITKOM und Forsa ist inzwischen jeder sechste Internetnutzer ab 65 auch Mitglied eines sozialen Netzwerks (Community). „Für ältere Nutzer werden Communitys zunehmend attraktiv. Die Zahl der älteren Mitglieder wird rasch steigen, und es wird zunehmend Netzwerke speziell für Senioren geben", kommentiert BITKOM-Präsident Scheer. „In sozialen Netzwerken sollten aber auch die älteren Nutzer darauf achten, für wen ihre persönlichen Informationen sichtbar sind. In der Regel ist dies in der Grundeinstellung das gesamte Netzwerk. Hier würde ich eine Beschränkung auf Freunde empfehlen", sagte Bundesministerin Aigner. Auch von den sozialen Netzwerken forderte Aigner, dass sie die Privatsphäre ihrer Mitglieder ernst nehmen und eine restriktive Grundeinstellung vornehmen, die eine aktive Freischaltung von Informationen für andere erfordert. Ohne ausdrückliche Zustimmung der Verbraucher dürfe es auch im Internet generell keine Weitergabe persönlicher Daten geben. „Gerade soziale Netzwerke für Senioren können nur dann langfristig erfolgreich sein, wenn sie die Daten ihrer Mitglieder umfassend schützen", so Aigner.

Als Hindernis für eine stärkere Internetnutzung von Senioren erweisen sich Sicherheitsbedenken. BITKOM zufolge verzichten 40 Prozent der älteren Nutzer auf Transaktionen wie Shopping, Banking oder Reisebuchungen.

„Best Ager" nutzen das Internet besonders für Suche, Shopping und Kontaktpflege. Eine aktuelle Umfrage unter 1.000 Mitgliedern des Online-Portals 50plus-treff.de hat ergeben, dass die über 50-Jährigen am häufigsten sowohl Suchmaschinen und E-Mail-Portale als auch Shopping-Seiten und Social-Media-Portale im Internet ansurfen. Zu den meistbesuchten Seiten zählen die Such- und Informationsseiten Google (41 %) und Wikipedia

(9 %), die Online-Shopping-Seiten Amazon (14 %) und Ebay (13 %) sowie GMX (8 %), web.de (7 %) und Facebook (5 %) zur Kontaktpflege.

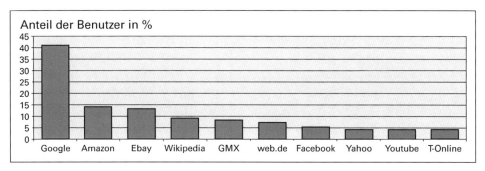

Quelle: Studie mit 1.000 Mitgliedern des Portals www.50plus-treff.de, 2010

Abb. 18: Die 10 beliebtesten Webseiten der Generation 50plus

Keine Angst vor Internetkriminalität

50 Prozent der Best Ager nutzen das Internet für Online-Shopping und 49 Prozent für Online-Banking. Trotz der negativen Berichterstattung über den Missbrauch von Adress- und Kontodaten im Internet scheut die Generation 50plus nicht davor zurück, immer häufiger ihre Einkäufe und auch Ihre Bankgeschäfte online zu tätigen.

Mindestens ein Mal am Tag Informationen abrufen

84 Prozent der Befragten nutzen das Internet mindestens einmal am Tag und über 50 Prozent mehrmals täglich, um Informationen und aktuelle Nachrichten abzurufen, über Google, Wikipedia und die zahlreichen E-Mail-Portale. Marianna Exter, Geschäftsführerin des *50plus-Treffs*: „Auch bei der Informationsbeschaffung steht die ältere Generation der jungen in nichts nach. Das Internet als Informationsquelle für Nachrichten und Kommunikation ist jetzt auch für die Generation 50plus selbstverständlich geworden."

Wunsch nach weiteren Angeboten

90 Prozent der Befragten sind zufrieden mit dem Online-Angebot speziell für ihre Altersgruppe. Lediglich 10 Prozent sehen Potenzial für Verbesserungen in der Internetlandschaft. Im Mittelpunkt steht dabei der Wunsch nach Angeboten über Shopping, Kultur und Freizeit, die speziell auf ihre Altersgruppe und ihre Bedürfnisse zugeschnitten sind.

Quelle: 50plus-Treff, München 2010, Stephanie Padilla-Kaltenborn, www.50plus-treff.de

6.3.2 Stadtmarketing und 50plus

Im französischen Provinzstädtchen Blois am Fuße der Loire wird am Eingangsbereich der Altstadt die historisch anmutende Atmosphäre dadurch verstärkt, dass sie durch dezente, zur Atmosphäre der Innenstadt passende Musik unterstützt wird. Passanten und Kunden werden im Altstadtbereich kontinuierlich mit der gleichen Musik begleitet, die durch viele Kleinlautsprecher so verteilt wird, dass man sich wie in einem Raum fühlt und nicht überall durch andere akustische Signale gestört wird. Dies schafft im Verbund mit dem Ambiente der Altstadt eine angenehme Stimmung und erzeugt einen besonderen, einzigartigen Gesamteindruck und ein unvergessliches Einkaufserlebnis. Ein gutes Beispiel von gelungenem Stadtmarketing für alle Generationen, das nicht kopierbar ist. Denn austauschbare Städte, austauschbare Läden werden zunehmend von älteren anspruchsvollen Zielgruppen gemieden, es sei denn, sie gehören aufgrund ihrer langen Tradition zum direkten Umfeld.

Zu ihrer Positionierung müssen Einzelhändler Entscheidungen zu drei wesentlichen Elementen ihrer Produktleistung treffen:

- Koordinierung von Warenangebot und deren Beschaffung,
- Service-Mix und
- Gestaltung der Geschäftsatmosphäre.

Das Warenangebot und Sortiment muss den Anforderungen des Zielmarkts entsprechen. Die Breite und Tiefe des Angebots ist klar auf die Zielgruppen abzustimmen. Die Herausforderung für den Einzelhändler besteht darin, eine Differenzierungsstrategie zu entwickeln, mit der er sich von anderen merklich erkennbar abhebt. Der Marketingexperte *Lawrence Wortzel* unterbreitet hierzu einige Vorschläge:

Profilieren durch Differenzieren

- Profiliere dich durch bekannte Markenartikel, die im unmittelbaren regionalen Bereich nur bei dir zu haben sind.
- Profiliere dich vor allem durch Hausmarken.
- Profiliere dich durch Themen und länderspezifische Sonderaktionen.
- Profiliere dich durch Überraschungsangebote und biete ständig Abwechslung.

- Profiliere dich als Erster mit den aktuellsten und neuesten Waren und Dienstleistungen.

- Profiliere dich durch Zuschnitt der Waren auf die einzelnen Kunden und deren Lebenswelten – betone dabei neben Konfektionsware besonders deine Maßanzüge, -hemden, -krawatten.

- Profiliere dich durch ein kundenspezifisches Sortiment, wie z. B. Damen- oder Herren-Konfektionen in Übergrößen (siehe HIRMER, www.hirmer.de), für Damen oder Herren reiferen Alters oder durch ungewöhnliche Spielzeuge oder technischen Spielereien speziell für den Kundenkreis, der gerne einmal in einem Spielzeugladen für Erwachsene einkaufen möchte.

Quelle: Lawrence Wortzel, Retailing Strategies, For Today's Majors Marketplace, 1987

Im Vertriebsmanagement gilt es, die Lebensthemen und Leidenschaften der Kunden 50plus zeitnah zu erfassen und in Form von Lebens- und Themenwelten in den Geschäften zu inszenieren – die Kunden mit einer *Sogmarketing-Strategie* zu begeistern, die potenziellen Kunden mit ihren Lebensgefühlen anzusprechen, Problemlösungen zu schaffen.

Best Ager bevorzugen eher kleinere Geschäfte mit Charme und Flair als größere anonyme Läden, Super- oder Verbrauchermärkte. Auch im Non-Food-Bereich sind Fachgeschäfte, in denen eine fachliche Beratung gewährleistet ist, überdurchschnittlich beliebt. Siehe hierzu auch die Ausführungen in Kapitel 4.2 zu den psychologischen Kaufmotiven von 50plus in Bezug auf Kaufstättenauswahl und die Herausforderungen für den Einzelhandel im demografischen Wandel.

6.3.3 Einzelhandel und Handel im demografischen Wandel

Verkaufen im engeren Sinne gehört zu den ältesten Berufen der Welt. Diejenigen, die im Verkauf arbeiten, tragen unterschiedlichste Bezeichnungen, die ich hier bewusst nennen möchte, denn sie sind für jedes Unternehmen unbewusst von großer Bedeutung: Verkäuferin, Vertreter, Reisende, Kundenbetreuer, Außendienstmitarbeiter, Verkaufsberater, Gebietsverkaufsleiter, Agenten. Häufig werden diese Menschen unverdient abwertend und denunzierend mit klischeehaften Begriffen wie „Klinkenputzer", der „billige Jakob", der „aalglatte Strahlemann" oder der „seriöse Vertretertyp" verspottet. Ein herausragender, sehr guter Verkäufer ist Dienstleister, Entertainer, Animateur, Verführer, Kundenbetreuer, Psychologe, Lebensbegleiter, Problemlöser, Nachfrageanreger und auch Unternehmer in eigener Sache.

Haben Sie sich schon einmal gefragt, warum VerkäuferInnen nicht mehr oder zumindest so selten lächeln? Mögliche Gründe:

- Es fehlt ihnen an der Leidenschaft für ihre Arbeit.
- Sie sind vom Management einem zu hohem Druck ausgesetzt.
- Sie haben keine Ziele.
- Sie sind für diesen kommunikativen Beruf einfach nicht geeignet.
- Sie sind nicht beziehungsfähig, nicht kommunikativ genug und in diesem Zusammenhang im richtigen Moment nicht verkaufs- und abschlusssicher.
- Es fehlt ihnen an der Sensibilität, am Fingerspitzengefühl und an der Antizipationsfähigkeit für die Bedürfnisse, Wünsche, Einstellungen von anspruchsvollen Kunden 50plus.
- Sie beraten zu produktlastig, zu verkaufsorientiert, zu wenig nutzenorientiert.

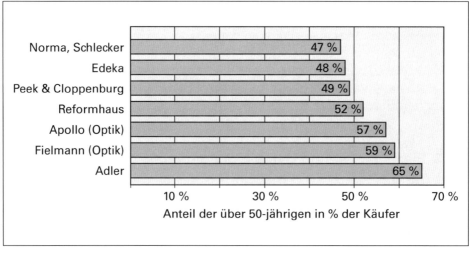

Quelle: Verbraucheranalyse Klassik 2008

Abb. 19: Geschäfte mit hohem 50plus-Kundenanteil

Für 50plus-Kunden ist ein Verkäufer oder eine Verkäuferin die zentrale Ansprechperson im Kundenkontakt und verkörpert ohne Wenn und Aber das Unternehmen nach außen. Hier sind die wesentlichen und entscheidenden Berührungspunkte im interaktiven Marketingprozess. Hier entscheidet sich oft Erfolg und Misserfolg für Unternehmen. Und hier passiert viel, was dunkel und tief verborgen bleibt, weil es die Unternehmen niemals zu hören bekommen, weil sie es zu wenig kontrollieren, weil sie zu wenig ehrliches Feedback von verlorenen, enttäuschten, frustrierten Kunden 50plus bekommen. Mit anderen Worten: Die Dunkelziffer von *Nicht-Kunden* und von Kunden, die aufgrund schlechter Verkäuferleistungen bei den wichtigsten Wettbewerbern gelandet sind, können viele bestenfalls nur erahnen. Untersuchungen sprechen von bis zu 70 Prozent enttäuschten Nicht-Kunden aufgrund von Fehlern in der persönlichen Ansprache, Ignoranz im Kundenkontakt, mangelnder Freundlichkeit und vieler weiterer Eigenschaften, die bereits ausführlich beschrieben wurden.

6.3.4 Shopping ist Entertainment und Erlebniseinkauf

Shopping ist, laut *Prof. Peter Wippermann* vom *Trendbüro Hamburg*, heute Entertainment pur. Konsumenten sind süchtig nach Unterhaltung und Ablenkung. Laut einer internationalen GfK-Studie kaufen mehr als 50 Prozent der Befragten Kleidung nur weil es Spaß macht. Es zählt nicht die Befriedigung durch den Kaufakt, sondern der „Talking Value". Aufmerksamkeit ist damit eine wichtige wirtschaftliche Ressource. Wichtiger als der Stoff und sein Style ist, wer es wann wie wo trägt und wo man dieses „Teil" bekommt. Nicht ohne Grund bewirbt *Madonna* (Jahrgang 1958) Trainingsanzüge bei *H & M*, um die dauerjugendlichen Baby-Boomer zu begeistern. Sie verschaffe der Mode den nötigen „Talking Value" und bietet Anschlusskommunikation. Mit „Talking Value" kann auch das ausgeprägte Bedürfnis vieler Menschen nach Sehen (people watching) und Gesehen-werden bei Partys, gesellschaftlichen Ereignissen, Straßenfesten, in angesagten Locations oder in feudalen Läden für gewisse Insider bezeichnet werden. Eine Ausprägung menschlichen Verhaltens, die für das Marketing Chancen bietet, über Ereignisse und Locations mit Sogwirkung Zielgruppen auf sich aufmerksam zu machen.

6.3.5 One-to-one-Marketing als USP

Umsorgen und verwöhnen Sie ganz bewusst Ihre 50plus-Kunden durch personalisierte Direktansprache mit zeitgemäßen Modulen aus dem Direktmarketing und mit Individuality-Marketing. Insbesondere vermögende Privatkunden 50plus sind beruflich etabliert, haben mehrere Einkommensquellen und wollen aktiv und auf persönlicher Ebene sensibel und feinfühlig-charmant angesprochen werden. Setzen Sie auf eine anders geartete, am persönlichen Dialog orientierte Verkaufsförderung.

Ein exzellentes One-to-one-Marketing ist wesentlich geprägt von:

- Weg vom Durchschnittskunden – hin zum individuellen Kunden.
- Weg vom Standardprodukt – hin zum individualisierten Produkt.
- Weg von der Massendistribution – hin zur persönlichen Belieferung und Home-Service.
- Weg von der Massenwerbung – hin zur individualisierten, intelligenten Kommunikation.

Best Practices | Land's End und GoreTex

Das Unternehmen *Land's End* zum Beispiel gestaltet seit vielen Jahren interessante Bekleidungskataloge für seine gut gebildeten und vornehmlich auch älteren Kunden mit literarischen Beiträgen wie Essays und Kurzgeschichten von bekannten Autoren. Der so entstandene „Literalog" steigert die Erwartung und Spannung auf den nächsten Katalog. Er sticht damit unter den zahlreichen Katalogen, mit denen Kunden überhäuft werden, deutlich heraus. Auch in der Textgestaltung sticht der Land's-End-Katalog durch ausführliche und präzise Darstellung von Produktdetails hervor. „Je mehr die Konsumenten über das Produkt wissen, das sie kaufen, desto besser ist das für Land's End", sagt hierzu der Kreativdirektor der Firma.

Ein weiteres positives Beispiel sind die Werbebeilagen des Unternehmens *Gore-Tex*, die ihre Schuhprodukte in einem attraktiv aufgemachten Flyer, mit Städtereisetipps garniert, mit Restaurant-, Kultur- und Hotelempfehlungen emotional aufladen und Lust auf Reisen mit den strapazierfähigen, atmungsaktiven, nie ermüdenden Schuhen der gleichnamigen Marke machen. Diese sympathische Art des Direktmarketings wird von älteren Zielgruppen positiv wahrgenommen und akzeptiert, der Beilage aus der Tageszeitung wird Vertrauen geschenkt. Sie wird im Idealfall aufgehoben, an Freunde weiter gegeben und vielleicht sogar mit in den nächsten Städteurlaub genommen.

Produkten Charakter geben, Produkte mit Lebensgefühl anreichern: das ist Nutzen für alle. Das ist intelligentes Direktmarketing mit Kunden 50plus.

6.3.6 „Added-value-Strategie": Produkte emotionalisieren

Einkaufen hat neben Versorgungsfunktionen für den Kunden immer auch *Erlebnisfunktionen* zu erfüllen. Soziale Kontakte, das Einkaufserlebnis in animierender Umgebung und freundliches Personal sind wichtiger als Fachkompetenz und Preiswürdigkeit. Der Kunde 50plus stellt eigentlich nur zwei Fragen und erwartet adäquate Antworten:

- Interessiert mich das Angebot wirklich?
- Was habe ich im Endeffekt davon?

In Märkten mit austauschbaren Produkten ist es zwingend erforderlich, Produkte und Dienstleistungen „aufzuladen" mit Erlebnis, Service, Charakter, mit Menschen, mit Design, Image und Identifizierungs-Werten. Mit anderen Worten ausgedrückt: mit echtem erlebbarem Gegenwert, mit Zusatznutzen, mit Performance und Problemlösung. Wertschöpfung für das Unternehmen gelingt hier in erster Linie durch persönliche Wertschätzung, in dem man seine Kunden 50plus begeistert und fasziniert, für einen Nachfragesog sorgt.

6.3.7 Multi-Channel-Marketing und Direktmarketing

Eine Multi-Channel-Strategie ist sehr gut zur Ansprache der Zielgruppen 50plus geeignet. Best Ager sind responsefreudig, wenn sie begeistert werden. Das Direktmarketing ist ein interaktives System innerhalb des Marketing-Managements, in dem ein Werbemedium benutzt werden kann, um eine messbare Reaktion bei Kunden und eine Transaktion mit den Kunden zu erzielen. In Fachkreisen spricht man bereits von einem so genannten Direkt-Beziehungsmarketing. Hier werden Namen und Kenndaten von Kunden in einer Kundendatenbank eingegeben. Fluglinie und Hotels erreichen auf diese Weise eine Beziehung zu ihren bevorzugten Kunden. Für Konsumenten 50plus hat es den Vorteil, dass sie beispielsweise beim Versandhandel ohne Stress bequem und zeitsparend einkaufen können. Sie können komfortabel im Sessel sitzend ihre Kataloge studieren, nach Angeboten recherchieren und vor allem mit Wettbewerbern vergleichen. Sie lernen eine größere Warenauswahl und unterschiedliche Lebensstile kennen. Intensive Preis- und Angebotsvergleiche sind möglich, wenn gleichzeitig auch Online-Kataloge durchsucht werden. Kunden 50plus lieben es, wenn sie persönlich angesprochen werden und das sichere Gefühl haben, nicht eine anonyme Nummer unter vielen zu sein. Sie wünschen eine persönliche Begleitung durch die Welt der Produkte in einem Geschäft und/oder in der Direktansprache ein emotionalisierendes One-to-one-Marketing mit personalisierten Nutzenangeboten, die die Kundenverbundenheit steigern soll. Dies gelingt aber keinesfalls mit irgendwelchen gut gemeinten, wohl formulierten, austauschbaren Massenmailings. Das spürt ein erfahrener Kunde sofort und wendet sich ab.

Im Direktmarketing mit 50plus gilt die Devise: Weniger ist mehr, persönlicher ist mehr, nützlicher ist mehr, glaubwürdig bleiben ist mehr, Beziehung herstellen ist alles. Der Kunde 50plus will verwöhnt und begehrt werden, zum Beispiel mit Vergünstigungen als Neu- oder Stammkunde, mit kleinen Geschenken, Lesematerial zu Themenwelten, die ihn interessieren, mit besonderen Angeboten, mit dem Gefühl, von diesem Unternehmen immer auf dem Laufenden gehalten zu werden und über technische oder modische Neuerungen informiert zu sein.

Umsetzungstipp: Kompetenz-Garantie

- Profilieren Sie sich durch Kontinuität und Qualität.
- Konzentrieren Sie sich auf die Direktansprache von ausgewählten Zielgruppen-Segmenten, z. B. reiche Singles, Immobilien-Eigentümer etc.
- Betreiben Sie Erlebnisberatung.
- Richten Sie Ihre Service-Hotline mit Mitarbeitern ein – kein Call Center.
- Schnüren Sie Komfortpakete.
- Nutzen Sie das Internet als Marketingtool noch stringenter.
- Bauen Sie Online-Distribution als Option auf.
- Veranstalten Sie POS-Aktionen.
- Tun Sie mehr als andere – aber fokussiert auf die Zielgruppe.
- Überraschen Sie mit Kulanz.

6.4 Promotion

Unter Promotion verstehen wir in diesem Kontext Marketinginstrumente wie Werbung, PR-Kommunikation, Branding, Verkaufsförderung und Event-Marketing. Eine wesentliche Herausforderung der Kommunikationspolitik besteht darin, den nicht greifbaren Kundenvorteil von intangiblen Dienstleistungen und nicht bekannten Produkten zu verdeutlichen. Hierbei ist nicht nur die mediengestützte Massenkommunikation relevant, sondern vor allem auch die persönliche Kommunikation im Kundenkontakt. Es ist Marketingaufgabe, diese Kunden-Kunden-Kommunikation zu erfassen, positive Mund-zu-Mund-Kommunikation zu stimulieren und negative zu vermeiden.

6.4.1 Ziele von Promotion und Kommunikation mit 50plus

Hier kommt es im Detail darauf an, welche Dienstleistungen und Produkte Sie anzubieten haben. Die Mittel zum Erreichen des Kommunikationsziels müssen mit großer Detailarbeit und Differenzierung an das Selbstbild der zielgruppenorientierten Images adaptiert werden. Bekanntheit aufbauen kann ein Ziel sein. Der Aufbau von Vertrauen, Vertrautheit und Glaubwürdigkeit sowie eine enge Kunde-Mitarbeiter-Beziehung können weitere Erfolg versprechende Ziele sein. Ein pragmatischer empfehlenswerter Marketingansatz ist es, gezielt die Angehörigen, Freunde, Nachbarn, die Community der avisierten Mikro-Zielgruppen in die Akquisition mit einzubeziehen bzw. diese im Dialog zu personifizieren und als Tippgeber und Multiplikatoren nachhaltig zu nutzen. Mit der Nutzung von Netzwerken können Entscheidungsprozesse bei potenziellen Kunden und Stammkunden gezielt unterstützt und gesteuert werden. Ziel der Kommunikationspolitik sollte es sein, die Kosten für die klassische Werbung und für Verkaufsförderung möglichst niedrig zu halten und eine zielgruppenaffine pfiffige Mediastrategie zu entwickeln.

6.4.2 Visualisierung und 50plus

Ein weiterer wichtiger Aspekt muss der Visualisierung der Dienstleistungsqualität beigemessen werden. Bilder stehen für Symbolik, für Vorstellungsvermögen und für Emotionen. In der Kommunikation mit 50plus müssen Situationen geschaffen, inszeniert werden – durch Ereignisse mit Inhalten, in Szene gesetzt durch kommunikative Techniken. Die Kunst des Fotografen ist nicht das Drücken des Auslösers, sondern die Inszenierung der Sache, des Motivs selbst. Es geht darum, potenzielle Kunden 50plus in der Phase des Low Involvements zu faszinieren. Die „Bühne des Lebens" muss für den Kunden 50plus hergerichtet, inszeniert und zum „Schmuckkästchen" dekoriert werden. *Tat*-Sachen müssen geschaffen werden. Und die haben mit Tun und nicht mit Reden zu tun, mit Ideen und nicht zwingend mit großen Werbeetats.

6.4.3 Strategien zur Umsetzung

Sie haben strategisch die Möglichkeit, wahlweise oder sich im Zeitablauf ergänzend über eine Bekanntmachungs-, Kontaktanbahnungs-, Informations-, Imageprofilierungs-, Zielgruppenerschließungs- oder Konkurrenzabgrenzungsstrategie Mikro-Zielgruppen 50plus zu erreichen. Unabhängig davon, welche Strategie Sie verfolgen, sind persönliche Empfehlungen ein sehr effektives und effizientes Marketinginstrument für Anbieterunternehmen – sowohl die Mund-zu-Mund-Kommunikation als auch die Referenzen, die von Personen gegeben und von Unternehmen initiiert oder beeinflusst werden. Mögliche Instrumente dafür sind beispielsweise materielle und immaterielle Anreize wie besondere Geschenke, Preisnachlässe oder Werbegeschenke für Referenzgeber oder aber „Kunden-werben-Kunden-Kampagnen", die effizient sein können, wenn sie gut gemacht sind und vergleichsweise geringe Kosten verursachen.

Best Ager werden häufig um Rat und nach persönlichen Tipps und Empfehlungen gefragt und sie geben eigene Erfahrungen – ob positiv oder negativ – gerne und signifikant häufiger als jüngere Menschen weiter. Der Informationsbedarf von Best Agern ist außergewöhnlich stark, sie legen großen Wert darauf, über Hintergründe und Zusammenhänge informiert zu werden. Sie wünschen glaubwürdige und informative Werbung und Kommunikation. Sorgen Sie dafür, dass Ihr Unternehmen oder Ihre Produkte persönlich von Ihren 50plus-Kunden an deren jeweiligen Freundes- und Bekanntenkreis aktiv und mit echter Überzeugung weiterempfohlen werden. Es gibt kaum eine wirkungsvollere Möglichkeit als ein intelligentes Empfehlungsmarketing-Konzept mit und über begeisterte Kunden 50plus. Was in der Kommunikation und in der Werbung mit der Generation 50plus wirklich Sinn macht und von Erfolg gekrönt sein wird, soll folgende Checkliste zeigen.

6.4.4 Nos und Gos in Kommunikation, PR und Werbung mit 50plus

Checkliste | 50plus-Kommunikation in Werbung und PR

Gos für Kommunikation/PR/Werbung 50plus	Nos für Kommunikation/PR/Werbung 50plus
■ Glaubwürdig und informativ → das Lebensgefühl der Zielgruppen zeigen und die Botschaften nachvollziehbar darstellen ■ Darstellung von gewisser Exklusivität → nicht snobistisch und überheblich, aber selbstbewusst und anders als die Norm	■ Keine Ghetto-Werbung! Nicht Alter, Handicaps oder Insuffizienzen thematisieren → immer an das Alter der Zielgruppen denken, aber niemals darüber reden oder schreiben
■ Mit sensibler Tonalität → klar, offen, direkt, respektvoll, authentisch, frisch, humorvoll, amüsant, charmant	■ Mit bloßen Werbesprüchen schwer beeinflussbar → keine zu werbliche Ansprache
■ Authentische, nicht austauschbare Typen und Menschen oder Testimonials mit hoher Glaubwürdigkeit und Wiedererkennungswert und mit Eye-Catcher-Stärken	■ Keine Jugendkult-Verherrlichungen fernab jeglicher Realität
■ Schlüsselbotschaft hervorheben und auf den Punkt bringen	■ Keine Überzeichnungen, Diskriminierungen und leeren Versprechungen
■ Sog statt Druck → mit guten Gefühlen für Produkte und Dienstleistungen überzeugen	■ Hochglanz-Broschüren-Resistenz
■ Informationen zum Nutzen bieten – aber nicht zu faktenlastig	■ Keine Ängste vor dem Alter aufbauen
■ Redaktionelle Public Relations mit zielgruppenaffinen Themen, mit denen sich Menschen 50plus gerne beschäftigen, z. B. Lifestyle, Gesundheit und Wohlbefinden, Finanzen, Freizeit und Reisen; ideal in Verbindung mit Event-Marketing zu Themenwelten	■ Keine Anglizismen und Fremdwörter ■ Keine Stereotypen und Klischees ■ Keine Belehrungen ■ Keine Phrasen
■ Emotio und Ratio ansprechen → Ratio einen Tick stärker akzentuieren	■ Anzeigen mit „Trauerrand" in unattraktiver Aufmachung
■ Richtige und adäquate Zielgruppen-Darstellung mit sympathischer Natürlichkeit	■ Zu kleine, schwer lesbare Schrifttypen unter 12 Punkt Größe
■ Fotos als Eye-Catcher → möglichst im Dialog oder in Bewegung	■ Passiv wirkende Fotos von der eigenen Altersgruppe
■ Persönliche Beziehung aufbauen	■ Keine Doppel-Botschaften
■ Problemlösung bieten	■ Nicht zu komplizierte Sachverhalte

Gos für Kommunikation/PR/Werbung 50plus	Nos für Kommunikation/PR/Werbung 50plus
■ Mehrwert aufzeigen	■ Keine Verwirrungen
■ Einfache, klare deutsche Sprache	■ Zu subtile, naive Ansprache
■ Starke Kontraste ohne blendende Farben	
■ Gut lesbare große Schrifttypen ab 12 Punkt, weniger Text ist mehr	
■ Zielgruppenaffine Medienpräferenzen	
■ Response-Elemente	

Fernsehnutzung & 50plus

Die Älteren werden vom Fernsehen betäubt. Das Problem ist nicht nur, dass die Menschen zu früh zu Fernsehsüchtigen erzogen werden, sondern dass die Sucht mit dem Alter steigt. Die Wissenschaftler der University of California, San Diego, haben die Fernsehgewohnheiten von fast 4000 US-Amerikanern ab 15 bis 98 Jahren aufgrund von Protokollen des Tagesablaufs erfasst, wobei auch angegeben werden sollte, wie sie sich gerade fühlen (glücklich, interessiert, traurig, gestresst, müde, Schmerzgefühle) und ob sie alleine oder in Gesellschaft sind .

Nach der repräsentativen Stichprobe ergibt sich, so schreiben sie in ihrer Studie, die im „American Journal of Preventive Medicine" erschienen ist, *dass Menschen über 65 Jahren bis zu dreimal länger am Tag fernsehen als die jüngeren – und dabei wegen des langen Sitzens mögliche gesundheitliche Folgen in Kauf nehmen*, wie die Wissenschaftler sagen.

Dass alte Menschen deutlich mehr Zeit vor dem Fernseher verbringen, ist ein weltweites Phänomen. Das Alter ist ein Indikator für den Fernsehkonsum, ab 35 Jahren, so die Studie, steigt dieser kontinuierlich an. Nach anderen Untersuchungen *verbringen die 65-Jährigen in den USA durchschnittlich 25-30 Prozent ihrer Wach- und 50 Prozent ihrer Freizeit vor dem Fernseher*, durchschnittlich liegt der tägliche Fernsehkonsum bei 270 Minuten, eine Stunde mehr pro Tag als noch vor einem Jahrzehnt.

Verwundert stellen die Wissenschaftler fest, dass die Alten zwar deutlich mehr fernsehen, aber ebenso deutlich weniger Gefallen daran haben. Nicht beantworten können sie die *Frage, ob Fernsehen unglücklicher macht* oder ob unglücklichere Menschen nur mehr fernsehen. Es könnte auch wie bei

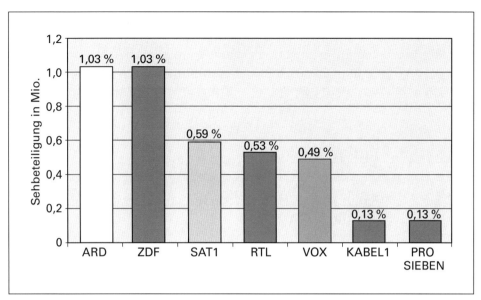

Quelle: GfK-Fernsehforschung 2009

Abb. 20: TV-Lieblingssender 50plus

Süchten sein, dass mit steigendem Konsum die Unzufriedenheit wächst und desto schneller der nächste „Schuss" fällig wird, einfach um über den Tag zu kommen.

Zwar sind die alten Menschen insgesamt mit dem Leben zufriedener, doch mit dem Fernsehen scheint es eine andere Sache zu sein. Anders als bei jüngeren Menschen baut Fernsehen offenbar nicht den Stress ab, sondern eher auf – und *Fernsehen macht auch trauriger*. Das ist vermutlich so, weil ältere Menschen weniger Alternativen haben, meist nicht mehr oder weniger arbeiten, nicht mehr so beweglich sind. Andere Freizeitaktivitäten sind nämlich – unabhängig vom Fernsehkonsum und unabhängig vom Alter – mit höherer Zufriedenheit und weniger Traurigkeit verbunden.

Allerdings ist natürlich nicht nur das Alter für die Höhe des Fernsehkonsums bestimmend, sondern dieses wird nach der Studie von weiteren Variablen beeinflusst: Wer in der letzten Woche nicht gearbeitet hat, ein Mann ist, wenig verdient, schlecht ausgebildet ist und/oder alleine lebt, sieht auch mehr in die Glotze. Sie erweist sich damit nicht nur als psychoaktives Beruhigungsmittel, sondern auch als Ausweg für Einsamkeit und Phantasielosigkeit bzw. Unwissenheit, wie man seine Zeit anders verbringen könnte.

In allen Altersgruppen steht Fernsehen ganz vorne. Man muss sich wirklich fragen, ob unsere Gesellschaft, die gerade erst einmal seit wenig mehr als einem halben Jahrhundert unter die TV-Medienglocke getaucht ist, ein Leben ohne Fernsehkonsum unbeschadet durchstehen könnte. Und die Älteren? *Das Non-Stopp-Fernsehen ist der kleine und indirekte Tod.*

Fakten: Medien & 50plus

Fernsehen

Das Durchschnittsalter aller Erwachsenen in deutschen Fernseh-Haushalten beträgt – statistisch gesehen – 54 Jahre. Die Tendenz ist pro Jahr um ein Lebensjahr steigend. Das bedeutet, dass im Jahr 2020 das Fernsehkonsumenten-Durchschnittsalter 64 Jahre sein wird.

Die ZDF-Fernsehzuschauer haben ein Durchschnittsalter von 58 Jahren, der ARD-Zuschauer ist 57 Jahre, und selbst die privaten Sender wie RTL oder Sat 1, die für ihre Werbekunden die Zielgruppe der 14- bis 49-Jährigen in die Imagebroschüren schreiben, senden zu einem guten Teil für Zuschauer über 50. Menschen 50plus sehen täglich 279 Minuten fern – das sind 4,7 Stunden pro Tag. Das entspricht einer etwa 40 Prozent stärkeren TV-Nutzung im Vergleich zu jüngeren Konsumentenschichten, die das Fernsehen nur 226 Minuten täglich nutzen.

(Quelle: Verbraucheranalyse und Mediaanalyse, ARD- und ZDF-Online-Studie 2010, AGF/GfK).

Bei 60plus sind es schon 309 Minuten tägliche Sehdauer – also 30 Minuten mehr. Die Favoriten der Fernsehsendungen von 50plus oder eher von 60plus sind Gesundheitssendungen, Kochsendungen, Talk-Shows, Daily-Soaps, Quizsendungen, Gerichts- und Ärztesendungen, Nachrichten, Volksmusik u.v.m.

Printmedien

Blätter für ältere Leserinnen und neue People-Magazine mischen derzeit den Markt der Frauenzeitschriften kräftig auf. Das hat seine Gründe: 80 Prozent aller so genannten Frauenzeitschriften werden von 50plus-Kundinnen gekauft und gelesen.

Ältere Menschen verbringen aktuellen Studien zufolge täglich viele Stunden mit Mediennutzung. Ärgerlich für Werbungtreibende und Vermarkter ist nur, dass rund 45 Prozent von 50plus laut Verbraucheranalyse 2010 Werbung im Fernsehen als „störend" empfinden. Auch

Hörfunkwerbung finden ältere Konsumenten häufiger „lästig" als „interessant". Bessere Chancen haben die Anzeigenverkäufer von Zeitungen und Zeitschriften – diese Anzeigen werden von 50plus gelesen und wahrgenommen. Den höchsten Anteil an älteren Lesern haben unter den Publikumszeitschriften:

- Apotheken-Kundenmagazine (70 Prozent sind 50plus) z. B. Apotheken-Umschau und Senioren-Ratgeber

- Wöchentliche Programmzeitschriften (65 Prozent sind 50plus)

- Wöchentliche Frauenzeitschriften (63 Prozent sind 50plus)

- Gartenmagazine (61 Prozent sind 50plus)

- TV-Supplements (61 Prozent sind 50plus) z. B. rtv und Prisma

Generelle Reichweiten-Riesen wie ADAC Motorwelt und Bild am Sonntag punkten überdurchschnittlich bei Best Agern, und der durchschnittliche Hörzu-Leser ist 56 Jahre jung.

Radio
Das Radio ist das mit zunehmendem Alter immer noch am meisten genutzte Medium. Die Hördauer steigt mit jeder Altersdekade gravierend. Die Radionutzungsdauer pro Tag:

- Gesamtbevölkerung: 198 Minuten

- 50plus-Bevölkerung: 212 Minuten

Kino
37 Prozent der Gesamtbevölkerung gehen gerne ins Kino, und nur zwölf Prozent der Menschen über 50 gehen ins Kino – also jeder zehnte Best Ager.

Kommunikationskanäle für Kunden 50plus

Britische Studien haben die Bedeutung der Kommunikationskanäle für die Zielgruppen 55plus untersucht – hier die Wichtigkeit für Menschen über 55 in Prozent. Die Ergebnisse sind sicherlich nicht direkt auf den deutschen Markt übertragbar, geben aber dennoch gute Anhaltspunkte zur erfolgreichen Ansprache der Zielgruppen 50plus. Die ersten drei Plätze belegen Fernsehen mit 90 Prozent Wichtigkeit, Zeitungen mit 87 Prozent Wichtigkeit und In-Store-Promotions mit 82 Prozent Wichtigkeit. Radiowerbung belegte hier den 5. Rang, und das Internet kam mit immerhin ca. 32 Prozent der Nennungen auf den 9. Platz.

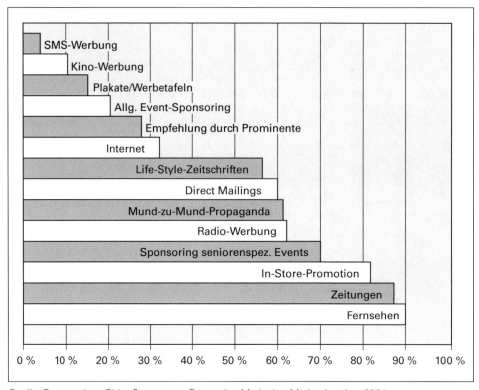

Quelle: Datamonitor: Older Consumers: Destroying Marketing Myths, London, 2004

Abb. 21: 14 Kommunikationskanäle zur Erreichung von Kunden 50plus

6.4.5 Verknüpfung von externem, internem und interaktivem Marketing

Marketing ist die Kunst, sich von den Wettbewerbern zu unterscheiden und mit einer eigenen Identität auf dem Markt zu positionieren. Die Unterscheidung geschieht durch Kommunikation, durch die Darstellung der eigenen Werte und Haltungen, durch Klarheit über Angebote und Leistungen. Erfolgreiches und intelligentes Marketing heißt aber auch, *glaubhaft von innen nach außen* ein Unternehmen zu führen und zu gestalten: Auf der Basis von Vertrauen zwischen Kunde und Mitarbeiter muss zunächst die

Personalpolitik entwickelt und eine Unternehmenskultur gelebt werden, um dann mit kontinuierlichen, hochwertigen, empfehlenswerten Leistungen und sozialer Kompetenz den Kunden zu begeistern.

Der Kunde und die Mitarbeiter müssen im Mittelpunkt einer erfolgreichen, ganzheitlichen und marketingorientierten Unternehmensführung stehen – der angestrebte Unternehmensgewinn ist schließlich nur der Indikator für den daraus resultierenden Erfolg auf dem Markt. Mit anderen Worten: Über das klassische externe Marketing hinaus gewinnt das *interne* und *interaktive* Marketing, das magische Dreieck, die alles entscheidende Bedeutung für die Zukunft von Unternehmen, insbesondere im Dienstleistungssektor. Im Zielsystem der Unternehmen stehen mehr denn je das Management von Kundenbeziehungen, der Dialog mit dem Kunden und die Mitarbeitermotivation, die Identifizierung der Mitarbeiter mit dem Unternehmen, um die ökonomischen Ziele zu erreichen.

Quelle: Hans-Georg Pompe, www.pompe-marketing.com, 2011

Abb. 22: Das magische Dreieck Unternehmen – Kunde – Mitarbeiter

Das magische Dreieck Unternehmen – Kunde – Mitarbeiter erfordert ein exzellentes, aufeinander abgestimmtes Zusammenspiel von internem, externem und vor allem interaktivem Marketing, um letztlich erfolgreich zu sein. Geschäfte werden immer häufiger – trotz World-Wide-Web – im direkten Kundenkontakt am POS entschieden. Und ein demotivierter, nicht begeisternder Mitarbeiter kann erheblichen Schaden anrichten. Im externen Marketing muss man ohne Frage seine Hausaufgaben gut machen – entschieden wird die Schlacht um den Kunden aber im *internen* und *interaktiven Marketing*.

Der intelligenten Verknüpfung von externen, internen und interaktiven Marketinginstrumenten gilt unser besonderes Augenmerk für den Markterfolg bei Best Agern. Beim externen Marketing mit seinen klassischen Instrumenten price, place, product und promotion werden erste wichtige Weichen gestellt: Im Idealfall wird das Vertrauen zwischen Unternehmen und Kunden 50plus aufgebaut, ein Image gebildet, sich von Wettbewerbern über einen spürbaren USP differenziert und auf dem Markt positioniert. Doch die entscheidenden Stellschrauben und das Unternehmensheil sind im internen und interaktiven Marketing zu finden.

Die Unternehmenskultur, die Informationspolitik in beiden Richtungen – also „top-down" und „bottom-up" – das Personalmanagement (people) und das Umfeld zur Erbringung von herausragenden Dienstleistungen sind wichtig für den Erfolg. Und im interaktiven Marketing schließlich, zwischen Mitarbeiter im Kundenkontakt und den Kunden 50plus, ist die Achillesferse zu sehen. Aufgrund der Nähe der Mitarbeiter zum Kunden kommt der Personalschulung, der Servicequalität, dem Moment der Wahrheit am „Point-of-Sale", der Kundenbeziehung, dem Kundennutzen und der Wertschöpfungskette höchste Priorität zu. Hier spiegelt sich ganz real und lebendig die wahre Kundenkultur und die erlebbare unverfälschte Dienstleistungskultur eines Unternehmens wider. Und der Kunde ist immer Beteiligter dieser Kultur, ob man das als Unternehmen will oder nicht. Man kann ja bekanntermaßen nicht nicht kommunizieren. Das wird zu häufig bei allen Marketingbemühungen sträflich übersehen oder verharmlost. Mit Folgen, die man mit erhöhtem Werbeaufwand oder Krisenmanagement schwer wieder reparieren kann.

6.4.6 Marketing von innen nach außen: Pull-Marketing 50plus

Oberstes Ziel einer guten Kundenansprache muss es immer sein, seine Kunden 50plus besser zu bedienen, als die Konkurrenten das können. Das löst den Sog aus, den wir für gute Geschäfte brauchen. Der Kunde zahlt für den Nutzen, den er bekommt. *Prof. Fredmund Malik* vom *Malik Management Zentrum St. Gallen* (Schweiz) hat hierzu eine eigene Meinung und schreibt in seinem Buch *Management – Das A und O des Handwerks*: „Der Kunde hat die Wahlmöglichkeit. Daher ist es auch unrealistisch, von

Kunden Loyalität zu erwarten, so sehr man alles daran setzen sollte, sie zu bekommen."

Setzen Sie zur Stimulierung der Nachfrage bei Menschen 50plus auf stringentes Pull-Marketing – setzen Sie konsequent auf Sog statt Druck. Und Sog auf Menschen können eigentlich nur faszinierende, begeisternde *Menschen* realisieren – ob in der Werbung, im Verkauf, in der Unternehmensführung, am Telefon, im persönlichen Gespräch oder sonst wo. Aber in der Regel schaffen Produkte alleine für sich keinen Sog, keine stürmische Nachfrage, keine Begeisterung. Produkte und Dienstleistungen brauchen Identifikationsobjekte, Geschichten, Slogans, persönliche Empfehlungen, Glaubwürdigkeit, manchmal sogar Negativ-PR, um Trotzreaktionen im Sinne von „jetzt erst recht" auszulösen. Ziel muss es sein, dass der Verbraucher 50plus die Produkte und Dienstleistungen kennt, über sie spricht, sie verstärkt nachfragt, sie aktiv weiterempfiehlt und der (Dienstleistungs-) Marke treu und verbunden bleibt. Pull schafft eine persönliche Basis zur nachhaltigen, Wert schöpfenden Kundenbeziehung und somit zur langfristigen Kundenbindung. Hier hat immer noch das alt-ehrwürdige AIDA-Modell seine volle Berechtigung.

attention	Beachtung und Aufmerksamkeit erzeugen, neugierig machen, stimulieren	
interest	Interesse wecken, Nutzen und Problemlösungsfunktion erkennen	
desire	Kaufwunsch provozieren und mit Leistung überzeugen	
action	Handlung, Präferenz, Versuch	

Danach reicht es nicht aus, Menschen 50plus nur vom Produkt zu überzeugen, sondern man muss sie informieren, sie zum Kauf animieren, sie begeistern, sie mit Zugaben, Kostproben oder mit „Schnuppertagen" zum Erleben der Produktwelt und allem, was dazugehört, bewegen. Verständliche Gebrauchsanweisungen, Nutzerhinweise, Kundenzeitschriften und durchaus auch informative, anders geartete Werbung, die das Selbstimage des Käufers und Produktnutzers 50plus bestärken, sind gute Kommunikationsmittel, die zur besseren Zufriedenstellung und Begeisterung des Käufers 50plus eingesetzt werden können. Dem Inhalt, Appell, Aufbau, der zündenden Idee, der Ausdrucksform und dem Überbringer der (Werbe-) Botschaft kommt dabei eine enorme Bedeutung zu.

6.4.7 Intergeneratives Marketing zur Kundengewinnung, -verbundenheit und -begeisterung

In der Kommunikation brauchen wir keine speziellen 50plus-Kampagnen, um Kunden zu gewinnen und zu begeistern. Wir brauchen ein fachlich und menschlich gut ausgebildetes Sensorium für unsere Zielgruppen. Wir brauchen begeisternde, nützliche Ideen und Konzepte – intergenerativ gestaltet, interaktiv gelebt und interessant aufbereitet. Es braucht ein tief verankertes Bewusstsein bei den Mitarbeitern auf allen Ebenen, dass es nicht alleinige Aufgabe des Vertriebs und Marketings ist, die Kunden zufrieden zu stellen und sie zu begeistern. *Alle* sind gefordert, um aus zufriedenen Kunden *Fans* zu machen. Um Kunden zu *aktiven Multiplikatoren* und *überzeugten Wiederholungskäufern* werden zu lassen.

Was bedeutet das Adjektiv „begeistern", welche Synonyme gibt es?

- berühren
- bewegen
- verblüffen
- verzaubern
- faszinieren
- verführen
- glücklich machen
- besonders freundlich sein
- Lächeln in Gesichter zaubern
- Emotionen wecken
- stimulieren
- Wünsche wecken
- Herz und Seele ansprechen
- Loyalität erzeugen
- gute Gefühle erzeugen
- Träume realisieren
- Wertschätzung
- Anerkennung
- Sympathie ausstrahlen
- gute Laune machen
- neugierig machen
- Lust auf mehr …

Begeistern in all seinen oben beschriebenen Facetten ist der Königsweg mit allen Marketing-Instrumentarien, um Best Ager für sich zu gewinnen, im positiven Sinne zu binden und nicht an Konkurrenten zu verlieren. Denn anspruchsvollere Aufgaben können nur mit außergewöhnlichen Leistungen, mit außergewöhnlichen Feedbacks, mit herausragenden Nutzenangeboten gelöst und bewältigt werden. 50plus ist anspruchsvoll. 50plus ist außergewöhnlich. 50plus will herausragende Nutzenangebote. Und 50plus will begeistert und begehrt werden.

Best Practice aus der Schweiz: Das Augenoptik-Unternehmen K aus B

In der Schweiz gibt es ein Augenoptik-Geschäft, das mir bei einer Vortragsreise positiv aufgefallen ist. Das Unternehmen – gerade 50 Jahre Jubiläum gefeiert – und sein Inhaber möchten aus persönlichen Gründen hier nicht namentlich genannt sein – nennen wir es einfach das Unternehmen K. aus B. Der Inhaber Herr U. B. (selbst 50plus) erzählt mir in einem Gespräch, wie er *mit Understatement und Authentizität seine Kunden begeistert*. Er leitet das Unternehmen in der dritten Generation, am Namen des Unternehmens wurde niemals gerüttelt. Der Chef kommt von der Basis und ist gelernter Augenoptiker. Die *Kernzielgruppe ist 40plus*.

„Mit 50plus ist man noch gefestigter und sesshafter geworden. Wir nehmen uns viel Zeit für die Kunden. Bei uns sind keine Computer sichtbar. Die Kundenberater schreiben während des Gesprächs noch klassisch und stilvoll mit Füllfederhalter auf Papier – und tippen Kundendaten nicht in einen PC. Oberste Maxime ist, sich auf die Kunden einzulassen, authentisch bleiben, ehrlich und immer zu Gunsten des Kunden handeln. Unsere Berater haben keine Kleidervorschriften – sie sind nicht uniformiert. 50 Prozent der Berater sind Männer über 40, die sich hauptsächlich um weibliche Hauptkunden kümmern. Denn Frauen erneuern häufiger ihre Sehhilfen als Männer. Außenwerbung – gibt es nicht."

Die Erfolgsfaktoren des Unternehmens K. aus B. in Kürze – aus dem Mund von Herr U. B.:

- Strategie: „Brillen sind nicht sichtbar" (seit 30 Jahren schon als Strategie)

- Produkte: Alle Brillen sind in Schubladen verpackt – „wir beraten ja und haben keinen Labelverkauf …"

- Marken: „Wir haben Marken, zu denen man wunderbare Geschichten erzählen kann …"

- Preise: im oberen Mittelfeld

- Klientel: „gut verdienendes Klientel, die sich Brille leisten wollen"

- Typischer Kunde: „Mittelschicht, Akademiker bis Handwerker, Familie, Ausländer …"

- Wettbewerber: „Reisebüro, Autohäuser ... und nicht die Augenoptiker vor Ort „wenn Kunden zu Fielmann gehen haben wir vieles falsch gemacht ..."

- Kunden-Events finden keine statt: „Wir haben feine tolle Kunden, die regelmäßig bei uns kaufen, manche alle 3 Monate, andere nur alle 7 Jahre, man tritt keinem Wettbewerber auf die Füße ..."

- Empfehlungsverstärker für Kunden: Sehtest, preisliche Abrundung beim Kauf, z. B. mit familiengebundener Rabattierung oder mit einer Überraschungseinladung statt Preisnachlass.

- Schaufenstergestaltung: „Alle sechs bis sieben Wochen wird das Schaufenster neu gestaltet." Anm.: Das Schaufenster ist kreativ-genial, sehr ansprechend und ein echter USP und Hingucker. Themen wie z. B. „Liebe und Erotik" werden als Lebenswelt humorvoll mit dem guten Aussehen und Sehen zu einer Geschichte über die 4–5 Schaufenster entlang der Straße verschmolzen – man bekommt wirklich Lust ins Geschäft rein zu gehen, sich beraten und verführen zu lassen. Ein Musterbeispiel, wie man Best Ager faszinieren und verführen kann.

Umsetzungstipp: Begeisterungsgarantie

- Sorgen Sie mit Top-Dienstleistungen für persönliche Weiterempfehlung.
- Visualisieren Sie die Dienstleistung zum Produkt.
- Erarbeiten Sie eine Zielgruppen-Erschließungs-Strategie.
- Entwickeln Sie eine Konkurrenzabgrenzungs-Strategie.
- Betreiben Sie glasklares Branding.
- Bauen Sie ein Direktmarketing-Dialogsystem auf.
- Betreiben Sie Eigen-PR mit Know-how-Transfer bei Messen, Seminaren, Workshops für Kundenzielgruppen, in Presseberichten und in Ihrer Öffentlichkeitsarbeit.
- Gestalten Sie Ihre Website nutzerorientiert und professionell.

So etwas wie Dienstleistungsbranchen gibt es nicht. Es gibt lediglich Branchen, in denen die Dienstleistungskomponente stärker oder schwächer ausgeprägt ist als in anderen. Im Grunde ist also jeder ein Dienstleister.

Theodore Levitt

7 Vier operative Stellschrauben für erfolgreiches 50plus-Marketing – die Klaviatur des Dienstleistungsmarketings

Marketing 50plus bedeutet nichts anderes, als die *Klaviatur des Dienstleistungsmarketings* in all seinen Facetten und Instrumenten, in kreativer und spielerischer Vollendung spielen und anwenden zu können. Und die wichtigste Wettbewerbswaffe im Dienstleistungsgeschäft ist die Ausführung: *Wie* ein Service im Detail ausgeführt wird und wie kontinuierlich das gelingt, unterscheidet ihn von anderen Dienstleistungen der Wettbewerber erheblich und ist somit schwer kopierbar. Die Nuancierung der Service-Umsetzung schafft Stammkunden 50plus, die mehr kaufen, anhänglicher sind, Tribut für den weiten Weg zahlen und dem Unternehmen durch Mund-zu-Mund-Werbung helfen, neue Kunden zu gewinnen. Die operativen Stellschrauben für ein erfolgreiches 50plus-Marketing sind vier effiziente Marketing-Tools, die Ihren Markterfolg wesentlich bestimmen werden. Sie eignen sich exzellent zur Differenzierung und Positionierung auf dem Markt – und das nicht nur, aber da ganz besonders, zur Erreichung von Zielgruppen 50plus. Diese vier „Königs-Instrumente" sind:

- **people** – Personalmanagement, Führung und Kultur, Personalentwicklung, Mitarbeiterbindung, begeisternde Mitarbeiter, „Kundenversteher"
- **processes** – Prozessmanagement, der Moment der Wahrheit, das Wie der Kommunikation, Differenzierung durch Top-Service, gelebtes Empfehlungsmarketing
- **physical evidence** – Umfeldmanagement, Ambiente zum Wohlfühlen, Einkaufserlebnis, Event-Marketing, Außendarstellung
- **participating customers** – wertschätzender Kundenmanagement, Antizipation der Kundenbedürfnisse, Vertrauensbildung, Beziehungsmarketing

7.1 People – Mitarbeiter als „Kundenversteher"

Intern ist es wichtig, die Mitarbeiter konsequent für eine höchstmögliche Servicequalität, für die psychologischen Feinheiten im Umgang mit Menschen über 50 zu sensibilisieren, zu schulen, zu fördern, aber auch regelmäßig zu kontrollieren und zu fordern. Hierbei kommen dem Know-how, der Einstellung und dem Verhalten der Mitarbeiter eine große Rolle zu. Idealerweise sollten die Mitarbeiter kompetent, fürsorglich, entgegenkommend, mit Eigeninitiative und der ausgeprägten praktischen Fähigkeit zur schnellen effektiven Problemlösung im Sinne des Kunden agieren können. Als dienstleistungsorientiertes Unternehmen ist es wichtig, seinen Mitarbeitern zu vertrauen, ihnen Vertrauensvorschuss zu schenken. In einem gut geführten, marketingfokussierten Unternehmen sollten alle Mitarbeiter kundenorientiert denken und handeln. Basis hierfür ist ein hoher Zufriedenheitsgrad der Mitarbeiter, ein konstruktives, offenes, freundliches Betriebsklima, eine Plattform aus Sicht der Mitarbeiter, sich mit dem Unternehmen identifizieren zu können. Denn Mitarbeiter sind *der Schlüssel zum Erfolg*, wenn Sie Best Ager gewinnen und begeistern möchten!

7.1.1 Management und Mitarbeiterführung: Wertschöpfung durch Wertschätzung

Um diese Ziele zu erreichen, ist das Personalmanagement intensiv gefordert. Die Führungsstrukturen, die Interaktionsprozesse, die Informationspolitik und die Unternehmenskultur müssen mit Leben gefüllt werden. Von oben nach unten (top-down) muss es in der Kommunikation zwischen Führungskräften und dem mittleren Management genau so stimmig sein und die Informationen müssen fließen, wie in der Kommunikation zu den Mitarbeitern an der Basis, die es täglich mit Kunden 50plus zu tun haben. Ihre Sorgen und Nöte gilt es genauestens zu kennen. Aber auch das Feedback von unten nach oben (bottom-up) ist ein unverzichtbarer Baustein für ein funktionierendes Dialogmarketing mit den Kunden. Wenn hier Sand im Getriebe ist, wird es der Kunde in der Regel schnell zu spüren bekommen.

Ein unzufriedener Mitarbeiter kann viel Schaden anrichten

Der Management-Guru *Tom Peters* behauptete, er könne in ein Unternehmen gehen und innerhalb von 15 Minuten beurteilen, ob die Mitarbeiter zufrieden sind oder nicht. Typische Symptome für unzufriedene Mitarbeiter sind eine hohe Fluktuationsrate, hohe Ausfallzeiten, die mangelhafte Erfüllung von Vorgaben, ausgeprägte Gruppenbildung, innerer Rückzug, Dienst nach Vorschrift, nachlassende Teamfähigkeit, Eigenbrötlertum und eine negative Einstellung zu anderen Abteilungen. Der Schweizer Professor *Fredmund Malik* ist der Auffassung, „… *dass es auf Vertrauen weit mehr ankommt als auf Motivation.* Die wahre Bedeutung von Vertrauen zeigt sich im negativen Falle dann, wenn kein Vertrauen gegeben ist. Unter diesen Umständen ist es vergeblich, motivieren zu wollen, es greift nicht. Jeder Motivationsversuch verpufft wirkungslos, wenn nicht ein Minimum an Vertrauen gegeben ist. Bei Fehlen von Vertrauen kehren sich Motivationsversuche fast immer ins Gegenteil um …" Im Umgang mit Mitarbeitern, aber auch mit anspruchsvollen Kunden über 50 ist „… *charakterliche Integrität von herausragender Bedeutung – meinen, was man sagt, und so handeln; halten, was man verspricht. Was nötig ist, sind konsistentes Verhalten und Verlässlichkeit …"* (Malik, Management – Das A und O des Handwerks, Frankfurt 2005).

Verkrustete Unternehmen – Manager ohne Führungskraft?

Die Realität in etwa 70 Prozent der deutschen Unternehmen sieht aber häufig immer noch sehr ernüchternd so aus:

- *Verkrustete Strukturen:* Trägheit statt Dynamik, wenig Veränderungsbereitschaft
- Vernachlässigte und nicht oder *schlecht geführte Mitarbeiter*
- *Leitungsprobleme:* das Bemühen der Manager um das eigene berufliche Weiterkommen, um die eigene Profilierung, steht im Vordergrund
- *Selbstgefälligkeit und Selbstverwirklichungs-Bestrebungen* anstatt Selbstlosigkeit und Dienst für die Sache bei vielen Führungskräften
- Fehlende oder schwach entwickelte *persönliche Integrität* der Führungskräfte
- *Rationalisierungsdruck:* Kostenfaktor MitarbeiterInnen, die nur zu funktionieren und für Profit und Umsatz zu sorgen haben
- *Bürokratismus und Hierarchiedenken* statt erlebbare Dienstleistungsmentalität und Flexibilität aus Kundensicht
- *Keine echte Mitarbeiterbindung* – statt dessen innere Kündigungen, aufgrund mangelhafter Führung und Demotivation bis hin zum Burnout-Syndrom, das rasant auch in vielen Führungspositionen Einzug hält

In einem solchen Unternehmensumfeld kann wenig gedeihen, kann kaum etwas wirklich wachsen, die Mitarbeiter sind dort lediglich Mittel zum Zweck und Kostenfaktor. Der Führungsstil, die Art und Weise, wie man miteinander umgeht, wird sich bei den Kunden bemerkbar machen – negativ wie positiv. Und gedrückte, bedrückte, demotivierte Menschen können einfach nicht mit Leidenschaft und Überzeugung Kunden beraten, Kunden verführen, Kunden begeistern, wenn sie selbst von dem, was sie tun und für wen sie es tun, nicht voll überzeugt sind.

Wie sollen Mitarbeiter, die ständig nur Verkaufsdruck und Umsatzvorgaben im Nacken spüren, gute Lebensgefühle verkaufen und anderen Menschen helfen, ihre Probleme zu lösen? Nur begeisterte Mitarbeiter mit Strahlkraft und ein Chef mit Vorbildcharakter können 50plus-Kunden begeistern und für Verbundenheit und Gebundenheit sorgen. Fühlt sich ein Kunde einer Firma verbunden, ist er von deren Leistungen überzeugt.

Zeitgemäßes Verkaufen und Beraten ist eine große Herausforderung, es ist in erster Linie Emotionsmanagement: auf Gefühle der Kunden eingehen, Emotionen wecken ebenso wie Produkte mit Gefühlen aufladen. Verkaufen heißt, Menschen glücklich zu machen, sie zu berühren, zu verführen, zu begeistern. Verkaufen und beraten heißt Sehnsüchte und Wünsche zu wecken, statt nur Angebote bereit zu halten. Und dazu muss es in der Führung stimmen. Vertrauen zu den Mitarbeitern und der Glaube an die Mitarbeiter können zu Höchstleistungen beflügeln und die schlummernden Ressourcen im Unternehmen generieren. Vertrauen veredelt Menschen. Und Bevormundung hemmt Reifung, Weiterentwicklung und Freiheit von Mitarbeitern und von Kunden. Vertrauen motiviert. Misstrauen zerstört. Wertschöpfung kann nur mit Wertschätzung funktionieren – dazu sind Führungskräfte mit Führungs*kraft*, Mitarbeiter mit Überzeugungs*kraft*, Kunden 50plus mit Kauf*kraft*, die das honorieren, nötig. Das eine geht ohne das andere nicht – zumindest nicht langfristig und nicht im Sinne von Wertschöpfung für Kunden und Unternehmen.

Wie findet man im Verkauf und in der Beratung den optimalen Zugang zu Kunden 50plus?

Je einfacher, schöner, bequemer, interessanter, überraschender Sie Ihrem Kunden 50plus etwas anbieten und präsentieren, umso eher werden Sie ihn überzeugen. Es geht darum, dem Kunden das Gefühl von Glück und Erfolg im täglichen Leben zu vermitteln, Zuwendung zu schenken, eine Art Lebenshilfe zu geben. Eine unabhängige, *sehr persönliche Beratung* ist für

Kunden heute recht schwer zu finden – aber besonders wichtig und entscheidend für Menschen 50plus, da sie dies stärker schätzen und honorieren als jüngere Konsumenten. Auf die vielfältigen 50plus-Besonderheiten und auf die Herausforderungen im Beziehungsmanagement mit Kunden 50plus am Point-of-Sale (zum Verkaufszeitpunkt am Verkaufsort), pre-sales (vor dem Kauf) und after-sales (nach dem Kauf) gilt es ganz besonders einzugehen:

Check-up | Optimaler Kundenzugang 50plus

- Empathie gilt als Zauberformel im Beziehungsmanagement.
- Laden Sie das Produkt emotional auf mit Sehnsüchten, Träumen, Vorlieben – sozusagen als Belohnung für den zeitlichen und monetären Aufwand des Kunden.
- Der Berater ist Emotionsmanager und Vertrauensperson, der auf alle Wünsche – dann, wenn es der Kunde will und braucht – im Detail einzugehen hat.
- Bauen Sie eine persönliche Beziehung auf und pflegen Sie sie: pre-sales und after-sales.
- Sorgen Sie für persönliche Weiterempfehlung und Folgegeschäft.
- Positionieren Sie sich als neutraler Lebensbegleiter und Lotse durch den Produkte-Dschungel, werden Sie zu einem wertvollen Partner im „Informations-Overkill".
- Begeistern und motivieren Sie mit persönlicher Wertschätzung und individueller Ansprache, mit Fingerspitzengefühl, mit authentischer Natürlichkeit und höchstmöglichem psychologischen Feingespür in der Kundenbeziehung.
- Nehmen Sie sich Zeit für aktives Zuhören.
- Schärfen Sie das Bewusstsein, dass jeder Kunde ein VIP ist.
- Achten Sie auf gute Umgangsformen und gute Allgemeinbildung.
- Eignen Sie sich hohe fachliche Kompetenz an.
- Pflegen Sie Ihr Charisma und achten Sie auf die Wirkung Ihres Äußeren.
- Lassen Sie sich auf Kunden 50plus ein, damit Sie ihre Bedürfnisse und Wünsche erkennen.
- Machen Sie den Spaß am Beraten wieder erlebbar.
- Streben Sie langfristige Performance für Kunden 50plus an.
- Wecken Sie die Sehnsucht des Kunden 50plus nach Wiederkommen und Weiterempfehlen.

7.1.2 Positionierung und Inszenierung bei 50plus

Höchste Aufmerksamkeit, um auf den Märkten der Zukunft existieren zu können, gilt dem Alleinstellungsmerkmal, der Positionierung des Unternehmens, dem USP (*unique selling proposition*). Er bedeutet so viel wie ein unverwechselbares Nutzenangebot für den Kunden, das sonst so in dieser Art und Weise keiner hat und keiner so präsentiert. Aber Positionierung ist nicht das, was man mit dem Produkt tut, sondern was man mit der Gedankenwelt des potenziellen Käufers tut. Das heißt, ein Produktangebot wird im Kopf und im Bauch des potenziellen Kunden positioniert.

Eine Positionierung kann mit besonderen Eigenschaftsausprägungen erfolgen, mit einer bestimmten Problemlösung, einem bestimmten Nutzenversprechen, einer Bedürfniserfüllung, für bestimmte Anwendergruppen. Laut *Philip Kotler* „… kann man sich auf den zunehmend gesättigten Märkten mit austauschbaren Produkten nur noch mit klar erkennbaren Differenzierungen von den Wettbewerbern weg positionieren – alles aus nutzenorientierter Sicht des Kunden…". Möglichkeiten, wie Sie sich mit Ihren unverwechselbaren Produkten und Dienstleistungen drumherum wegpositionieren können, sind nachfolgend kurz skizziert. Finden Sie Ihren eigenen lokalen und regionalen USP, der zu Ihnen passt!

26 Möglichkeiten der unverwechselbaren Positionierung zur Erreichung eines Alleinstellungsmerkmals (USP) aus Kundensicht

- Beste Qualität (bestes Essen, bester Service …)
- Beste Dienstleistungen mit persönlicher Note
- Größte Zuverlässigkeit
- Größte Haltbarkeit
- Größte Sicherheit
- Größte Schnelligkeit
- Größter Komfort
- Größtes Prestige
- Bestes Design
- Bester Stil
- Höchster Erlebnisfaktor (für Sinn und Sinne)
- Fortschrittlichste Technik
- Leichteste Benutzung
- Bestes Preis-Leistungs-Verhältnis
- Geringste Kosten durch Kauf
- Begeisterndes Konzept
- Höchste Anmutung
- Die bezauberndsten Mitarbeiter der Stadt
- Wohnzimmer-Atmosphäre
- Ersatz für Alltagstrott
- „Flirt-Faktor"
- „VIP-Faktor"

- Die besten Typen der Stadt verkehren hier
- „Community-Faktor"
- Die besten Events …
- „Retrofaktor"

Wie ist Ihre Positionierung auf dem Markt?

Fazit: Erstes Ziel in der Kommunikation mit Menschen 50plus muss es sein, sich über eine klare, unmissverständliche Positionierung interessant zu machen, einen Kaufimpuls mit vielen Fortsetzungen auszulösen, Appetit auf mehr zu machen.

Das zweite Ziel ist es, über begeisternde Inszenierungen mit der richtigen sensiblen Tonalität, Ansprache und Darstellung die Zielgruppen 50plus zu begeistern, in den Bann zu ziehen, zu verblüffen. Dies betrifft sämtliche Kundenkontaktpunkte: Werbung, Internetauftritt, Veranstaltungen, Schaufenstergestaltung etc.

Um dann schließlich in der logischen Konsequenz als drittes großes Ziel sich im positiven Sinne in den Herzen und in den Köpfen der potenziellen Kunden zu profilieren, fest zu setzen, zu verankern. Wenn es gilt, z. B. ein Produkt des Genres „Möbel" zu kaufen, sollte Ihr Möbelprodukt im „Evoced Set" des Kunden 50plus verankert sein und sofort abgerufen werden. „Evoced Set" heißt, dass Ihr Produkt bei den ersten drei bis fünf Produkterinnerungen im Kopf und im Bauch des Kunden mit dabei ist. Dann haben Sie es geschafft, Ihr Marketingziel ist erreicht.

Die Firma *Leicht* beispielsweise hat sich mit ihren Küchen für Menschen 50plus wie folgt in der Wahrnehmung positioniert (dies könnte auch eine typische Aussage eines anspruchsvollen Kunden 50plus sein): *„Von den Dingen, mit denen ich mich umgebe, verlange ich das Gleiche wie von Menschen: CHARAKTER."* Das Unternehmen setzt auf die Werte „simplicity, individuality, personality" – einfache Handhabung, individuelles Design, sehr persönlicher Service.

Best Practice | Elektro-Großmarkt

Ein 51-Jähriger will sich einen neuen Fernseher mit Flachbildschirm kaufen. Nach langer Suche nach einem Berater im Elektro-Großmarkt stellt sich heraus, dass individuelle Beratung nicht möglich ist, der Anschluss des TV-Geräts extra Kosten verursachen würde und eine Installation vor Ort schwer möglich sei. Der Kunde möchte jedoch das TV-Gerät als Service geliefert, technisch eingestellt und erklärt bekommen. Im Gegensatz zum Elektro-Großmarkt bietet der kleine Fernseh-Einzelhändler, der sich auf die anspruchsvolle Kundschaft eingestellt hat, den gleichen Fernseher zu etwas höherem Preis an, liefert aber kostenfrei an und löst die technischen Ängste des Kunden in Wohlgefallen auf. Der 50plus-Kunde ist begeistert, empfiehlt weiter. Der anonyme Großmarkt verliert einen zahlungskräftigen Kunden und verspielt seine Chance, persönlich weiterempfohlen zu werden. Das Geschäft des Elektro-Großmarkts basiert eben auf anderen Erfolgsfaktoren.

7.1.3 Optimierungsansätze für die Schnittstelle Personalentwicklung und Marketing

Um die Lücke zwischen versprochenem und gehaltenem Service nachhaltig zu schließen, ist es zwingend notwendig, die zumeist unzureichende horizontale Kommunikation zwischen Personalführung, Marketing und Servicepersonal, zwischen Werbung und Servicepersonal, zwischen Personal und Marketing/Vertrieb und zwischen Marketingleitung und den verschiedenen Filialen und Abteilungen eines Unternehmens zu schließen. Ein Problem ist auch die Tendenz im Marketing und in der Werbung zu übertriebenen Versprechungen, die dann in der Realität am Verkaufstresen und in der Kundenbedienung nicht geleistet werden können.

Der wichtigen Schnittstelle zwischen Personalführung und Marketing wird im Alltag viel zu wenig Bedeutung beigemessen. Die Marketingabteilung kümmert sich zumeist um den Absatz der Produkte, um die Werbung, die Kommunikation zum Kunden, um die Preise und um die Distribution beim Abverkauf. Die internen und interaktiven Prozesse werden oft vergessen oder vernachlässigt – mit gravierenden Folgen. Der Qualität des erforderlichen Personals, der Personalschulung für den differenzierten Umgang mit den Menschen, der gezielten Personalentwicklung von Kundenkontaktpersonal, der Gestaltung des physischen Umfelds und Ambientes und dem entscheidenden Prozess der Dienstleistungs-Durchführung in all seinen diffizilen Details wird viel zu wenig Bedeutung im Alltag der meisten Unternehmen geschenkt – oder einseitig nur von Seiten des Personalmanagements ohne zielgerichtete integrierte Abstimmung mit Marketing und Vertrieb. Zu funktional, jeder in seinem Abteilungsinteresse, statt konsequent auf den Kundennutzen fokussiert. Kundenkontaktpersonal und Führungskräfte müssen lernen, wie sie Beschwerden in Verkäufe ummünzen, Probleme mit klaren Entscheidungsbefugnissen schnell und unbürokratisch im Sinne des Kunden lösen dürfen, mit jeglichen Kundenfragen und Kundenansprüchen selbstständig und unbürokratisch umzugehen haben und wie sie mit einfachen Mitteln begeistern und in den Bann ziehen können, ohne aufdringlich und zu verkäuferisch zu werden. Und die erfolgreiche Kundenbegeisterung müsste sich in einer leistungsbezogenen Bezahlung für den Mitarbeiter monetär niederschlagen.

7.1.4 Ohne Mitarbeiterbindung keine Kundenbindung

Aus der Sicht des Kunden sind *die Menschen*, die Dienstleistungen erbringen, das Unternehmen. Ein inkompetenter Versicherungsvertreter ist eine inkompetente Versicherung. Ein arroganter Kellner ist ein arrogantes Restaurant. Hinter einem unfreundlichen Arzt wird ein unfreundliches, schlechtes Krankenhaus vermutet. Dienstleistungsunternehmen brauchen die *richtigen* Menschen am richtigen Ort, die die Fahne der Firma vor den Kunden nicht nur hoch halten, sondern die die Servicestrategien adäquat umsetzen und die Leistungsversprechen einlösen. Hervorragende Mitarbeiter helfen dem Unternehmen, für den Kunden die Vorteile zu maximieren und die Nachteile und Lasten zu minimieren. Nicht nur das ausgegebene Geld ist für den Kunden 50plus ein Aufwand und eine Last, sondern insbesondere die „nicht monetären Kosten" und Erfahrungen mit Mitarbeitern in Form von Inkompetenz, Intoleranz, Ignoranz, Langsamkeit, Unfreundlichkeit oder Bequemlichkeit von Seiten des Personals können zur Last und letztlich zur Abkehr vom Produkt und vom gesamten Unternehmen führen.

Die besten Dienstleistungsunternehmen verfolgen das folgende Erfolgsmodell. Ist das auch Ihr strategischer Ansatz?

Quelle: Hans-Georg Pompe 2011, modifiziert nach Leonard L. Berry, Top-Service im Dienst am Kunden, 1996

Abb. 23: Erfolgsmodell für Dienstleistungsunternehmen

Ein von *Mitarbeitern* begehrtes Unternehmen ist auch meistens ein von anspruchsvollen *Kunden* begehrtes, nachgefragtes Unternehmen jenseits von Mittelmaß und Austauschbarkeit. Ohne Mitarbeiterbindung gibt es keine Kundenbindung. Aus Sicht des Kunden hat Kundenbindung viel mit *Verbundenheit* und *Gebundenheit* zum Unternehmen zu tun. Das Gefühl, jemandem verbunden zu sein, ist immer freiwillig, positiv belegt und beruht zumindest auf der *Zufriedenheit* des Kunden. Einer Gebundenheit können auch vertragliche Gründe oder rein preisliche Überlegungen zugrunde liegen. Kundenbindung hat immer etwas mit Emotionen, Motivationen und Einstellungen zu tun – sowohl bei den Mitarbeitern als auch bei Kunden mit Erfahrung. Emotionen, indem Gefühle wie Vertrauen erzeugt werden. Motivationen, indem an das Bedürfnis nach Zugehörigkeit appelliert wird. Einstellungen, die durch eine hohe Servicequalität beeinflusst werden können. Optimale Kundenbindung ist letzlich nur zu erzielen über Sympathiewerte, zwischenmenschliche Kontakte, soziale Motive wie beispielsweise ein Wir-Gefühl, Dankbarkeit, Commitment, Zufriedenheit und Begeisterung.

Um den Schaden durch verlorene Kunden in Grenzen zu halten, bemühen sich viele Unternehmen, Kunden an sich zu binden. Es kann fünf Mal so viel kosten, einen neuen Kunden zu gewinnen, als einen Bestands- oder Stammkunden zufrieden zu stellen. Offensive Marketingprogramme (= neue Kunden gewinnen) sind teurer als defensive (= bestehende Kunden binden). Hier liegt die eigentliche Unternehmensherausforderung im Best Ager Marketing. Bislang konzentrierten sich zahlreiche Unternehmen darauf, mit ihren Kunden Transaktionen statt Beziehungen herzustellen. Der Fokus war mehr auf Vorgänge vor dem Kauf und während des Kaufs als auf Vorgänge nach dem Kauf gerichtet. Heute gilt es umzudenken und die Vorteile der Kundenbindung neu zu entdecken.

Reichheld und Sasser zufolge können Unternehmen ihren Jahresgewinn zwischen 25 und 85 Prozent steigern, wenn sie die Kundenabwanderung um 5 Prozent reduzieren. Es mangelt jedoch den meisten Unternehmen an einem Rechnungssystem, das aufzeigt, was treue Kunden dem Unternehmen wert sind. Ziel eines nachhaltig effektiven Kundenbeziehungsmanagements in Form von Kundenbindung muss es sein, die Kundenbeziehung durch soziale Anerkennung anzureichern, die zur materiellen Anerkennung hinzukommt. Ein weiteres Ziel muss es sein, dass sich die Mitarbeiter des Unternehmens um engere soziale Kontakte mit den Kunden bemühen, versuchen, mehr über die individuellen Bedürfnisse und Wünsche der Kunden 50plus zu erfahren und ihnen individueller und persönlicher zu dienen. Sinnvoll ist es, dass sich die Kunden untereinander treffen und eine Art

Markengemeinschaft bilden. Praktische Beispiele hierzu sind Firmen wie *Porsche*, *Harley-Davidson* und *Apple*.

Kundenzufriedenheit wird im Wesentlichen durch den Wert der Leistungen bestimmt, den die Kunden erhalten – auch materielle Anerkennungen und strukturelle Bindungen eignen sich durchaus zur Kundenbindung.

Gute Instrumente, um Kunden 50plus zu begeistern und zu binden, sind beispielsweise:

- spezielle Club-Events für besondere Kunden 50plus – hautnah, exklusiv, unter Gleichgesinnten, mit Spaß- und Erlebnisfaktor
- Veranstaltungen mit und für Persönlichkeiten – mit Charme, Humor und mit einem Hauch des Besonderen

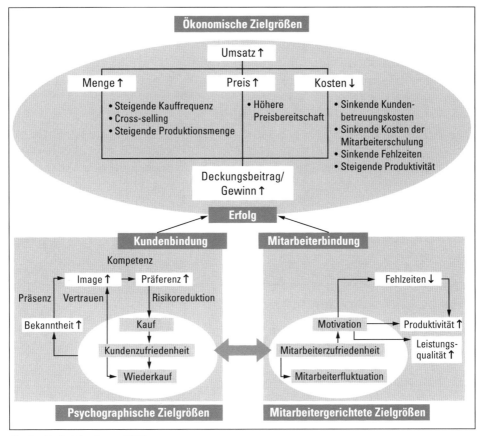

Quelle: Bruhn/Homburg, 1999

Abb. 24: Kundenbindung und Mitarbeiterbindung im Zielsystem des Unternehmens

- kleine Überraschungen – mit großer Wirkung
- persönliche Präsente mit individuellem Bezug auf den jeweiligen Lebensstil und die aktuellen Lebensthemen des Kunden – persönlich überbracht in überraschenden Momenten
- VIP-Post – „Nur für Sie"
- attraktive Sonderleistungen – „Für Sie zuerst"
- persönliche Einladung von Multiplikatoren und aktiven Weiterempfehlern 50plus z. B. zu einem Gala-Diner oder zu einem besonderen Event in Musik, Sport oder Kultur, um sich für die Weiterempfehlung an Neukunden ausdrücklich und wertschätzend zu bedanken
- exklusive Informationen zu produktbezogenen Themen und Seminaren
- exklusiver wertschätzender Charakter sämtlicher angebotener Leistungen, um *Vertrautheit* aufzubauen

Abbildung 24 spricht hier für sich. Fazit: Wenn Unternehmen ihre Hausaufgaben bei ihren Mitarbeitern und bei ihren Kunden richtig und konsequent machen, kommt der wirtschaftliche Erfolg ganz von alleine: eine höhere Preisbereitschaft, steigende Kauffrequenzen, höherer Gewinn, mehr Umsatz, Cross-Selling-Potenziale und vor allem auch sinkende Kosten bei gleichzeitig höherer Qualität für die Kunden. Wertschöpfung durch Wertschätzung. Cross-Selling steht für die vielen Möglichkeiten, über den Ursprungskauf hinaus weitere Käufe innerhalb eines zusätzlichen Sortiments zu realisieren, beispielsweise zusätzliche Dienstleistungen oder Accessoires. Für erfahrene Menschen kann das ökonomisch und psychologisch Sinn machen, sie werden zu treuen Fans.

Warum Unternehmen das Potenzial der älteren Mitarbeiter-Generation nutzen sollten

Wir lernen, so scheint es, uns langsam darauf einzustellen, dass in Zukunft viel mehr alte auf weniger junge Menschen treffen und dass das Durchschnittsalter in den Unternehmen steigt. Das Alter, in dem Menschen in den Ruhestand gehen, hat sich inzwischen auf 63,2 Jahre erhöht. Der Anteil der über 60-Jährigen, die noch einen Job haben, steigt. Wenn wir hier über die sogenannte „ältere Generation" sprechen, dann ist damit durchaus auch schon die Generation 40plus gemeint, die im Berufsleben bereits mit Attributen wie „älter werden", „zu unflexibel", „zu alt" konfrontiert wird. Selbst 40-Jährige bekommen in vielen Branchen keinen Job mehr. Wer über 50 ist, hat auf dem Arbeitsmarkt kaum Chancen. Die Folgen sind verheerend für die Betroffenen, die Volkswirtschaft und langfristig auch für die Betriebe.

Zum „älteren Mitarbeiter" wird man gemacht, das hat mit dem biografischen Lebensalter zunächst gar nichts zu tun. Die Herausforderung besteht im Mentalitätswechsel inmitten einer vom Jugendwahn geprägten (Betriebs-)Kultur. Die sorgt nach wie vor dafür, dass heute immer noch sechs von zehn Unternehmen in Deutschland keine Menschen mehr beschäftigen, die älter als 50 Jahre sind. Nur 45 Prozent der 55- bis 64-Jährigen sind in Deutschland noch erwerbstätig. In Schweden sind es fast 70 Prozent, in Finnland immerhin noch 53 Prozent. Im Durchschnitt gehen die Deutschen mit 60 Jahren in Rente. Zwischen 2010 und 2035 erwarten wir einen stark schrumpfenden Arbeitsmarkt. Fast nirgendwo in Europa verzichten die Unternehmen so rigoros auf das Potenzial älterer Arbeitnehmer. Nirgendwo sonst haben schon 40- oder 50-Jährige so schlechte Chancen auf dem Arbeitsmarkt. In keinem anderen Land werden die Menschen so früh aus dem Arbeitsleben katapultiert. Aber schon bald werden über 50-jährige Mitarbeiter und vor allem Führungskräfte wieder nachgefragt, begehrt, geschätzt sein. Der Fachkräftemangel wird diese Umorientierung forcieren.

Jagd nach den „Best-Agers" – Menschen im besten Alter

Wenn man Headhuntern und ihren Anzeigen Glauben schenken darf, hat zum Beispiel die Frau über 40 auch heute schon beruflich die besten Chancen. Danach schätzen viele Firmen ohnehin generell die weiblichen „Soft-Skills", besonders aber auch „Qualitäten wie Erfahrung, hohe Motivation und Bereitschaft zur Flexibilität" der „Best Ager" genannten Vierzigjährigen. Die Vorzüge liegen auf der Hand: Gegenüber der 35-minus-Generation müssen sie mit keiner potenziellen Schwangerschaft oder mit ständigem Liebeskummer und „Beziehungskisten" rechnen – schlimmstenfalls mit einer Midlife-Crisis.

Erfahrene Führungskräfte sind ein Juwel!

Ein besonderes Augenmerk brauchen auch die 50- bis 60-Jährigen Führungskräfte und Manager – eine Generation, die in den vergangenen Jahren wegen ihrer vermeintlichen Inflexibilität, Immobilität, mangelnden Motivation, Langsamkeit und hohen Gehältern oft bescholten wurde. Das Gegenteil ist häufig der Fall: Gerade Mitarbeiter im besten Alter sind höchst flexible Wochenend-Pendler, hoch motiviert, effektiv und zuverlässig in der täglichen Arbeit. Die Vorgesetzten sollten darauf achten, wie diese Führungskräfte ihre Wissensbasis erneuern können und nicht innerlich kündigen, nicht betriebsblind werden und wie deren wertvolles Know-how für die jüngere Generation erhalten werden kann. Dies erreicht man nicht, indem man die Älteren aufs Abstellgleis stellt oder in Frühpensionierung schickt. Ein probates Mittel, um Mitarbeiter 40plus wieder zu aktivieren und zu motivieren, ist eine intensive Aus- und Weiterbildung – aber auch die Anerkennung und Wertschätzung im Unternehmen, die immer mehr vernachlässigt wird und kein Geld kostet. Der Einsatz dieser Mitarbeiter beispielsweise als Berater für jüngere Kollegen, als Mentor, Coach oder innerbetrieblicher Trainer und Umsetzungsbegleiter könnte Sinn machen – für Arbeitgeber und Arbeitnehmer gleichermaßen. Das Gefühl, noch gebraucht zu werden, ist für jeden Menschen – unabhängig von Alter, Bildungsgrad, Hierarchiestufe und Beruf – ein zentrales Lebensmotiv, das Arbeitgeber nicht unterschätzen und für ihr Unternehmen unbedingt nutzen sollten.

Nur ein gesunder Personal-Mix aus Älteren und Jüngeren bringt Unternehmen Erfolg!

Personalabteilungen müssen sich verabschieden vom Jugendwahn und auch 55-Jährigen eine Chance geben, ihre Erfahrungen, ihr informelles Wissen und ihre Leistungsfähigkeit unter Beweis zu stellen. Junge Mitarbeiter haben viel Elan, doch ihnen fehlen naturgemäß die Reife und Erfahrungen, die ältere Beschäftigte vielfach auszeichnen. Hier gilt es den Bogen zu spannen.

„Jüngste Untersuchungen des Zentrums für *Europäische Wirtschaftsforschung (ZEW) Mannheim* belegt nachhaltig, dass Unternehmen mit einer guten Mischung aus jungen und alten Mitarbeitern produktiver sind als solche, in denen eine Altersgruppe überwiegt. Ältere Kollegen profitieren von der frischen Art Jüngerer, und diese wiederum haben etwas von der langen Berufserfahrung älterer Kollegen. Erfahrung und Wissen älterer Arbeitnehmer werden für die Firmen zunehmend unverzichtbar. Die ZEW-Wissenschaftler beobachteten, dass die Ausstattung der Arbeitsplätze eine besondere Rolle bei der Produktivität älterer Mitarbeiter spielt. Gut beleuchtete Arbeitsplätze, kontrastreiche Bildschirme seien beispielsweise wichtig. Außerdem seien Ältere vor allem dann deutlich leistungsfähiger, wenn sie altersgerechte Tätigkeiten nachgehen können. Dies seien Aufgaben, die große Erfahrung voraussetzen und körperlich weniger belastend sind."

(Quelle: Süddeutsche Zeitung, 13.10.2010, Autorin: Sibylle Haas)

Ältere Menschen können mit Kollegen und Kunden meist besser umgehen. Ihre Erfahrung hilft ihnen, richtig zu entscheiden. Und diesen Schatz gilt es zu heben – das Erfahrungswissen, den Weitblick, die Integrität, die Qualität, die Gelassenheit, den reichhaltigen Erfahrungsschatz und die Glaubwürdigkeit von älteren Mitarbeitern. Aus Sicht der Betroffenen im besten Alter eröffnen sich neue Perspektiven. Die Karrierechancen verringern sich mit zunehmendem Alter, dafür wächst das Gefühl der Unabhängigkeit und Freiheit für neue Herausforderungen. Eine neue Leichtigkeit. Ein neues Lebensgefühl. Eine neue Lebenseinstellung. Ein neuer Aufbruch in die Zukunft. Die Suche nach dem Wesentlichen im Leben.

Ältere und Jüngere können voneinander lernen. Kluge Personalmanager haben erkannt, dass der Ertrag, den ältere Mitarbeiter erwirtschaften, höher ist als ihre Kosten. Der Gedanke, dass ältere Mitarbeiter nicht nur Kandidaten für den Ruhestand sind, muss sich aber in vielen Unternehmen erst noch durchsetzen. Bis 2030 wird es bei gleichzeitigem Geburtenrückgang und Alterung der Gesellschaft zu einem signifikanten Rückgang an Arbeitskräfte-Potenzial in Höhe von über sechs Millionen kommen. Ein Konzept, wie diese Lücke zu schließen ist, fehlt bislang.

Die Zukunft beginnt in den Köpfen der Entscheider

Wir brauchen einen Mentalitätswandel in den Personal- und Chefetagen – weg vom Jugendwahn, hin zur Generationen-Gerechtigkeit, hin zu einer generationsübergreifenden Lebendigkeit, hin zur Ressource Mensch. Wir brauchen Menschen, die Lust auf Kaufen und Konsumieren machen und Sehnsüchte, Träume, Wünsche erfüllen. Wir brauchen Menschen, die tun und anpacken, statt nur zu reden.

Wir brauchen Menschen, die den Märkten neue Impulse geben

Wir brauchen Menschen, die begeistern. Wir brauchen eine neue gelebte *Dienstleistungs-Kultur*. Denn die Marktmacht 50plus steht als Synonym für begeisternde Dienstleistungen, Wertschätzung, Weniger-ist-mehr-Mentalität und für herausragenden Service im Sinne von Kundennutzen. Menschen 50plus sind ein *genialer Seismograf für alle Kundengruppen*, an dem es sich lohnt, sich als Unternehmen mit seinem Marketing-Mix und mit seinem Personalmix kritisch messen zu lassen. Die ältere Generation wird für die deutsche und für die europäische Wirtschaft immer bedeutsamer. Sie hat Einfluss, Stärke, Autorität, Geltung und Ansehen in unserer Gesellschaft.

Appell an Arbeitgeber

Die älter werdende Generation ist ein wichtiger Wirtschaftsfaktor. Bei Angeboten für mehr Komfort und Lebensqualität für Ältere besteht ein großes wirtschaftliches Potenzial, das angesichts der demografischen Entwicklung weltweit stärker an Bedeutung gewinnen wird. Die Wirtschaft hat darauf adäquat zu reagieren – kundenorientiert *und* mitarbeiterorientiert. Kommen Sie als verantwortungsbewusster Arbeitgeber in die Umsetzung: lieber weniger vornehmen, aber das, was Sie planen, konsequent realisieren.

FACTS zur Situation von Beschäftigten 50plus in Deutschland (Stand: 2010)

- 90 Prozent von 50plus gehen einer Beschäftigung nach.
- Nur jeder Vierte 64-Jährige (23,7 %) ist noch im Erwerbsleben.
- Nur jeder Zehnte 65plus (11,6 %) steht noch im Erwerbsleben – 90 Prozent sind Rentner 65plus.
- „Olympiareife erreicht zumindest der Top-Manager erst mit 50." (*Eberhard von Rundstedt, Geschäftsführer Rundstedt HR Partners*)

Best Practice | Das Hamburger „mitnmang-Projekt"

Am Beispiel der drei von der deutschen Bundesregierung prämierten Hamburger Vorzeigeunternehmen und Bündnispartner des „mitnmang-Projekts" – *Optiker Bode, Beate Uhse AG und Budnikowsky* – wird hier mit Unterstützung der PR- und Kommunikations-Agentur *Appelt & Fischer Hamburg* aufgezeigt, wie dort zum einen mit Kunden 50plus und mit Mitarbeitern 50plus täglich umgegangen wird. In diesem Beispiel werden Erfolgsstrategien beleuchtet, Barrieren in der Umsetzung identifiziert und ihre Positionierung im demografischen Wandel dargestellt.

Mittendrin im Berufsleben – mit „mitnmang – Hamburger Initiative für Arbeit 50 plus"

Der Startschuss für das Projekt „mitnmang – Hamburger Initiative für Arbeit – 50 plus", das Langzeitarbeitslosen über 50 Jahren den Wiedereinstieg ins Berufsleben ermöglicht, fiel im Jahr 2005: team.arbeit.

hamburg – Hamburger Arbeitsgemeinschaft SGB II hatte mit seiner Projektidee am bundesweiten Wettbewerb des damaligen Bundesministeriums für Wirtschaft und Arbeit „Perspektive 50 plus – Beschäftigungspakte in den Regionen" teilgenommen und wurde als eines von 62 regionalen Projekten ausgezeichnet. Mit „mitnmang" zeigt team.arbeit.hamburg der Wirtschaft und der Öffentlichkeit: Das Potenzial der Generation 50 plus liegt brach – nutzt es! Denn auch in Hamburg sind viele Unternehmen noch zurückhaltend, wenn es um die Einstellung älterer Mitarbeiter geht. Und das, obwohl sie über wertvolle Berufserfahrung verfügen und es in wenigen Jahren mehr Arbeitnehmer geben wird, die über 50 als unter 30 sind.

Der Name „mitnmang" ist Programm. Es ist Plattdeutsch, heißt übersetzt „mitten im Leben" und hilft Betroffenen, die Hürden bei der Arbeitssuche zu überwinden. Ziel von Projektinitiator und -koordinator team.arbeit.hamburg ist es, dass die Teilnehmer wieder im Berufsleben stehen. Wer länger als ein Jahr ohne Beschäftigung und jenseits der 50 ist, kann an verschiedenen Weiterbildungs- und Qualifizierungsprogrammen teilnehmen, die am Bedarf des Arbeitsmarktes ausgerichtet sind. Je nach individuellen Wünschen und Zielen begleiten professionelle Berater der Kooperationspartner die Teilnehmer auch auf dem Weg in die Selbstständigkeit. Zu den Partnern von „mitnmang" gehören sechs renommierte Hamburger Arbeits- und Kompetenzvermittlungsfirmen. Das geschulte Personal übernimmt neben der Qualifizierung für den Job auch das Coaching der „mitnmang"-Teilnehmer im Job und vermittelt Praktika mit dem Ziel einer Festanstellung.

Ergänzt wird das Projekt „mitnmang" durch eine Sensibilisierungskampagne, die team.arbeit.hamburg mit der PR-Agentur *fischerAppelt Kommunikation GmbH* entwickelt hat. Ziel ist es, die Wirtschaft zum Umdenken zu motivieren. Deshalb gilt es, den Blick für den Wissensschatz der über 50-Jährigen zu schärfen und ihn auch zu nutzen. Die Botschaft lautet daher: Die Generation 50 plus gehört nicht aufs Abstellgleis, sie ist das Potenzial der Zukunft!

Die intensive Arbeit von team.arbeit.hamburg, den Kooperationspartnern und fischerAppelt trägt Früchte: Über 50-jährige Arbeitnehmer werden anders wahrgenommen, immer mehr Unternehmen haben die Generation 50 plus auf ihrer Agenda. Außerdem haben sich bereits zahlreiche norddeutsche Betriebe der „alliance 50 plus – Hamburger Unternehmen für Arbeitnehmer über 50" angeschlossen. Diese zusätzliche Initiative von team.arbeit.hamburg ist hervorgegangen aus der Projektarbeit rund um „mitnmang". Die „alliance"-Partner fördern gezielt über

50-Jährige Arbeitnehmer und stellen ältere Mitarbeiter ein. Für ihr Engagement wurden sie vom Hamburger Senator für Wirtschaft und Arbeit geehrt. „Eine für Hamburg so einmalige Initiative braucht starke Partner, die an einem Strang ziehen", so *Thomas Bösenberg*, Geschäftsführer von team.arbeit.hamburg. „Wir hoffen, dass auch in Zukunft möglichst viele Unternehmen ‚mitnmang' unterstützen, in dem sie Arbeitsplätze für die Generation 50 plus anbieten."

Damit treibt „mitnmang" die Reintegration über 50-jähriger Arbeitslosengeld-II-Empfänger in den ersten Arbeitsmarkt voran, bietet neue Perspektiven und überzeugt Arbeitgeber davon, auf die Erfahrung und Qualifikation Älterer zu setzen. In Hamburg hat „mitnmang" einen Erfolgsweg eingeschlagen. Und auch bundesweit ist ein Aufwärtstrend zu verzeichnen: So haben sich nach Angaben der Bundesagentur für Arbeit die Beschäftigungschancen für ältere Arbeitnehmer verbessert. Inzwischen ist die Zahl der sozialversicherungspflichtigen Jobs von Arbeitnehmern über 50 um 200 000 gestiegen.

Iwan Budnikowsky GmbH & Co. KG

„Sie verfügen über einen besonderen Reichtum an Lebensweisheit, sie haben einen beispiellosen Erfahrungsschatz und sie kennen die Bedürfnisse unserer breiten Zielgruppe sehr genau", so *Cord Wöhlke*, Geschäftsführer von *Budnikowsky*, über die Arbeitnehmer jenseits der 50 in seiner Firma. Das Drogeriemarktunternehmen beschäftigt fast ein Viertel Vollzeitmitarbeiter, die älter als 50 Jahre sind. Seit jeher setzt *Budnikowsky* auch auf diese Generation der Mitarbeiter. Denn die Kunden der Drogeriemärkte stellen ebenso wie die jüngeren und älteren Mitarbeiter keine homogene Gruppe dar. Bei *Budnikowsky* spielt das Alter der Angestellten also keine Rolle, der Fokus liegt vielmehr auf ihrer Qualifikation. Weiterbildung wird groß geschrieben – unabhängig vom Alter. Das Engagement bei der Einstellung Älterer wurde sogar vom Bundesarbeitsministerium gewürdigt, der *Budnikowsky* als „Unternehmen mit Weitblick" auszeichnete.

Optiker Bode GmbH

„Unsere Kundenzielgruppe ist zwischen 40 und 70 Jahre alt und lässt sich gerne von Mitarbeitern beraten, die ein ähnliches Alter haben. Denn diese können die Anforderungen besser verstehen, die man als älterer Mensch an eine Brille hat", so *Sandra Bode*, Leiterin der Abteilung Marketing und Öffentlichkeitsarbeit bei *Optiker Bode*. „Deshalb beschäftigen wir viele Mitarbeiter, die über 55 Jahre alt sind, und stellen auch immer wieder Arbeitnehmer dieser Generation ein. Schließlich bringt uns das nur Vorteile." Laut *Bode* zeichnen sich viele der älteren Kollegen durch besondere Fachkompetenz aus und sind gleichzeitig für die Ausbildung von Nachwuchskräften unersetzlich. Auch in Leitungsfunktionen stellt das Unternehmen über 50-Jährige ein, die neue Herausforderungen annehmen wollen. „Durch ihre langjährige Berufserfahrung haben sie Jüngeren eine Menge voraus", betont *Bode*. „In unserem Familienunternehmen können sie eigenständig und individuell agieren." Wer qualifiziert sei, bei dem spiele das Alter keine Rolle. Ein wesentliches Kriterium stelle vielmehr die Begeisterung für den Job dar und dass man durch Weiterbildungen fit und kompetent bleiben wolle. Über 20 Prozent der Mitarbeiter der *Optiker Bode GmbH* sind über 50 Jahre alt.

Beate Uhse AG

„Es geht hier nicht um Alt oder Jung, sondern um die Kompetenz. Während ältere Mitarbeiter ein Plus an Erfahrung und Souveränität besitzen, bringen die Jüngeren frische, neue Ideen ein und einen anderen, manchmal auch unkonventionellen Blickwinkel", so *Assia Tschernookoff*, Leiterin der Unternehmenskommunikation der *Beate Uhse AG*. Das sei ein wichtiger Baustein für den Erfolg eines Unternehmens. „Wir glauben, dass ein gesunder Mix aus allen Generationen bei der Belegschaft wichtig ist", erläutert *Tschernookoff* die Personalpolitik von *Beate Uhse*. 16 Prozent der rund 740 Mitarbeiter, die der Konzern in Deutschland beschäftigt, sind über 50, drei Prozent sogar über 60. Besonders stark vertreten ist die Generation 50 plus in den Shops. Gerade in der Beratung werden ihr Know-how und ihre langjährige Erfahrung sehr geschätzt – von den Kollegen und den Kunden. Paradebeispiel ist das Team im Hamburger *Beate Uhse* Shop in der Adenauer-Allee: Alle vier Mitarbeiterinnen sind über 50, und die Filialleiterin ist schon seit zwanzig Jahren dabei. Auch beim Produktangebot setzt *Beate Uhse* auf die „Best Ager" und entwickelt eine Produktlinie speziell für diese Generation.

Umsetzungstipp: Sensibilitäts-Garantie

- Halten Sie Ihre Versprechungen.
- Setzen Sie punktgenau um – versprochen ist versprochen.
- Reagieren Sie sensibel und mit viel Zeit für individuelle Bedürfnisse.
- Seien Sie ein vorbildlicher Kundenservice-Dienstleister.
- Schulen Sie Ihr Kundenkontaktpersonal kontinuierlich auf 50plus-Bedürfnisse, Verhalten und Soft-Skills.
- Fixieren Sie Dienstleistungsorientierung als wichtiges Einstellungskriterium.
- Geben Sie jedem Mitarbeiter die Gelegenheit, als eigenständiger Problemlöser zu agieren.

7.2 Processes – gelebtes Empfehlungsmarketing

Bieten Sie Ihren Best Agern Vereinfachung, Entlastung vom Alltag und Orientierung in Form von hervorragendem persönlichem Service. Nutzen Sie jeden Kundenkontakt, gerade auch mit Multiplikatoren aus dem großen Netzwerk Ihrer bestehenden Kunden, um sich zu profilieren, zu positionieren und Ihre Besonderheiten zu zeigen. Optimieren und überwachen Sie Ihre Vertriebsprozesse ganz genau im Hinblick auf die Serviceprozesse am und um den Kunden herum. Antizipieren Sie die Kaufwünsche von Kunden 50plus. Inszenieren Sie ein Ambiente, ein Umfeld, das zu Ihrem Unternehmenscharakter passt, Ihre Produkte und Dienstleistungen ins rechte Licht rückt und für Entzückung, Bewunderung, Weiterempfehlung sorgt. Den Ausführenden der Prozesse kommt die höchste Bedeutung zu. Sie sind täglich neu gefordert, um die Erwartungen der Kunden möglichst punktgenau zu erfüllen. Damit ist aber nicht zwingend Perfektion gemeint, sondern eher eine authentische Art und Weise, mit Charme und Humor, mit einem Schuss Lebensfreude und mit voller Leidenschaft – keine aufgesetzte oder antrainierte Freundlichkeit!

7.2.1 Das GAP-Modell zur Überprüfung Ihrer Dienstleistungsqualität für 50plus

Was ist GAP?

Die *GAP-Analyse* oder auch Lückenanalyse ist ein Management-Instrument aus der Betriebswirtschaftslehre zur Identifizierung strategischer und operativer Lücken durch die Analyse der Lücke zwischen Sollvorgabe und des – unter Beibehaltung der bisherigen Unternehmenspolitik – voraussichtlichen Entwicklung des Basisgeschäfts. Dieses speziell von *Parasuraman, Zeithaml und Berry* 1985 entwickelte Modell analysiert potenzielle Schwachstellen, so genannte *Gaps*, die sich hinsichtlich des Informationsflusses zwischen Nachfrager und Anbieter ergeben können. Das Ziel besteht darin, dass kundenseitige Informationen reibungslos und ohne Verzerrung in das Unternehmen fließen, um dort in den Wertschöpfungsprozess einzugehen. Die vom Kunden kommunizierten Anforderungen an eine Leistung werden im Idealfall vollständig in die Leistungsgestaltung umgesetzt (Customer Integration).

Das *GAP-Modell* analysiert die in den einzelnen Phasen der Leistungsgestaltung potenziell entstehenden Lücken/Gaps, die sich zwischen der Anforderung des Kunden und der Umsetzung dieser durch das Unternehmen ergeben können. In der Summe können diese Gaps dazu führen, dass es zu einer Differenz zwischen erwartetem und wahrgenommenem Leistungsergebnis kommt und dieses somit nicht den Vorstellungen des Nachfragers entspricht.

Fünf Leistungslücken und Diskrepanzen in der Service- und Dienstleistungsqualität werden hierbei aus Sicht des Kunden eher unbewusst geprüft, mit Folgen für beide Seiten: Hinwendung oder Abkehr vom Unternehmensangebot, Top oder Flop, Vertrauen oder Enttäuschung, Glaubwürdigkeit oder vertane Chance. Wer als Unternehmen diesen fünf GAPs im Alltag mehr Beachtung schenkt und seine Aufgaben richtig macht, wird im Kundenbeziehungsprozess mit anspruchsvollen Kunden 50plus punkten und erfolgreich sein. Hier die fünf GAPs im Einzelnen:

GAP 1: Kundenerwartungen vs. Unternehmensauffassung

Beispiel: Patienten im Krankenhaus wollen nicht unbedingt besseres Essen, sondern freundlicheres Personal. Hier geht es darum herauszufinden, was die Kunden wirklich erwarten und in wie weit dies vom Unternehmen erkannt und umgesetzt wird. Es geht aber auch um den Informationsfluss zwischen Mitarbeitern im Kundenkontakt und der Chefetage. Hindernisse hierbei können zu viele Hierarchie-Ebenen und fehlender direkter Draht des Managements zur Basis sein. Kundenbeschwerden und Kunden-Feedback sind ein guter Input und Seismograph zur Analyse der wahren Kundenbedürfnisse. Kundenbeiräte oder der direkte Kontakt der Geschäftsführer und Marketingchefs mit ihren Kunden sind effektive Tools, um die Wechselbeziehungen zwischen Management und Kunden zu verstärken und die Kommunikation von Kundendienstpersonal zum Management zu verbessern. Für die Kunden 50plus, aber auch für die Mitarbeiter an der Basis ist es von großer Bedeutung, die Führungskräfte und Macher des Unternehmens regelmäßig zu sehen, sich mit ihnen auszutauschen, die täglichen Erfahrungen und Probleme gemeinsam zu erleben – um letztlich sich ständig weiter zu entwickeln und den Puls der Kunden zu spüren.

GAP 2: Unternehmensauffassung vs. Spezifikation des Qualitätsstandards

Beispiel: Wer gibt die Antworten auf die Kundenfragen: „Was ist schnell? Was ist gute Qualität für Kunden 50plus?" Das Unternehmen hat eine völlig andere Antwort und Sichtweise als der Kunde. Um Kundenwünsche erfüllbar zu machen, ist zu analysieren, wie der Kunde 50plus die Qualitätsstandards für sich definiert. Meist nicht so akademisch und kompliziert wie das Unternehmen selbst. Die Servicequalitätsziele sind auf die Kundenerwartungen konsequent auszurichten, und bei den umsetzenden Mitarbeitern ist eine Akzeptanz zu erzielen, um den Erfolg zu garantieren.

GAP 3: Spezifizierter Qualitätsstandard vs. ungenügende Leistungsausführung und mangelhafter Service

Beispiel: Effizientes Arbeiten ist nicht immer kundenorientiert. Ein Widerspruch an sich ist beispielsweise schnell zu sein und gleichzeitig Zeit für den Kunden zu haben. Gründe für eine solche Lücke liegen in mangelnder Teamarbeit, fehlendem Handlungsspielraum für die Basismitarbeiter, in ungenügender Qualifizierung der Arbeitnehmer und in Rollenkonflikten. Deshalb ist es wichtig, dass das Management Basis-Mitarbeiter klar mit ihren Aufgaben betraut, mit präzisen Arbeitsanweisungen ausstattet, sie entsprechend schult und mit ihnen an einem Strang zieht. Auch die Entlohnung der Mitarbeiter muss sich an ihrem Servicebeitrag orientieren. Ein Manko vieler Firmen ist, dass die am wenigsten ausgebildeten und geringstbezahlten Arbeitnehmer den direkten Umgang mit den Kunden zu bewältigen haben – beispielsweise an der Rezeption in Hotels, Verkäufer im Einzelhandel oder Berater im Außendienst, die häufig noch freie Handelsvertreter sind. Schlechte Behandlung des Kundenkontaktpersonals führt zu schlechter Bedienung der Kunden 50plus und zu einem Kreislauf: entweder in die positive Richtung – Kundenbegeisterung und Kundenbindung – oder aber in die negative Richtung – Abwanderung und Enttäuschung von Kunden.

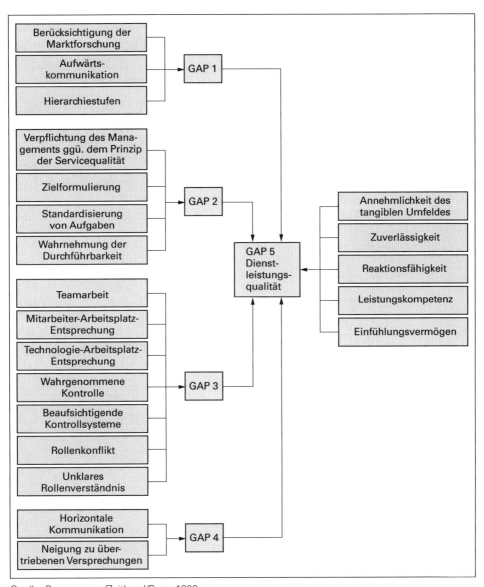

Quelle: Parasuraman/Zeithaml/Berry 1990

Abb. 25: Einflussfaktoren des GAP-Modells

GAP 4: Leistungsausführung vs. kundengerichtete Kommunikation

Beispiel: Nichtübereinstimmung von Angebot und tatsächlichen Leistungen. Ursachen für eine solche Lücke liegen zum einen in unzureichender horizontaler Kommunikation zwischen Werbung/Marketing und Servicepersonal, in den unterschiedlichen Leistungsausführungen in den jeweiligen Filialen und der Neigung zu übertriebenen Versprechungen. Hier spielen natürlich solch alltägliche Fragen eine Rolle, wie viel Standardisierung mit Servicerichtlinien und Vorgaben wirklich Sinn macht und welche Gestaltungsspielräume man dem Kundenkontaktpersonal draußen an der Basis gibt.

GAP 5: Wahrgenommene vs. erwartete Leistungsqualität

Beispiel: Wenn eine oder mehrere oben beschriebene Lücken vorhanden sind, wirkt das Angebot des Unternehmens auf Kunden 50plus nicht glaubwürdig, nicht empfehlenswert, nicht attraktiv, nicht zuverlässig, nicht kompetent genug. Man vergleicht mit anderen Anbietern und bisherigen Serviceerfahrungen und vertraut häufig mündlichen Empfehlungen, seinen persönlichen Bedürfnissen und seinem eigenen Instinkt und Bauchgefühl.

7.2.2 Das entscheidende „Wie"

Dem kleinen Wort „wie" in der Kommunikation mit Best Agern kommt eine hohe Bedeutung zu: der Aufmerksamkeit, der Tonalität, der Sprache und Gestik, Nähe und Distanz, dem Feeling und Fingerspitzengefühl im Umgang mit Kunden 50plus. Sorgen Sie dafür, dass Mitarbeiter A weiß, was Mitarbeiter B mit dem Kunden besprochen hat und dass die internen Kommunikationsprozesse nach außen hin stimmig sind. Die versprochene Dienstleistungsqualität muss mit der real erlebten Qualität zumindest übereinstimmen oder besser noch übertroffen werden. Sonst kann es schwierig werden, glaubwürdig zu wirken und Kunden 50plus zu begeistern.

Best Ager favorisieren im Dialog:

- adäquate Freundlichkeit
- echte Herzlichkeit
- Zuverlässigkeit
- Ausstrahlung
- Einfühlungsvermögen

- Wertschätzung
- Respekt
- Sorgfalt
- Komfort und Bequemlichkeit
- Entgegenkommen
- Integrität
- effektive Kommunikation (leicht verständlich, überzeugend)
- sensible Tonalität
- adäquates Aussehen und Outfit des Gesprächspartners

Differenzierung durch Service der Spitzenklasse

Ein wichtiges Instrument zur Differenzierung sind die mit dem Produkt verbundenen Service-Dienstleistungen. Von der Kundenberatung über Instandsetzung und sonstige Dienstleistungen bis zu Kundenschulung kann das Repertoire reichen. Eine Differenzierung ist natürlich insbesondere möglich über serviceorientierte, begeisternde Mitarbeiter, die man gründlicher als die Wettbewerber ausbildet, nach Dienstleistungskriterien einstellt und in der Kundenansprache entsprechend schult.

Über eine effizient gestaltete interne Servicequalität, zufriedene Mitarbeiter, mit deren Verpflichtung, diesen Top-Service täglich mit Leidenschaft und Engagement zu leben und dem Kunden zu dienen, kann es gelingen, einen „Service nach innen" in Form einer hohen Zuwendungs- und Beziehungsqualität zu schaffen. Das spüren Kunden 50plus. Und erst dann kann dieser Service außen spürbar werden: Er ist gewissermaßen das Ergebnis aller Bemühungen, des Know-how, der sozialen und emotionalen Kompetenz und der Motivation und inneren Einstellungen aller Mitarbeiter – aber auch das lohnende Resultat einer nutzenorientierten, kundenfokussierten Führung von oben. Das ist der Gegenwert für den Kunden in Form von hoher Vertrauensqualität und Begeisterung rundum. Automatisch und ohne weitere Bemühungen sind eine stabile Kundenbindung, beträchtliche Umsatz- und Gewinnsteigerung die logischen Konsequenzen. Sie sind als Indikator für die professionelle Arbeit zu sehen.

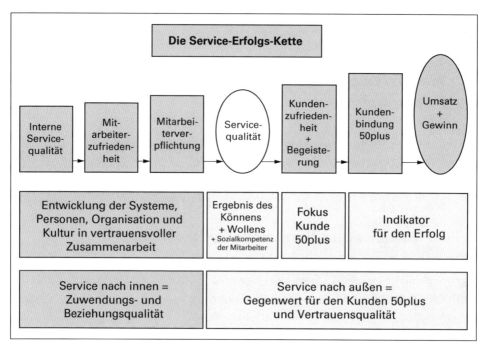

Quelle: Hans-Georg Pompe 2011, modifiziert in Anlehnung an einen Videofilm der Harvard Business School, 1998

Abb. 26: Die Service-Erfolgskette

Was bedeutet Service der Spitzenklasse?

- **Service der Spitzenklasse bedeutet dienen**, Lebensqualität verbessern, für die Mitarbeiter eine befriedigende sinnerfüllte Tätigkeit schaffen und den Kunden 50plus ein authentisches Serviceprodukt anbieten.

- **Service der Spitzenklasse ist eine Gewinnstrategie**, weil es von der Konkurrenz abhebt, positive Mundpropaganda provoziert und die Kundschaft dazu ermuntert, sich von mittelmäßigen Anbietern zu trennen.

- **Service der Spitzenklasse ist kein unerfüllbarer Traum.**

- **Service der Spitzenklasse ist der grundsätzliche Glaube an das Potenzial der Mitarbeiter, hervorragend zu sein.** Es ist der Glaube an Menschen, über sich hinauszuwachsen und sich weiterzuentwickeln, auf exzellente Leistung Wert zu legen, den Kunden 50plus zu dienen, als ginge es um ihr Leben.

- **Service der Spitzenklasse beinhaltet das Element angenehmer Überraschungen.** Das bedeutet, dass man für Kunden (50plus) tut, was andere Unternehmen nicht für ihn tun. Mit einem ungewöhnlichen Engagement für das Wohlbefinden des Kunden, sodass ihm am Ende nur noch Bewunderung bleibt.

- **Service der Spitzenklasse ist eine Kunst.** In ihr spielen Menschen und Informationen eine Rolle. Vor allem handelt es sich um einen kreativen Prozess, um die Kunst, die all diese Bestandteile zusammenfügt und mit großer Leidenschaft jedes Individuums ein kleines Wunder schafft.

- **Service der Spitzenklasse zu liefern ist schwierig.** Wäre es einfach, würde man es häufiger erleben. Ziel muss es sein, seinen Kunden nur das zu verkaufen, was sie brauchen, was sie wollen und was zu ihnen passt.

Quelle: modifiziert nach Leonard L. Berry, Top-Service am Kunden, Stuttgart, 1996

7.2.3 Gelebtes Empfehlungsmarketing

Wecken Sie in Ihrem Kunden die Lust, Sie in seinem Bekanntenkreis als Geheimtipp weiterzuempfehlen. Voraussetzung dafür ist natürlich, dass Ihr Service perfekt und Ihre Kundenansprache passgenau ist. Es gibt zahlreiche Kontaktstufen, wo sich die Qualität des Service jenseits des Zufalls entscheidet. Die wichtigsten sind:

- **Passivkontakt:** Ist der Internetauftritt, Ihr Schaufenster zum Kunden, attraktiv gestaltet?
- **Aktivkontakt:** Wie reagieren die Mitarbeiter am Telefon, wie auf E-Mails?
- **Reaktion:** Wie lange dauert die Beantwortung einer Anfrage?
- **Informationsgespräch:** In welcher Form hebt sich die Produktpräsentation von anderen ab?
- **Kaufentscheidung:** Wie ist eine Entscheidung zu beeinflussen und zu unterstützen? Wie bleibe ich bei Nichtkauf dennoch in Kontakt?
- **Nachbetreuung:** Wie wird der Kontakt zum Kunden 50plus gehalten?

Sorgen Sie dafür, dass Ihr Angebot mit Menschen, mit Köpfen, mit Persönlichkeit und einem eigenen Charakter verbunden wird, etwas ganz Besonderes ist, sich von den vielen austauschbaren Produkten eindrucksvoll abhebt. Ziel muss es sein, weniger plumpe Werbung, mehr persönliche Identifikation mit den Kundenwünschen und mehr Begeisterung und Leidenschaft auf allen Seiten zu erzeugen. Dass sowohl das Management als auch das Kundenkontaktpersonal konsequent auf Kundenbeschwerden eingeht und das Unternehmen daraus lernt, muss eine Selbstverständlichkeit sein. Mit Herzblut gelebtes Beziehungsmarketing, eine Alltagskultur der Freundlichkeit, der Wertschätzung, der Dienstleistungskompetenz und eines guten Rufes wird die Lust des Kunden, Sie als Geheimtipp unter Seinesgleichen weiterzuempfehlen, nachhaltig steigern.

In der After-Sales-Phase nach dem Kaufakt spielt eine Rolle, in welchem Ausmaß Sie den Kontakt zum Kunden halten und was Sie tun, um aus einem Negativerlebnis wie einer Reklamation etwas Positives zu machen. Und, kann der Kunde etwas Besonderes erwarten, wenn er wiederkommt – bei Wiederkauf oder bei der Rückkehr? Schicken Sie Wiederholungskäufern ein Geschenk. Es muss nicht groß sein, aber ein *Knirps* oder eine Schachtel mit exklusiven Grußkarten oder eine Uhr festigen die Beziehung und rentieren sich. Vergessen Sie nicht, das Geschenk mit einer persönlichen Botschaft zu versehen und am besten persönlich zu überbringen. Überreichen Sie Ihren Kunden während des Verkaufsprozesses irgendeine Art von Geschenk als Gegenleistung für die Namen von Freunden, die an dem, was Sie verkaufen, interessiert sein könnten. Damit schlagen Sie zwei Fliegen mit einer Klappe: die Beziehung wird gefestigt und Nörgelei nach dem Verkauf wird weitgehend vermieden. Die wichtigste Frage für ein Empfehlungsmarketing liefern Sie als Unternehmen selbst – oder eben auch nicht:

- Was kann der Kunde 50plus an Dritte weitererzählen?
- Welche Botschaft, welche Geschichte, welche Anekdote?
- Und wie kann er Dritte von Ihrem Produkt begeistern und zum Ausprobieren verführen?

Wie man effektives Empfehlungsmarketing für einen Unternehmens-Turnaround und zur Erreichung der Best Ager Gewinn bringend nutzen kann, zeigt folgendes Beispiel eines innovativen Handwerksbetriebs aus Baden-Württemberg, der sehr erfolgreich im Markt agiert:

Best Practice: malerdeck – Wachstum durch mutigen Turnaround und Zielgruppen-Fokussierung auf die 60plus-Generation

Mit viel Mut und kreativer Energie hat Geschäftsführer *Werner Deck* es geschafft, das Traditionsunternehmen *malerdeck* zu einem Vorzeigebetrieb umzubauen. Als der Malermeister 1980 die Firma seiner Eltern übernahm, ging es ihm wie vielen Kollegen: hohe Schulden, häufige Forderungsausfälle und schlechte Liquidität. Aufträge kamen vor allem von Großunternehmen und beschränkten sich auf Neubauten und Sanierungen. Mit seinem strategischem Veränderungsprogramm hat *Werner Deck* die Wende geschafft. Im Mittelpunkt der Neupositionierung standen erstklassiger Service und die Fokussierung auf die Zielgruppe 60plus.

Werner Deck begann die Firma am Markt neu zu positionieren, indem er sich auf kaufkräftige Privatkunden konzentrierte und diese mit einem Rundum-Service begeisterte. Die Leistungen gehen weit über die üblichen Arbeiten hinaus und umfassen beispielsweise das Aus- und Einräumen, Putzen und Saugen der renovierten Räume. Zugleich bietet *malerdeck* seinen Kunden fünf Garantien für: Zeit, Festpreis, Sauberkeit, Kompetenz, Langzeit.

Selbst in die *Bild-Zeitung* hat *Werner Deck* es mit seinem Angebot schon geschafft: „Sie dinieren, wir renovieren!" Bei *malerdeck* werden

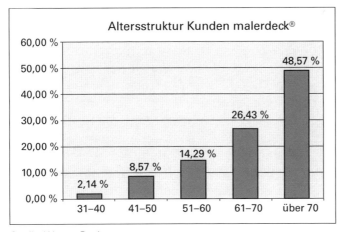

Quelle: Werner Deck

Abb. 27: Altersstruktur der Kunden von malerdeck

die Kunden für die Dauer der Renovierung zu einem Restaurantbesuch ihrer Wahl eingeladen – pro Tag der Renovierung ein Mal, bei sieben Tagen also sieben Mal Mittagessen und Getränke auf Kosten der Firma. Darüber hinaus können die Kunden von *malerdeck* mit gutem Gewissen in den Urlaub fahren und finden bei der Rückkehr ihr Haus oder ihre Wohnung wieder frisch renoviert und sauber geputzt vor. Durch regelmäßige Kundenumfragen generiert *malerdeck* sehr viele Referenzen.

Seit 1993 legt *malerdeck* seinen Fokus auf die Zielgruppe 60plus. Dieser strategische Schritt hat zwei Vorteile: Die Bevölkerungsgruppe macht schon bald die Hälfte der Bevölkerung aus und stellt darüber hinaus die kaufkräftigste Käuferschicht dar. Mittlerweile sind 75 Prozent der Kunden über 60 Jahre alt. Besonders bemerkenswert sind die fast 49 Prozent Anteil bei den über 70-Jährigen! Eine sehr anspruchsvolle Zielgruppe, und doch erreicht *malerdeck* bei den ständig durchgeführten Umfragen, eine Kundenzufriedenheit von 99 Prozent.

malerdeck versteht es, seine Kunden zu begeistern. Täglich werden aus den Zeitungen die Geburtstage der Zielgruppe erfasst. Den zwischenzeitlich fast 9 000 Jubilaren gratuliert *Werner Deck* jährlich mit einem von ihm persönlich verfassten *Gratulationsschreiben in Reimform*. Ebenso werden in die Kundendatenbank Silberne und Goldene Hochzeitstage eingepflegt. Auch diese Jubilare erhalten ein persönliches Reimschreiben. Gereimte Post von *malerdeck* bekommen Kunden auch zum Neuen Jahr, zu den jeweiligen Jahreszeiten oder zum Advent und Weihnachten.

Der Malerbetrieb ist zwischenzeitlich nur noch ein Standbein. Nachdem er sein Unternehmen erfolgreich neu ausgerichtet hatte, gründete *Werner Deck* 1984 mit *Opti-Maler-Partner*® das erste und mit derzeit 150 Partnern sehr erfolgreiche Franchise-System im Maler- und Lackiererhandwerk. Franchise-Nehmer erhalten hier ein schlüsselfertiges Konzept für ihr Handwerksunternehmen. Gleichzeitig fungiert *Werner Deck* als Unternehmensberater. Für seine Leistungen wurde er bereits mehrfach ausgezeichnet, so u. a. mit dem EKS-Managementpreis der *FAZ*, dem Deutschen Handwerkspreis des Wirtschaftsmagazins *Impulse* und mit dem Bundesverdienstkreuz 2010.

Werner Deck
www.malerdeck.de

Umsetzungstipp: Empathie-Garantie

- Zeigen Sie Fingerspitzengefühl für Menschen 50plus.
- Bieten Sie Vereinfachung, Orientierung, Klarheit und Sicherheit.
- Entlasten Sie Ihre Kunden von Alltagspflichten.
- Optimieren Sie die internen Abläufe aus der Kundenperspektive.
- Begeistern Sie mit herausragendem Service und kleinen Überraschungen.
- Stärken Sie eigene Stärken und Ressourcen zum Wohle der Kunden.
- Nutzen Sie die hohe Loyalität von 50plus für positive Weiterempfehlung.
- Schicken Sie Wiederholungskäufern immer wieder Geschenke mit persönlicher Botschaft, mit augenzwinkerndem Humor.

7.3 Physical evidence – Inszenieren Sie Wohlfühl-Atmosphäre für 50plus

Die Verknüpfung von außergewöhnlichem Erlebnis und Produkt lässt die Wertschöpfung und das Vertrauen überproportional ansteigen, das ist wissenschaftlich und praktisch bewiesen. Um wirklich einzigartig zu sein, lohnt es sich, Ihren Kunden und Interessenten 50plus außergewöhnliche Erlebnisse zu verschaffen. Wohlfühl-Atmosphäre fördert ein Wow-Gefühl und macht Lust auf mehr. Inszenieren Sie ein faszinierendes Lebenswelten-Marketing 50plus. Sprechen Sie die Lebensgefühle Ihrer 50plus-Kunden an. Inszenieren Sie Ihre Produkte, Ihre Dienstleistungen zu einem Entertainment-Event, zu einem Einkaufserlebnis für alle Sinne: musikalisch, kulinarisch, künstlerisch.

Event-Marketing-Strategien für begeisterte Kunden 50plus

Service und Erlebnismarketing sind exzellent dafür geeignet, um Kunden 50plus zu gewinnen und zu begeistern. Ein Unternehmen sollte die Fertigkeit entwickeln, Marketingerlebnisse um ihre Produktwelt herum zu schaffen, um dann mit einer integrierten Kommunikation und PR positive Eindrücke beim Kunden zu hinterlassen. Das Ziel von Eventmarketing liegt in der Pflege von persönlichen, direkten Kontakten mit Zielgruppen in einer für sie zwanglosen, angenehmen Atmosphäre. Events sind innovative Instrumente im Kommunikationsmix, die auf die Emotionalisierung von Unternehmen und Produkten abzielen und durch gemeinsame positive Erlebnisse eine lang anhaltende Beziehung erwirken. Die Botschaft kann sowohl übers Herz als auch über den Kopf gleichermaßen gesteuert und synergetisch vernetzt werden. Und der Kunde erlebt Unternehmen viel persönlicher in einer fast privaten Atmosphäre. Geschäfte sind immer Transaktionen von Mensch zu Mensch. Geschäfte sind immer abhängig von einer persönlichen Beziehung. Unternehmensveranstaltungen bieten folgende Vorteile:

- Events sind eine hervorragende Plattform für Kommunikation.
- Events sind ein Marktplatz für „Connections", Pflege von neuen und bewährten Kontakten und Verbindungen.
- Events sind Ausdruck einer Sympathiegemeinschaft unter Seinesgleichen.
- Events fördern die Bildung einer Exklusivgemeinschaft mit auserwählten Persönlichkeiten.
- Events dienen der Schaffung von Verbundenheit für eine strategisch-langfristige Partnerschaft.
- Events stehen für emotionale Erlebbarkeit.
- Events dienen der Vermittlung von Glaubwürdigkeit und haben eine vertiefende Erinnerungswirkung.

Schaffen Sie für Kunden 50plus emotionalisierende Erlebniswelten in einem bezaubernden Ambiente mit einem intelligenten Event-Marketing-Konzept, mit Kooperationen oder strategischen Allianzen mit affinen Unternehmen im lokalen Umfeld, zum Beispiel

- mit *Themen-Filialen* und *Infotainment-Events auf begehbaren Bühnen* am Point-of-Sale in Ihren Verkaufsräumen,
- zu zielgruppenaffinen Themenwelten wie Kunst, Kultur, Wein, Kochen, Sport, Reisen, Gesundheit, Ernährung etc.,
- mit Konzerten, Vorträgen, Lesungen in Kaffeehaus- oder Wohnzimmer-Atmosphäre, bis hin zu Charity-Veranstaltungen, die das Negativimage so mancher Branche ins positive Licht rücken können. Einer möglichen Zusammenarbeit z. B. mit Reisebüros, Fitnessstudios, Gesundheitsanbietern, Event-Agenturen, attraktiven Vortragsrednern, Nachwuchskünstlern etc. steht dann nichts mehr im Wege.

Umsetzungstipp: Genussgarantie

- Hängen Sie Ihre Vorteile und Vorzüge an die große Glocke.
- Schaffen Sie Anlässe und Atmosphäre am Verkaufspunkt.
- Optimieren Sie Ihre Schaufenster-Gestaltung – real und online.
- Kommunizieren Sie Ihre angestrebte Qualitätsposition.
- Zaubern Sie Lächeln in die Gesichter Ihrer Kunden.
- Inszenieren Sie so oft wie möglich Erlebnisse, die Lust auf mehr machen und Sog erzeugen.

7.4 Participating customers – Zelebrieren Sie Beziehungsmarketing 50plus

Dienstleistungsqualität baut Beziehungen mit Kunden und Mitarbeitern auf. Herausragende Unternehmen pflegen diese wechselseitig vorteilhaften Beziehungen: denn Beziehungs-Kunden kaufen mehr und häufiger, sind treu, loben und empfehlen aktiv weiter. Beziehungs-Mitarbeiter arbeiten härter, intelligenter, engagierter für die Kunden und für das Unternehmen. Das Schicksal des Unternehmens liegt ihnen am Herzen, es wird zu *ihrem* Unternehmen. Und die Führungskräfte stehen voll zu ihren Mitarbeitern, zu ihren Kunden und zu sich selbst, sie lieben ihr Unternehmen und zeigen das auch.

Das Einzige, was nicht kopierbar ist, sind Beziehungen – Ihr wichtigster USP in gesättigten Märkten

Setzen Sie auf Dialog statt Monolog – in alle Richtungen: intern und mit ihren Kunden. Begleiten Sie Ihre Kunden persönlich durch die Welt Ihrer Produkte. Schaffen Sie einen Made-for-me-Service, der Beziehungen pflegt und dem Kundennutzen dient. Gehen Sie ganz nah ran an Ihre Bestandskunden und an die potenziellen Neukunden 50plus. Der moderne Berater und Verkäufer ist als Vertrauter, Ratgeber, Mädchen für alles, ja manchmal sogar als „Privatsekretär" und „Beichtvater" gefragt. Schulen Sie Ihre Mitarbeiter entsprechend auf die neuen Herausforderungen. Wer konsequent an die Kundschaft denkt, sie versteht, ihre Verbesserungsvorschläge konsequent umsetzt, hat auch Chancen auf gesättigten Märkten.

Profitabilität und die Bedeutung von Kundenbindung und Kundentreue

Es ist 600 % teurer	… neue Kunden zu gewinnen, als vorhandene zu halten
300 % größer	… ist bei sehr zufriedenen oder begeisterten Kunden die Wahrscheinlichkeit, dass sie nachbestellen, als bei nur zufriedenen Kunden
Fast 100 %	… ist die Wahrscheinlichkeit, dass zufriedene Kunden zu besten Werbeträgern des Unternehmens werden
95 %	… der verärgerten Kunden bleiben Unternehmen treu, wenn das Problem innerhalb von 5 Tagen gelöst ist
Über 75 %	… der zu Wettbewerbern wechselnden Kunden stören sich an mangelnder Servicequalität
„Nur" 25 %	… der zu Wettbewerbern wechselnden Kunden stören sich an unzureichender Produktgüte oder zu hohem Preis
7,25 %	… beträgt die Steigerung des Return on Investment, die jeder Prozentpunkt nachhaltig erhöhter Kundenzufriedenheit bewirkt

Ein beeindruckendes Best-Practice-Beispiel, wie sich ein traditionelles Mode- und Lifestyle-Unternehmen nach einem „Beinahe-Konkurs" gerade neu auf dem Markt positioniert, soll hier unter dem besonderen Aspekt der Zielgruppen 50plus beschrieben werden:

Best Practice: Best-Ager-Positionierung – beim Mode- und Lifestyle-Unternehmen MÄRZ München AG

■ Die Marke und die Unternehmensgeschichte von MÄRZ

Die Marke MÄRZ ist historisch gewachsen und findet Ihren Ursprung vor 90 Jahren bei dem Gründerehepaar Wolfgang und Thea März. Die einst sehr bekannte Münchener Strickmarke stand in den frühen 60er Jahren für Qualität, Prestige, Sportlichkeit, Freiheit und Mode. Das Unternehmen war als Strickspezialist etabliert und genoss ein hohes Ansehen in der Textilbranche (überwiegend im Herrenbereich). Heute dagegen kennen die Marke meist nur die Kunden aus dieser Zeit. In den frühen 90er Jahren hat sich das Unternehmen auf die Kernkompetenz „Klassischer Pullover" fokussiert und die Marke produktionsgesteuert geführt. Die Firma MÄRZ setzte damals den Schwerpunkt auf die Kommunikation von rationalen Faktoren. Im Fokus des stark traditionell geprägten Unternehmens standen dabei Eigenschaften wie konservativ, sorgsam, zuverlässig, gründlich, deutsch (Herkunft München). Der einzige Mehrwert der Marke MÄRZ lag dabei im Qualitätsversprechen.

Die Marke beschränkte sich auf die reinen Produktvorteile und emotionale Markenwerte wurden gänzlich vernachlässigt. Diese sachorientierte Positionierung entsprach weder der gesättigten Marktsituation noch den ausgereiften Wettbewerbsprodukten der Textilbranche. Zusätzlich hatte MÄRZ durch den geringen Modegrad sowohl im Handel als auch bei den Endverbrauchern den Status einer „Modemarke" verloren und wurde als „altmodisch und spießig" wahrgenommen. Fehlende Marktorientierung und die schlechte Branchensituation führten zu kontinuierlichen Umsatzrückgängen. Im Rahmen der Insolvenz wurden diverse Restrukturierungsmaßnahmen erfolgreich durchgeführt und Investitionen in die Marktforschung, als Basis für die Entwicklung der Produkt- und Kommunikationsstrategie, getätigt.

■ Zielgruppen und Markenpositionierung

In den siebziger Jahren entwickelte man ein Zielgruppensystem in enger Zusammenarbeit mit Modeexperten. Die modischen Einstellungen wurden dabei mit dem Qualitätsanspruch in drei Ausprägungen kombiniert.

Die Definition der MÄRZ Zielgruppen erfolgt nach einem Zielgruppenwürfel:

Kernzielgruppe MÄRZ:	*Moderne Klassiker/Moderne Klassikerin Männer und Frauen im Alter 50+*
Modegrad:	*modern-klassisch*
Anspruchsniveau:	*höheres Genre, qualitätsorientiert*
Einkommensrahmen:	*überdurchschnittliches HHNE*
Haushaltsgröße:	*überwiegend 2 Personen Haushalt*
Familienstand:	*verheiratet/zusammenlebend*
Erwerbstätigkeit:	*voll berufstätig, klein/mittel Selbstständige, qualifizierte bis leitende Angestellte, höhere Beamte*
Bildung:	*mittlere bis höhere Bildung, Hochschulabschluss*
Qualität und Preis:	*sind beim Kauf von Kleidung gleich wichtig*

Eine Zielgruppendefinition wurde bei MÄRZ nicht (nur) nach soziodemografischen Merkmalen, sondern schwerpunktmäßig nach psychologischen Merkmalen vorgenommen. Das heißt, nicht das Alter oder die Höhe des monatlichen Nettoeinkommens ist entscheidend, sondern vielmehr die Bedürfnisse der Zielgruppen und darauf basierend die Werte, welche die Marke vermitteln möchte.

■ Psychologische Beschreibung der Kernzielgruppe von MÄRZ (Consumer Insights)

Männer und Frauen die mit beiden Beinen im Leben stehen. Geordnetes Familienleben ist Ihnen wichtig, Sie sind stolz auf sich und das, was sie geschaffen haben. Sie legen Wert darauf, qualitativ gut angezogen zu sein und bevorzugen einen klassisch-modernen Kleidungsstil. Sie achten auf die richtige Garderobe zu jedem Anlass, aber nicht als Etikette. Convenience-Aspekte wie Tragekomfort und Bequemlichkeit sind bei Bekleidung wichtig. Auch in der Freizeit möchten sie die Sicherheit haben, gut angezogen zu sein. Sie haben ein kritisches Verbraucherbewusstsein und wählen nur Marken aus, die zu ihrem Typ passen. Sie nehmen aktiv am Leben teil, sind kulturell interessiert, gehen wandern und radeln, spielen Tennis oder Golf, im Winter gehen sie gerne zum Skifahren. In Ihrer Freizeit leben sie gerne bewusst, sind Genießer, reisen sehr gerne und sind gesellig.

Das sind die 68er heute! Konservative Leitbilder lehnen Sie nach wie vor ab und haben ein permanentes Abgrenzungsbedürfnis, „anders" sein zu wollen und nie wie die Eltern. Diese Menschen hatten die Vorreiterrolle darin, Freiheit zu fordern und möglichst auch zu leben. Heute sind sie Vorreiter für neue Altersbilder. Sie tragen Marken wie Ed Hardy und G-Star, lässige Jeans, Shirts und Lederjacken gehören zum Freizeitoutfit dieser Zielgruppe.

Zielgruppenuntersuchungen haben ergeben, dass die Marke MÄRZ zwar bekannt, aber nicht ausreichend im Relevant Set der Zielgruppe verankert ist. Das Potenzial der Marke war zu 90 Prozent nicht ausgeschöpft. Das vorhandene Profil war nicht genügend emotionalisiert, das heißt diejenigen, die MÄRZ kennen, wissen auch um die hohe Qualität. Aber sie haben ein stark rationales Bild und „fühlen" damit ein gering ausgeprägtes emotionales Bild (Wert) der Marke und damit eine geringe Begehrlichkeit. Für MÄRZ bedeutet dies, dass zwar die Kernzielgruppe nach soziodemografischen Merkmalen definiert wurde, die Image-Optimierung sich jedoch stärker an dem Werteverhalten orientieren muss. Damit wird die Marke auch für andere Altersgruppen mit gleichen Strukturen interessant (Öffnung der Zielgruppensegmente an den Rändern). Dabei wurde erkannt, dass die emotionalen Werte der Marke zu stärken sind, um eine größere Kundenbindung zu erreichen.

■ Die neue MÄRZ Positionierung

„MÄRZ ist eine begehrenswerte Modemarke für Männer und Frauen, die das Gefühl haben wollen, immer in der perfekten Kombination aus bester Qualität und klassisch-modernem Design gekleidet zu sein, genau wie es Ihrem authentischen Lebensstil entspricht."

■ Tonalität (Wie bin ich?)

Hier muss folgende Frage beantwortet werden: In welcher Art und Weise soll MÄRZ die Zielgruppe ansprechen und welchen Eindruck soll diese von der Marke haben? Der Gestaltung einer Botschaft kommt ebenso große Bedeutung für die Kommunikationswirkung zu wie dem Inhalt. Bei der Tonalität werden der Marke MÄRZ folgende Persönlichkeitsmerkmale zugeschrieben: authentisch, ehrlich, modern, witzig, leidenschaftlich, lebensfroh, sympathisch, positiv und mutig.

■ Ziele für die Kommunikation

Kommunikativ hat sich MÄRZ in den letzten Jahren konsequent verjüngt. Jetzt ist die Zeit reif, eine ganz eigene Inszenierung für MÄRZ zu definieren. Eine Welt, die der Marke mehr Emotionalität und Einzigartigkeit verleiht.

Doch wie sieht diese Welt aus? Eine Marke lebt von ihrem emotionalen Mehrwert, denn Emotion ist der wichtigste Markentreiber. Für starke Marken gilt „Loyality beyond Reason". Das Produkt ist natürlich auch wichtig, aber zweitrangig. Die Marke MÄRZ ist gut für die Vernunft, denn die setzt Kosten in Relation zum Nutzen und dabei kommt MÄRZ mit seiner unschlagbaren Qualität gut weg. Das Produkt MÄRZ dagegen ist gut für Vernunft und Gefühl. Marken sind träge Systeme, da braucht es kommunikative Hartnäckigkeit und Konsequenz. Das Ziel für die Kommunikation heißt daher: Marke machen!

■ MÄRZ muss weiter an der Verjüngung und Emotionalisierung der Marke arbeiten

Dabei muss sich die Marke selbst treu bleiben, darf Ihre gewachsenen Werte nur zur Disposition stellen: „Alte Qualität – Neue Mode"! MÄRZ muss natürlich auch in Zukunft die Qualitätsführerschaft betonen, wohl wissend, dass Qualität ein konservativer Wert ist. Aber diese Qualität muss emotional aufgeladen werden. Gleichzeitig muss die Marke mehr Mode-Mut beweisen, denn nur modische Faszination und Inspiration können die MÄRZ Premium-Preise rechtfertigen. Für die Kommunikation ist das Thema Inspiration wesentlich schwieriger als für die Kollektion. Denn die Kommunikation ist Gralshüter der Markeninspiration. In diesem Fall allerdings eher Quartiermacher für eine neue Markeninspiration. Trotzdem gilt auch hier: Mut tut gut! Tradition macht alt, erlebte Tradition macht jedoch groß.

■ Die neue MÄRZ Imagekampagne „Traditionell Unkonventionell"

Die neue Imagekampagne spannt mit einer Portion Ironie den Bogen über Generationen und stellt gewohnte Stilregeln auf den Kopf. Es findet sozusagen ein Rollenspiel zwischen der jungen und älteren Generation statt, welches mit Augenzwinkern in Szene gesetzt wurde. Die einzelnen Motive sprechen eine witzige und gleichzeitig für MÄRZ ganz neue provokante Sprache. Die Kampagne spricht besonders die Generation an, die im Herzen jung geblieben ist und aktiv zusammen mit der jungen Generation am Leben teilnimmt. Demzufolge handelt es sich inhaltlich nicht um eine einmalige Story, sondern um eine kontinuierliche Geschichte, die in jeder Saison neu interpretiert wird und unterschiedlichste Facetten des Lebens beleuchtet. MÄRZ beweist mit dieser Kampagne auch als traditionelle Marke am Puls der Zeit zu sein. Im Zuge der neuen Kampagne wurde auch der Markenclaim überarbeitet und der neuen Ausrichtung angepasst. MÄRZ verwendet nun den neuen Claim „Traditionell Unkonventionell" in der gesamten Kommunikation.

Traditionell Unkonventionell

Abb. 28: MÄRZ Claim

Abb. 29: Beispiele aus der neuen Imagekampagne von MÄRZ

Diese neue Positionierung wurde in allen Bereichen des Marketing-Mix im Sinne einer integrierten, wahrnehmbaren und eigenständigen Kommunikation zum Aufbau des Markenimages umgesetzt.

- **MÄRZ-Strategien im Hinblick auf mögliche Zielgruppen 50plus**
    - Permanenter Austausch mit der Zielgruppe. Alle Unternehmensaktivitäten (Marketing- und Kollektionskonzepte) sind auf die Zielgruppen ausgerichtet.
    - Zielgerichtete Bedarfsdeckung und Lustgenerierung in der Zielgruppe
    - Wir verkaufen nicht nur einen Pullover, sondern vermitteln ein Lebensgefühl
    - MÄRZ ist eine begehrenswerte Lifestylemarke

- **Wie bereitet sich MÄRZ auf den Generationswechsel vor?**

Best Ager suchen nach Sicherheit und einer soliden Basis, die MÄRZ ihnen bieten kann. Die Stilgruppe „Moderne Klassiker" wird auch die heute *30- bis 40-Jährigen* auffangen – denn nicht das Alter ist entscheidend, sondern das *psychologische Werteverhalten*. Der Trend zu klassischen, grundsoliden Werten steigt bereits heute stetig. Die Marke MÄRZ bietet den neuen „Jungen Alten" verstärkt einen *emotional erlebbaren Mehrwert*, der auf die Werte dieser Zielgruppe aufbaut. Das ist „Traditionell Unkonventionell".

Quelle, Abbildungen und Fotos: MÄRZ München AG München (2011)

Tatjana Madzarevic, Jahrgang 1980, gelernte Industriekauffrau mit Studium der Betriebswirtschaftslehre an der Fachhochschule für Ökonomie & Management in München. Im Anschluss an ihr Studium übernahm sie bei der Firma MÄRZ die leitende Funktion im Bereich Marketing und sammelte umfassende Erfahrungen in den Bereichen Markenführung, Markensteuerung, Kundenbeziehungsmanagement, Kommunikation und zielgruppengerichtetes Modemarketing.

www.maerz.de

Umsetzungstipp: Vertrauensgarantie

- Lösen Sie konsequent die Probleme für Ihre Kunden.
- Schaffen Sie Nutzen, Nutzen, Nutzen.
- Wecken Sie Träume und Sehnsüchte.
- Bieten Sie hohen Gegenwert fürs Geld.
- Hören Sie Menschen 50plus genau zu, um zu verstehen, was sie zwischen den Zeilen sagen, was sie wollen, was sie brauchen, wonach sie sich sehnen.
- Vermeiden Sie Verwirrung und Irritation.
- Nutzen Sie Beschwerdemanagement aktiv zur kontinuierlichen Verbesserung Ihrer Dienstleistungen und Produkte.
- Beschädigen Sie die leicht zerbrechliche und sensitive Beziehung zu Kunden 50plus niemals.
- Bringen Sie Kunden 50plus in Aktion und Reaktion.
- Gründen Sie einen „Club für Persönlichkeiten" z.B. mit Vorzugskunden.

*In dir muss brennen,
was du in anderen
entzünden willst.*

Augustinus

8 Fazit und Ausblick

8.1 Zukunftsszenarien und Perspektiven 50plus

Perspektive 1 – Kundenbegeisterung 50plus

Kundenzufriedenheit wird zukünftig nicht mehr zur erfolgreichen Kundenbindung reichen. *Kundenbegeisterung 50plus* heißt das Zauberwort. Begeisterung kann auch „heiße Kundenbindung" genannt werden, eine Kombination von hoher Kundenbindung, hohem Involvement und Sympathie in Form von emotionaler Wertschätzung. 40 Prozent aller Kunden sind zwar zufrieden, stehen aber kurz vor der Abwanderung – vom Unternehmen oder von dessen Produkten. Etwas anspruchsvollere Kunden 50plus wollen auf jeden Fall begeistert, geführt, verführt werden – immer wieder neu. 70 Prozent von 50plus ist wechselwillig, wenn die Konkurrenzangebote überzeugender und begeisternder sind. Unternehmen müssen Kundenbegeisterung und Top-Service leben und können dabei auf Erfolgsstrategien aus dem Sport setzen. Erklärtes Ziel ist es, von der Defensive auf die Offensive umzuschalten. Spitzenteams im Fußball zeichnet beispielsweise aus, dass ihr Trainer sie im richtigen Moment positiv zu mobilisieren versteht. Das gilt auch für Führungskräfte. Sie müssen dafür sorgen, dass ihre Mitarbeiter spielerisch, offensiv, diszipliniert, leistungswillig und zielorientiert viele kleine Oasen der Freundlichkeit, der Begeisterung, des Lächelns zwischen den Mitarbeitern und den 50plus-Kunden schaffen, Produkte emotionalisieren und Verkaufen zum Erlebnis werden lassen. In der Defensive ist kein Spiel zu gewinnen.

Nicht Geiz soll „geil" sein. „Geil" ist es, die Kunden mit außergewöhnlichem Service und mit motivierten Mitarbeitern zu begeistern, zu faszinieren, zu verführen. Weiterempfohlen zu werden für besonders freundliche, kompetente Beratung, psychologisches Fingerspitzengefühl für die individuellen Bedürfnisse und Lebenswelten des Kunden. Eigentlich eine Selbstverständlichkeit. Und wie begeistert man Menschen 50plus? Wer die

Interessen der Kunden jenseits von 50 erkennt und befriedigt, macht im Endeffekt altersunabhängig alle Konsumenten glücklich. Der Preis und das Produkt alleine spielen dann keine Rolle mehr. *Entscheidend sind das Wie in der Kommunikation, die Herzlichkeit, der authentische Stil und die Qualität des Dialogs und der Dienstleistungsservices.* Der Königsweg? Nur über begeisternde, hoch motivierte, strahlende Mitarbeiter erreichen Unternehmen loyale und treue Kunden. Die Schlussfolgerung aus diesen Erkenntnissen ist in den nachfolgenden Perspektiven 2 bis 5 zusammengefasst.

Perspektive 2 – Unverwechselbarer Kundennutzen 50plus

Unternehmen werden sich nur noch mit spürbarem Kundennutzen auf der einen Seite und mit klar erkennbaren Wettbewerbsvorteilen, mindestens mit einem USP, auf der anderen Seite von ihren Wettbewerbern differenzieren können. Und dieser USP sollte für die Kaufentscheidung relevant sein, für Kunden 50plus subjektiv und irrational wahrnehmbar und nicht kopierbar sein. Punkten kann künftig nur noch derjenige, der seine Hausaufgaben konsequent und vollständig macht, der sein Alleinstellungsmerkmal und seine Einzigartigkeit aus 50plus-Kundensicht bekommt und wer mit einer klaren Positionierung, Differenzierung und Emotionalisierung auf den Märkten agiert. Und wem es nachhaltig gelingt, in den Köpfen und in den Herzen der Best Ager viel Gegenwert und Nutzen fürs Geld zu bieten.

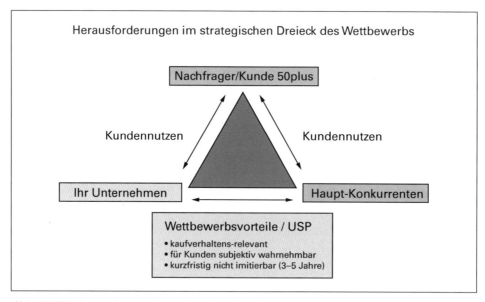

Abb. 30: Wettbewerbsdreieck aus Kundensicht 50plus

Perspektive 3 – Mit antizyklischen Erfolgsstrategien 50plus gewinnen und halten

Daher ist es zwingend notwendig, antizyklische Strategien zu entwickeln, eine Innovatorenrolle im Markt zu besetzen, zwei Schritte vor der Konkurrenz zu sein und sich schneller und intelligenter von den Wettbewerbern zu unterscheiden und zu profilieren. Entscheidend wird sein, nicht nur schneller, treffsicherer und intelligenter Trends von Modeerscheinungen und dem Mainstream zu unterscheiden und veränderte Kundenbedürfnisse im demografischen Wandel zu antizipieren. Gefragt ist eine frische Denke für reife Köpfe. Gefragt sind individualisierte kluge Konzepte für ein neues verändertes Lebensgefühl, für neue Lebenswelten und Situationen im jeweiligen Lebenszyklus der Menschen 50plus. Hier wird in Zukunft erfolgreich gepunktet. Hier entscheidet sich Marktvorsprung in scheinbar gesättigten Märkten.

Perspektive 4 – Mit 8 Versprechen Kunden 50plus überzeugen

Überzeugen Sie Ihre 50plus-Kunden mit *acht eindrucksvollen Garantien und Beweisen* oder – falls Ihnen das zu viel erscheint – zumindest mit einigen wenigen davon, aber dann mit entsprechender Ausdrucksstärke und Klarheit. *Garantien geben den Kunden eine Gewähr, eine Haftungszusage, ein Versprechen, eine Verpflichtung von Seiten des Unternehmens und eine verbindliche Zusage, die es täglich und immer wieder neu zu erfüllen gilt.* Einzige Bedingung: Ihre Kunden 50plus – und nicht nur diese – müssen Ihre Versprechen täglich in kleinen Details, im Dialog, in der Darreichung der Produkte spüren und erleben. Hier die bereits ausführlich dargestellten *Garantien für 50plus-Kunden* nochmals im Überblick:

- Bestpreis-Garantie
- Kompetenz-Garantie
- Begeisterungs-Garantie
- Nutzen-Garantie
- Sensibilitäts-Garantie
- Empathie-Garantie
- Genuss-Garantie
- Vertrauens-Garantie

Perspektive 5 – Zeigen Sie Ihre Leidenschaft für 50plus

Machen Sie für Ihr Unternehmen einen *Demografie-Check-up*, eine *Lifestyle-Psychografie-Segmentierung* Ihrer Zielgruppen und einen *Marketing-Mix-Check-up* aus der Hubschrauber-Perspektive, am besten in Kooperation mit einem neutralen, kritischen, externen Berater und Sparringspartner, der Ihnen den entsprechenden kreativen Input permanent geben und mit Ihnen gemeinsam die notwendigen Marketinginstrumente umsetzen kann. Gestalten Sie Ihr Produkt und Ihre Dienstleistung zu einer wertvollen (Dienstleistungs-) Marke, besser noch zu einem Magnet, zu einem „Mythos" wie beispielsweise *Porsche* es in der Kategorie Automobile zelebriert. Kein Mensch braucht wirklich einen *Porsche*? Aber die steigenden Absatzzahlen sprechen eine andere Sprache. Die Marke steht für ein Lebensgefühl, für Prestige. Und eine Markenbindung ist auch bei Kunden über 50 stark mit Gefühlen verbunden und mit einer glücklichen Beziehung im Privatleben zu vergleichen. Diese Beziehung kann zerbrechen, aber sie kann auch, dank täglicher Arbeit an sich selbst und dank einer kontinuierlichen Sensibilisierung Ihrer Mitarbeiter zu einer „Traumbeziehung" mit dem Partner (Kunden 50plus) wachsen und gedeihen. Das geniale und sogleich einfache, aber konsequent logische Ergebnis sind treue, loyale, begeisterte Kunden – nicht nur 50plus, sondern *aller Altersgruppen*.

1. *Werden Sie zum Besten Ihrer Branche oder in Ihrer Nische – lokal, regional, bundesweit.* Bester der Branche, statt austauschbarem Durchschnitt. Oder vielleicht auch nur der Beste aus der Sicht Ihrer Zielkunden 50plus.

2. *Setzen Sie stringent auf Premium-Qualität:* Extrem spürbarer Kundennutzen und herausragende Service- und Dienstleistungsqualität werden Ihre Kunden 50plus voll überzeugen und zur persönlichen Weiterempfehlung animieren.

3. *Schulen, sensibilisieren, fordern und fördern Sie Ihre Mitarbeiter* in Vertrieb, Marketing, Verkauf und Beratung auf die Besonderheiten der Kunden 50plus.

4. *Lernen Sie Ihre 50plus-Kunden persönlich kennen und schätzen: Wie und wo leben sie, was brauchen sie, was wollen sie, wie „ticken" sie, wie informieren sie sich, wie konsumieren sie heute und in naher Zukunft, wie verhalten sie sich, was vermissen sie, welche Ängste und Sorgen haben sie?* Wo liegen nicht ausgeschöpfte Potenziale in Ihren Angeboten und Leistungen? Für ein gutes Dialogmarketing brauchen Sie zwingend Detailinformationen zu und von Ihren Kunden 50plus.

5. *Bewahren Sie sich dabei Ihren Humor und Ihre Begeisterungsfähigkeit.* Damit der Funke auf Ihre Mitarbeiter, auf Ihr Team und auf Ihre Kunden 50plus überspringen kann.

Denn Sie wissen ja: „In dir muss brennen, was du in anderen entzünden willst", war der Leitsatz zum Erfolg schon vor vielen hundert Jahren für den Heiligen Augustinus, der noch immer seine volle Gültigkeit hat und eine ganz neue Qualität im Kundenbeziehungsmanagement 50plus erlangt.

8.2 Chancen und Risiken der Marktmacht 50plus

„Wer Marktführung will, muss vom Markt aus führen", schrieb Gertrud Höhler 1994 in ihrem Buch „Wettspiele der Macht". Es geht um ein zielgerichtetes Management vom Markt her und nicht umgekehrt. Es geht um das Management von Kundenvorteilen, von Kundennutzen, um eine strategische Allianz und Partnerschaft mit den Kunden 50plus. Dabei kommt es darauf an, den Rat des Kunden nicht nur in Anspruch zu nehmen, sondern aktives Beschwerdemanagement als kostenloses und wertvollstes Instrument der Marktanalyse und zur Verbesserung der Dienstleistungen und Produkte zu nutzen. Dann wird es Ihnen gelingen, den Begriff *Marktmacht* aus Unternehmersicht anders zu definieren. Der *Kunde* stellt die Macht dar – und nicht das produzierende Unternehmen.

Der Kunde ist der Markt – und nicht die Wettbewerber. Und der *Kunde* wird älter, reifer, anspruchsvoller, unberechenbarer, sprunghafter, verwöhnter – und ist dennoch in seinen tiefen Bedürfnissen immer einfach strukturiert, immer klarer in seinen Wünschen, immer suchender nach seinem Lebensglück, nach Geborgenheit, nach emotionaler Sicherheit und nach der *Wertschätzung* seiner Persönlichkeit.

Welche Chancen ergeben sich nun für Sie und Ihr Unternehmen durch die Marktmacht 50plus?

- Marktmacht durch Kundennähe
- Marktmacht durch Wettbewerbsvorsprung
- Marktmacht durch Innovation
- Marktmacht durch herausragenden unverwechselbaren Service

- Marktmacht durch Dienstleistungen der Spitzenklasse
- Marktmacht durch ständige Verbesserung und Weiterentwicklung der Wertschöpfungskette
- Marktmacht durch Antizipation künftiger Kundenwünsche 50plus
- Marktmacht durch Umsetzungsstärke
- Marktmacht durch Einzigartigkeit
- Marktmacht durch Vertrauen und Commitment
- Marktmacht durch Kundennutzen
- Marktmacht durch Erschließung neuer Marktsegmente

Die Gefahren und Risiken der „Marktmacht 50plus" liegen in erster Linie darin begründet, dass viele Unternehmen diese epochale Chance nicht oder viel zu spät erkennen, sie geradezu verschlafen. Oder sie vermischen „Senioren-Marketing" mit „Marketing 50plus" – zwei völlig verschiedene Denk- und Umsetzungsansätze, wie wir gesehen haben. In einem kürzlich erschienenen Zeitungsartikel stand: *„50plus genießt den verdienten Ruhestand. Barrierefrei: Wohlfühlbäder mit hohem Sicherheitsfaktor/Genuss im eigenen Wohlfühlbad."* Solange noch 50plus mit Ruhestand in einem Atemzug genannt wird, solange noch europäische Fachkongresse die Begriffe „Senioren" und „50plus" kunterbunt durchmischen, haben Medien und Unternehmen noch erheblichen Klärungs- und Differenzierungsbedarf.

8.3 Wirtschaftsfaktor 50plus

Es gibt keine schlechte oder gute Konjunktur. Es gibt nur *gut geführte* oder *schlecht geführte* Unternehmen. Und nur *gut* geführte Unternehmen nutzen die spannenden Herausforderungen des Marktes konsequent und mutig zur erfolgreichen Neu-Positionierung. Sie werden zum Wachstumstreiber der Wirtschaft und der Gesellschaft. Die Zukunft beginnt jetzt – heute und hier. Und die Zukunft gehört den Älteren, den Menschen über 50. Denn Sie haben nicht nur die ökonomische Potenz und eine ausgeprägte Kauflust, sondern insbesondere auch Zeit fürs Leben und Zeit für Konsum. Sie haben Erfahrungswissen und eine hohe Leistungsbereitschaft, die sich Unternehmen zunutze machen sollten. Und sie stellen in diesem Jahrhundert eine gigantische Medienmacht und politische Macht mit großem Einfluss dar. Die Zukunft beginnt in den Köpfen der Entscheider, der Chefs, der Marketing-Verantwortlichen. Menschen über 50, die Mikro-Zielgruppen 50plus, bieten eine ungeahnte Dimension und Dramatik für Ihr Business – in fast allen Branchen, die in irgend einer Weise etwas mit Dienstleistung zu tun haben. Und das sind viele.

Es gilt, Klischees abzubauen und Vertrauen aufzubauen. Wir brauchen einen Mentalitätswandel in den Chefetagen – weg vom Jugendwahn, hin zur Generationen-Gerechtigkeit, hin zu einer generationsübergreifenden Lebendigkeit, hin zur Ressource Mensch. Wir brauchen Menschen, die Lust auf Kaufen und Konsumieren machen und Sehnsüchte, Träume, Wünsche erfüllen. Wir brauchen Menschen, die tun und anpacken, statt nur zu reden. Wir brauchen Menschen, die den Märkten neue Impulse geben. Wir brauchen Menschen, die begeistern wollen und können.

Wir brauchen eine neue gelebte *Dienstleistungs-Kultur*. Denn die Marktmacht 50plus steht als Synonym für begeisternde Dienstleistungen, Wertschätzung, Weniger-ist-mehr-Mentalität und für herausragenden Service im Sinne von Kundennutzen. Menschen 50plus sind ein *genialer Seismograf für alle Kundengruppen*, an dem es sich lohnt, sich als Unternehmen mit seinem Marketing-Mix kritisch messen zu lassen.

Die Wirtschaft hat zu reagieren – nicht mit Spezialprodukten, sondern mit Produkten und Dienstleistungen, die benutzerfreundlich, komfortabel, ästhetisch ansprechend, sicher und funktional sind. Mit einem Design, das den demografischen Veränderungen, den Bedürfnissen der älter werdenden Gesellschaft, der Marktmacht 50plus gerecht wird. So werden Menschen 50plus verstanden, begeistert und gewonnen.

Kommen Sie in die Umsetzung – lieber weniger vornehmen, aber das konsequent realisieren. *„Es fehlt uns nicht an Konzepten. Unser Problem ist die Umsetzung."* So lautet die am häufigsten zu hörende Feststellung von Führungskräften, unabhängig von der Unternehmensgröße und Branche. Eine der Ursachen von Realisierungsschwäche liegt bei den Menschen, die bekanntermaßen „Gewohnheitstiere" sind, so schreibt *Fredmund Malik* in seinem Buch *Management – das A und O des Handwerks*.

8.4 Wie die Generationen 50plus und 20plus voneinander profitieren können

Quelle: Hans-Georg Pompe, 2011

Abb. 31: Generationen 50plus und 20plus verbinden

Wir haben in diesem Buch viel über die Generation 50plus gelesen. Deshalb möchte ich mich am Schluss mit der ökonomischen und gesellschaftlichen Entwicklung derjenigen Generation auseinandersetzen, die in fünf bis zehn Jahren jenseits der 50 sein wird – also mit den Menschen der Jahrgänge 1966 bis 1971, die heute noch zur 40plus-Generation zählen. Vorab eine Definition, wen ich mit der Generation 20+ meine: Menschen im Alter von 20 bis 49 Jahren (heutige Jahrgänge 1962 bis 1991). Zur Generation zähle ich alle Geburtsjahrgänge vor 1961. Wichtige Fragen in diesem Zusammenhang sind:

- Lassen sich die im Buch geschilderten Erfolgszahlen und Potenziale in die Zukunft fortschreiben?
- Wird es eine neue „Altersarmut" in Deutschland und Europa geben?
- Sind die heute 40-Jährigen bereit, die hohen Rentenlasten zu Gunsten der Generation 70plus zu tragen oder werden sie rebellieren, sich politisch durchsetzen?
- Mit welchen Wertvorstellungen und Einstellungen werden sie ihr Leben gestalten, Produkte kaufen, Marketing machen, Unternehmen führen, Partnerschaften eingehen?

Ich bin davon überzeugt, dass ein modernes Marketing der Zukunft sich viel stärker als bisher mit Generationen verbindenden Konzepten im Vertrieb, in der Produkt- und Dienstleistungsentwicklung und in der Kommunikation beschäftigen muss und dass die Generationen übergreifend davon profitieren können. Genau so, wie sich die Generationen untereinander gesellschaftlich, wirtschaftlich, politisch und vor allem auch persönlich bereichern können – davon haben wir meines Erachtens bislang nur einen Hauch von Ahnung. Hier liegen beträchtliche Zukunftschancen für neue Dienstleistungen, für neue Produkte, für neue Lebenswelten, für intergenerative Zukunftskonzepte in vielen Branchen und Märkten.

Die demografische Zeitbombe gilt es – mit gleichzeitiger Nutzung der vorhandenen Schätze und Ressourcen der Menschen, der Mitarbeiter, der Kunden über die Generationen hinweg – zu entschärfen.

Nutzen für die Gesellschaft und die Arbeitswelt – Ruhestand vs. Arbeitslosigkeit

Warum müssen Menschen ab einem gewissen Alter in den Ruhestand, obwohl sie noch etwas Sinnvolles und Nutzen stiftendes tun wollen? Es gilt, neue Arbeitsmodelle zur Entschärfung des Arbeitsmarktes zu schaffen, um einerseits den Jüngeren die Berufschancen zu erleichtern und andererseits von dem Erfahrungsschatz der Älteren zu profitieren. Das Eine ergänzt das Andere sinnvoll – wenn wir es nur wirklich wollen. Werte der Älteren können Jüngeren Orientierung bieten – in orientierungslosen, volatilen Zeiten. Die Beziehungen zwischen den Generationen werden verbessert – oder überhaupt erst richtig in Gang gebracht. Der Austausch von Wissen, Lebenserfahrung, Kultur, Esskultur, Kochkunst etc. soll hier nur exemplarisch genannt werden.

Nutzen für die Wirtschaft

Über den Ressourcenaustausch wird die Wertschöpfung für Unternehmen nachhaltig gestärkt. Der generationsübergreifende Ansatz kann aufgrund der Bündelung von Synergien und Know-how zum Wirtschaftsmotor avancieren – ein Think-Tank ungeahnten Ausmaßes wird entstehen.

Altersreichtum vs. Kinderarmut

Ich träume den Traum, dass es mit einem Fond für Bildung, mit einem Fond für eine generationenverträgliche Zukunft möglich sein muss, die zunehmende Kluft zwischen Altersreichtum einerseits und Kinderarmut andererseits zu nivellieren. Warum sollen nicht Menschen aus der oberen Schicht und Superreiche in soziale Projekte investieren, Patenschaften für hochbegabte Studenten, Künstler und Berufstätige oder für Universitäten übernehmen und sich selbst dort persönlich einbringen? Beispiel: „Alt hilft Jung" (siehe Business-Angels und Senior-Expert-Service).

Für die Menschen selbst

Die Generationen 20plus und 50plus sind häufig – jeweils in etwas anderer Form – auf der Suche nach dem Lebens- und Zukunftssinn. Die Generation 50plus will sich weiter einbringen und gebraucht werden. 50plus will keinen Ruhestand, sondern Know-how und Wissen Sinn stiftend weitergeben. Die Single-Haushalte der Älteren wachsen rapide an, gleichzeitig leben Jüngere und Ältere nebeneinander her: oftmals anonym, verbissen, egoistisch. Für beide Generationen wäre ein Miteinander gleichbedeutend mit weniger Einsamkeit, weniger Depression, ein Mehr an Lebensqualität, Lebensfreude, Lebenssinn. Im Technologiebereich ist 20plus up-do-date – sie könnten der älteren Generation helfen und als Mentor dienen (PC, i-Phone etc.).

Marktmacht 50plus trifft auf die Marktmacher 20plus

Die Generation 20plus sind die Politiker, Manager und Entscheider von morgen. Sie entscheiden über die Zukunft der Gesellschaft und der Wirtschaft. Die Schnittmengen der Generationen 20plus und 50plus sind gigantisch und sollten schnell und sinnvoll genutzt werden:

- Bereicherung der Jugendlichkeit vs. Lebenserfahrung
- Wechselseitige Bereicherung durch anderes Denken, Wertevorstellungen, Einstellungen …
- Leidenschaft
- Offenheit und Klarheit
- Wechselseitige Wertschätzung
- Begeisterungsfähigkeit vs. Orientierungslosigkeit
- Zuhören können vs. zuhören lernen
- Rücksicht, Nachsicht, Weitsicht!

Ich wünsche Ihnen *viel Erfolg bei der Umsetzung* in Ihrem Unternehmen und bei der Vertiefung dieses spannenden Themas. Damit aus Denken und Reden endlich Taten und aus finanzkräftigen Menschen 50plus begeisterte Kunden werden. Ich freue mich schon jetzt auf Ihr Feedback, Ihre Anregungen und praktischen Erfahrungen.

Herzlichen Dank

*„Will das Glück nach seinem Sinn
dir was Gutes schenken,
sage Dank und nimm es hin
ohne viel Bedenken."*

(Wilhelm Busch)

Dank für die Mitarbeit – an alle Mitgestalter dieses Buchs

Dieses Buch entspringt einer Vielzahl von Quellen, wertvollen praktischen Erfahrungen und authentischen Beiträgen von Persönlichkeiten als Co-Autoren. Die vielen Best Practices und bereichernden Einblicke in erfolgreiche Unternehmen geben dem Buch das „Salz in der Suppe". Alle Co-Autoren haben sich spontan für eine Mitwirkung begeistern lassen. Das ist nicht selbstverständlich. Dafür bedanke ich mich herzlich.

Dank für Inspiration, Geduld und Kritik

Mein besonderer Dank gilt meiner Frau *Karin* und meinem Sohn *Raphael*, die mir mit wertvollem Rat, mit konstruktiver Kritik, mit unendlicher Geduld, mit dem neutralen Blick von außen, mit ihrem gesunden Menschenverstand, mit praktischen Beispielen, mit Rückhalt, mit einer unbändigen Leidenschaft und Begeisterung zur Seite standen und mir zu viel Kraft, Durchhaltevermögen und guten Gedanken verholfen haben.

Dank an Sie – liebe Leserin, lieber Leser!

Es ist nicht selbstverständlich, dass Sie mein Buch – das nun **IHR Buch** ist – gekauft und gelesen haben. Wenn Sie das Buch inspiriert und weitergebracht hat, Ihnen im operativen Alltag von Nutzen ist, dann würde ich mich über ein kurzes Feedback freuen. Und wenn das Gegenteil davon der Fall sein sollte – was ich nicht hoffe – dann sind mir Ihre Rückmeldung, Ihre Kritik, Ihre Anregungen wichtig und hilfreich. Scheuen Sie sich nicht, mich zu kontaktieren. Ich freue mich auf den Dialog mit Ihnen.

Literaturverzeichnis

Berry, Leonard L.: Top-Service im Dienst am Kunden, Stuttgart 1996

Bruhn, Manfred: Dienstleistungsmarketing, Wiesbaden 2004

Carter, Henderson: Blick in die USA, Handbuch Seniorenmarketing, Frankfurt 2000

empirica Forschungsinstitut Studie des Forschungsinstituts empirica im Auftrag der Landesbausparkassen – LBS – mit 3000 Personen dieser Altersklasse

Friedan, Betty: Mythos Alter, Hamburg 1995

Fuchsbriefe, 24.9.2009

Geffroy, Edgar K.: Das Einzige, was stört, ist der Kunde – Clienting ersetzt Marketing, Landsberg/Lech 2005

Handelsblatt 16.10.2009

Homburg, Christian und Bruhn, Manfred: Handbuch Kundenbindungsmanagement, Wiesbaden 2005

Höhler, Gertrud: Wettspiele der Macht, Berlin, 1994

Kotler, Philip und Bliemel, Christian: Marketing-Management, Stuttgart 2006

Kotler, Philip: Die 10 Todsünden des Marketing, Berlin 2005

LBS-Report, 2009

Lauternborn, Robert: New Marketing Litany: Four P's Passe; C-Word Take Over, Advertising Age, 1990

Lebensmittel Zeitung spezial – Das Themenmagazin: Generation 50plus – Strategien für die Mehrheit von morgen, Frankfurt, Januar 2005

Malik, Fredmund: Management – das A und O des Handwerks, Frankfurt 2005

Meffert, Herbert und *Bruhn, Manfred*: Dienstleistungsmarketing, Wiesbaden 2009

Parasuraman, A., Zeithaml, V., Berry, L. L.: Qualitätsservice. Was Ihre Kunden erwarten – was Sie leisten müssen, Frankfurt 1992

Pompe, Hans-Georg: Wege zur 50plus Champions League, in: Promotion Business, www.promobiz.de, Köln, August 2006

Roland Berger Strategy Consultants: Typologie der Wünsche 2009

Süddeutsche Zeitung, 13.10.2010

Spiegel spezial – Das Magazin zum Thema, Nr. 8, Hamburg, August 2006

Stauss, Bernd: Professionelles Dienstleistungsmarketing, FAZ, Frankfurt, 7.1.2002

Wirtschaftswoche: Ich bin doch nicht alt, Nr. 28, Düsseldorf, 10.7.2006

Wolfe, David B.: Ageless Marketing, Chicago 2003

Der Autor

Hans-Georg Pompe, Jahrgang 1957, hat nach einem Studium der Betriebswirtschaft mit Schwerpunkt Marketing über 20 Jahre im Management und Marketing renommierter Dienstleistungsunternehmen gearbeitet, unter anderem als geschäftsführender Direktor, Leiter Marketing/PR und Managementberater. Seit 2004 ist er Inhaber und Geschäftsführer der Unternehmensberatung **POMPE MARKETING** mit Spezialisierung auf Marketing-Beratungsleistungen rund um die Zielgruppe 50plus. Er ist ausgewiesener Experte für Vermarktungskonzepte, Kundenbeziehungsmanagement, Kundenbegeisterung und Dienstleistungsmarketing. Er agiert mit seiner Beratungsfirma branchenübergreifend und erfolgreich als Unternehmensberater und Umsetzungsbegleiter von mittelständischen Unternehmen in Deutschland, Österreich, Schweiz, Russland und Niederlande. Bei Symposien und Kongressen ist er europaweit gefragter Redner. Als Trainer und Coach schult er u. a. Manager aus Russland und der Ukraine im Rahmen des deutsch-russischen Präsidentenprogramms der Bundesregierung sowie Führungs- und Vertriebsteams aus Unternehmen unterschiedlicher Branchen.

Hans-Georg Pompe hat zu Marketing-, Management- und Lifestyle-Themen in zahlreichen Medien, Publikums- und Fachzeitschriften als freier Journalist und Autor publiziert. Er ist Autor von „Boom-Branchen 50plus" (Springer Gabler 2012) und Co-Autor zahlreicher Bücher z. B. „Handbuch Kundenbindungsmanagement", „Wettlauf um die Alten", „Verkaufen nach der Krise". Hans-Georg Pompe ist Member of German Speakers Association (GSA) und Global Speakers Federation (GSF).

Kontakt:
POMPE MARKETING
Huttenstr. 49 · D-76646 Bruchsal
Telefon +49 (0)72 51 – 3 03 63 50
E-Mail: hans-georg-pompe@pompe-marketing.com
www.pompe-marketing.com

Printed by Printforce, the Netherlands